한국인의 눈으로
본 탕자의 비유

이성희 지음

# 귀환
Prodigal son

한국장로교출판사

| 여는 말 |

　오래전 미국 유학 시절이었다. 그때 나는 박사과정에서 11명의 박사후보생들과 함께 공부하고 있었다. 12명의 학생 가운데 현재 오키나와에서 사역을 하는 일본인 목사님 한 명과 나를 제외한 나머지 10명은 미국인과 캐나다인이었다. 12명 가운데는 학위 취득 후 미국 대학교와 신학교의 교수가 된 분도, 교단의 중직을 담당한 분도, 목회를 하는 분도 있다. 적은 수의 학생들이 여러 해를 함께 공부하였기에 공부하며 상당히 친밀하게 교제하였던 기억이 있다.
　그 당시 나는 공부와 교제를 통하여 여러 가지 문화적 다양성(cultural diversity)과 문화 충격(cultural shock)을 경험하였다. 어느 날 강의실에 들어갔을 때 미국인 학생이 한국의 문화를 폄하하며 비꼬는 말을 하였다. 심지어 "너도 개고기 먹느냐?"고 비웃으며 물었다. 나는 개고기를 잘 먹지 않으면서도 얄미운 마음에 "먹는다. 어쩔래?"라고 대꾸하였다. 왜냐하면 그때는 88 서울올림픽 직전으로, 미국의 NBC 채널에서 한국에서는 개고기를 먹고, 가위로 음식을 자르고, 삽으로 밥을 푼다며 미개인 취급을 하였다. 유명 연예인들까지 여기에 동조하여 한국에서의 올림픽 개최를 반대하기도 하였다. 그중 가장 집요하게 서울올림픽을 반대한 부류 중 한 사람이 프랑스의 여배우 브리지트 바르도였다.

우리가 개고기를 먹듯이 어떤 나라에서는 거북이도 먹고, 애벌레도 먹고, 뱀도 먹고, 전갈도 먹고, 박쥐도 먹는다. 나는 미국인 학생에게 이런 먹거리 문화를 설명하면서 "너희들은 달팽이를 먹지 않느냐?"라고 했더니 식용달팽이라고 하였다. 그래서 우리가 먹는 개고기도 식용이지 애완용을 잡아먹는 것이 아니라고 설명해 주었다. 어느 한 나라의 고유문화를 자신들의 문화 잣대로 비평하는 것은 다양성을 존중하는 세계화 시대를 사는 올바른 자세가 아니다.

또 한 번의 문화적 경험을 하게 된 건 아침 경건회였다. 매일 수업 전에 함께 모인 경건의 시간은 다양한 교파의 예배를 경험할 수 있는 유익한 시간이었다. 장로교회뿐만 아니라 회중교회, 오순절교회 등의 특색 있는 예배도 좋았지만, 그리스 정교회와 우크라이나 정교회 심지어 가톨릭교회의 예배도 나름대로 많은 것을 배울 수 있었던 기회였다. 경건의 시간 마지막에는 기도 제목을 나누고 함께 기도하는 시간이 있었다.

어느 날 예배에서 한 미국인이 남아프리카의 인종차별정책(apartheid)을 위해 기도하자고 하였다. 그때는 넬슨 만델라가 로벤섬에 투옥되어 있을 때였다. 기도하자는 말에 이의를 제기할 수 없었지만 내 마음은 편하지 않았다. 예배가 끝나고 함께 공부하던 학생들이 모인 강의실에서 나는 마음속에 품은 뜻을 말하지 않을 수 없었다. "오늘 아침 경건회 시간에 남아프리카의 인종차별정책을 위해 기도하자고 하였는데 이런 기도는 당신과 같은 미국인들이 할 기도는 아닌 것 같습니다. 미국은 인디언 보호구역(Indian Reservation)을 만들어 인디언들을 보호한다고 하지만 사실은 보호가 아니라 인디언들을 구금하는 것입니다. 그리고 제2차 세계대전 당시 일본과의 전쟁이 발발하자 남캘리포니아에 있던 일본인들을 포로수용소에 감금하지 않았습니까? 이런 미국이 어떻게 인종차별정책을 말할 자격이 있습니까? 이런 기도는 한국인들이 해야 할 기도입니다. 한국은 반만년의 역사를 가지고 있지만 한 번도 외국을 침범하거나 지배한 적이 없습니다." 그때 미국인들은 정말 한국이 그런 나라냐고 하였다. 솔직히 고백하자면 외국을 침범하거나 지배할 힘이 없었던 것이 우리의 역사이다. 그러나 우리의 약한 것이 강한 것이 되었고, 이제는 자랑거리가 되었다.

강한 자는 약한 자의 아픔을 모르고, 지배하는 자는 지배당하는 자의 설움을 이해하지 못한다. 한국을 지배한 일본은 한국의 문화를 야만적이라며 말살하려고 하였고, 유대인을 학살한 독일은 아리안 민족의 우월성을 내세워 유대인을 열등 민족이라 하여 대학살을 감행하였다. 오스트레일리아는 1901년부터 1978년까지 유색인종을 차별하는 인종차별주의적 이민정책인 '백호주의'(白濠主義, White Australia Policy)를 가지고 있었다. 인종차별은 문화적 차별로 이어지고 우월주의를 낳게 된다.

세계화(globalization)와 지방화(localization)는 동시적으로 발생하며 진행된다. 세계화와 지방화는 대칭적 개념인 것 같지만 사실은 평행적 개념을 가진다. '소비에트 사회주의 공화국 연방'(USSR)은 열다섯 개 공화국으로 구성된 냉전 시대의 초강대국이었나. 130여 개의 민족으로 구성된 구소련은 시간대가 11개나 있을 정도로 광대한 영토를 가지고 있었다. 그러나 구소련의 해체와 더불어 시작된 세계의 지방화는 급속도로 확산되었으며, 이런 지방화 현상은 지금도 지구 도처에서 분열의 가능성을 높여 주고 있다. 구소련이 해체되던 1991년에 이미 21세기가 시작되었다고 표현하는 학자도 있다. 지방화의 원인은 인종, 문화, 종교, 언어 등이 있다. 이런 요인들이 세계를 더 많은 국가로 나누어지게 하며 '다양성 속에서의 통일성'(unity in diversity)을 요청하게 되는 것이다. 더욱 역설적인 것은 세계화의 세계와 지방화의 세계가 같은 세계라는 점이다. 우리가 사는 세계는 하나이면서 동시에 하나가 아닌 패러독스(모순) 속에서 발전적인 원심운동과 구심운동을 지속적으로 진행하고 있다. 이와 유사한 정치·경제적 현상을 '글로벌 패러독스'(Global Paradox)라고 부르기도 한다. 문화는 '글로벌 패러독스'를 유발하는 중요한 요인이다.

박사과정 중 아주 특별한 경험을 하였다. '문화인류학적 성경 해석학'(Cultural Anthropological Exegesis)이란 과목이 있었다. 강의를 담당한 미국인 교수는 문화인류학을 전공한 신약학 교수였고, 상당한 실력을 갖춘 학자였다. 하루는 강의를 시작하면서 이렇게 말씀하셨다. "나는 요셉이 약혼자인 마리아가 해산할 날이 다 되었는데 왜 임신한 여인을 데리고 베들레헴까지 갔는지 이해할 수가 없다." 그때 나는 "정말 그 이유를 모릅니까?"라고 물었고 교수님은 "정말 모르겠다."라고 하셨다. 그 말에 내가 "교수님, 저는 그 이유를 알고 있습니다."라고 했더니 교수님은 깜짝 놀라면서 그 이유를 가르쳐 달라고 하셨다. 나는 동양에는 두 가지의 주소가 있는데 호적지와 현주소이며, 호적을 하거나 군 입대 영장을 받을 때는 호적지에서 한다고 하였다. (오래전 내가 군대 징집을 받을 때는 영장이 호적지로 나왔었다.) 교수님은 나의 말을 무척 반기면서 "당신의 문화와 눈으로 보는 성경에 대해 말해 달라."며 단상에서 내려와 내 자리에 앉으셨다. 나는 그때 나의 눈과 우리 문화로 보는 성경을 한 시간 동안 설명해 주었다.

그때 내가 강의실에서 이야기한 것은 '아버지의 사랑의 비유'였다. 전통적으로 '탕자의 비유'라고 불렸지만, 이 비유의 핵심이 탕자의 소행이 아니라 아버지의 사랑이기에 '아버지의 사랑의 비유'라고 부르는 것이 옳다고 한다. 나는 평소 유대인의 생활과 사고가 우리와 흡사한 면이 많다는 것을 느껴 왔기에 그 점에 대해 말했다. 그때 내가 했던 이야기의 주제도 탕자가 아니라 아버지였다. 아들에 대한 아버지의 사랑이 하나님의 성품이며, 그 성품은 '하나님의 모성'(Motherhood of God)이라는 점이었다. 교수님뿐만 아니라 함께하였던 박사과정 학생들도 새로운 관점으로 성경을 보게 되었다고 좋아하였다.

한글로 번역된 성경을 읽는 우리가 성경이 말하는 의미를 온전히 알기에는 한계가 있을 것이다. 4천 년 전에 히브리어로 기록된 구약, 2천 년 전에 헬라어로 기록된 신약을 당시 문화의 눈으로 보면 그 의미가 확실해질 것이다. 우리가 성경을 보는 눈은 너무 서구적이다. 왜냐하면 서구적 학문방법론으로 공부하고 성경을 봐 왔기 때문이다. 서구 선교사들을 통하여 복음이 전해졌고, 신학대학교에서 가르치는 교수들도 거의 서구에서 학문을 하였기에 좀처럼 그 시야를 벗어나기가 힘들다. 그러나 서양인의 눈이 아니라 동양인의 눈으로 성경을 보게 되면 훨씬 생동감 있고 명확하게 그 뜻을 이해할 수 있을 것이다.

한국은 1960년대부터 1990년대 말까지 세계교회사에서 그 유례를 찾아볼 수 없을 정도로 괄목할 만한 성장을 이루었다. 그 당시에는 10년마다 교세가 배가 되었다. 그 결과 한국 교회 중에 세계에서 주목받는 교회가 많이 있었고, 당시 세계 50대 대형교회 가운데 23개의 교회가 한국 교회일 정도로 교회 성장에 성공한 나라였다. 그리하여 한국 교회는 세계 교회가 인정하는 목회자들을 많이 배출하였다. 그럼에도 불구하고 한국 교회는 세계적 신학자들을 많이 배출하지 못하였다. 교회가 성장하였고 목회자를 많이 배출하였지만, 상대적으로 신학자를 배출하지 못하였다는 것은 역설적이다. 나는 이런 현상을 역설 이전에 한국 신학자의 학문적 한계라고 느꼈다. 한국 신학자가 서양의 학문 방법론으로 서양인과 경쟁해야 하는 한계이다. 그런 의미에서 한국 신학자가 한국의 학문 방법론과 사유로 신학을 연구한다면 분명히 세계적인 신학자가 될 수 있을 거라고 확신한다.

나는 성서신학자도 아니고 문화인류학자도 아니다. 그러나 모든 목회자는 신학자라고 할 수 있다. 신학이 없이는 설교 한 편도 할 수 없기 때문이다. 그러므로 나는 늘 신학적 탐구를 하지 않은 적이 없다. 개인적 경험으로는 유학 시절 비교문화연구나 문화인류학 등의 학문을 잠시 접하였으며, 외국 생활과 선교지 방문 등을 통하여 제법 타 문화를 접하였다. 그리고 성경의 말씀을 나의 말씀으로 해석하려고 애쓰는 목회자로 살아왔다. 그러므로 비전문가의 입장에서 성경을 잘못 해석하거나 지나치게 해석하여 성경 본래의 뜻이 훼손되는 오류를 범하지 않기를 기대한다.

그리고 나의 생각을 정리하면서 오래전에 읽고 참고하였던 몇 권의 책을 참고하고, 인용하였음을 밝힌다.

1. William L. Coleman, *Today's Handbook of Bible Times and Customs* (Bethany House Pub, 1984)
2. Robert Wuthnow, James D. Hunter, Albert Bergesen, Edith Kurzweil, *Cultural Analysis: The Work of Peter L. Berger, Mary Douglas, Michel Foucault, and Jurgen Habermas*(Other, 1984)
3. Charles N. Cochrane, *Christianity and Classical Culture*(Liberty Fund, Inc., 2003)
4. David Flusser, *Jewish Sources in Early Christianity*(Jewish Lights Pub, 1989)
5. John E. Stambaugh and David L. Balch, *The New Testament in Its Social Environment*(Westminster John Knox Press, 1986)
6. Bruce J. Malina, *The New Testament World, Insights From Cultural Anthropology*(Westminster John Knox Press, 2001)
7. John J. Colins, *Jewish Wisdom in the Hellenistic Age*(Westminster John Knox Press, 1997)
8. Peter B. Hammond, *Cultural and Social Anthropology*(MacMillan,1965)
9. Charles H. Kraft, *Christianity in Culture*(Orbis Books, 2005)
10. H. Richard Niebuhr, *Christ and Culture*(Harper & Row, 1975)
11. 박종현, 『기독교와 문화』(크리스천헤럴드, 2006)
12. 수잔 디니치, 곽계일 옮김, 『고대 이스라엘 문화와 구약성경』(CLC, 2015)
13. 유재덕, 『성경 시대 사람들의 일상은 어땠을까』(브니엘, 2023)
14. 더글라스 A. 나이트, 임미영 옮김, 『고대 이스라엘 문화』(CLC, 2014)
15. 토클라이프보만, 허혁 옮김, 『히브리적 사유와 그리스적 사유의 비교』(분도

출판사, 2001)

16. 조나단 S. 그리어, 존 W. 힐버, 존 H. 월튼, 『고대 근동 문화와 구약의 배경』 (CLC, 2020)

인용구를 각주로 사용하지 않은 것은 학자들뿐만 아니라 그리스도인이라면 누구나 편안하게 이 책을 접할 수 있게 하려는 의도 때문이다. 오랜 시간이 흘렀지만 다시 한번 '탕자의 비유'를 한국인의 눈으로 보고 우리의 문화에서 비유를 재해석해 보려고 시도하였다. 앞에서 거론한 대로 근래에는 이 비유를 '아버지의 사랑의 비유'라고 부른다지만 그동안 익숙한 대로 '탕자의 비유'라고 부르고 적는다. 성경 전체를 서구인의 눈이 아니라 한국인의 눈으로 보고 해석하는 한국 신학의 새로운 지평이 열리기를 기대한다. 그리고 세계화 시대에 한국인의 눈으로 보는 성경 해석이 활발해지기를 바란다.

은퇴 후에 조용히 묵상하며 집필할 수 있는 글방을 마련해 준 연동교회, 평생의 지원군이 되어 준 아내와 가족들과 출판의 기쁨을 함께 나누려 한다. 이 책을 출판하기까지 수고를 아끼지 않은 한국장로교출판사 박창원 사장님과 정현선 국장, 이슬기 차장, 강수지 전도사의 노고에 감사드리며, 한국 교회에 작은 도움이 되기를 기대한다.

2023년 12월
광화문 글방에서 저자

차
례

여는 말 2

## Ⅰ. 문화와 사유

1. '문화의 세기'에서의 문화 이해 14
2. 포스트모던 시대의 문화 양극성 30
3. 기독교의 배경으로서의 문화 37
4. 히브리적 사유와 헬라적 사유 47
5. 성(姓)과 이름 63
6. 가정 중심주의와 구심적 사유 67
7. 문화인류학적 성경 교육 74
8. 정보사회 : 한국인의 눈으로 보는 삭개오 이야기 79
9. 한국의 전통문화와 기독교문화 94

## Ⅱ. 비유와 귀환

1. 예수님의 비유 100
2. 귀환의 성경적 의미 114
3. 한국인이 이해하는 귀환 125

## III. 탕자의 비유

1. '탕자의 비유'의 성경적 배경 134

2. 당시의 가족 구조와 탕자의 집 139

3. 자신의 유산을 요구한 당돌한 아들 142

4. 유산을 주어 보내는 아버지 145

5. 탕자가 간 먼 나라 162

6. 유산을 탕진한 아들 170

7. 탕자의 귀환 174

8. 아들의 지위를 회복시키는 아버지 190

9. 잔치를 베푸는 아버지 201

10. 또 다른 탕자인 맏아들 217

11. 하나님의 부성과 모성 241


닫는 말 248

#  I

## 문화와 사유

## 1. '문화의 세기'에서의 문화 이해 ——。

포스트모던 시대는 첨단 과학 시대이다. 21세기를 단적으로 표현한다면 정보사회라고 할 수 있다. 이 외에도 포스트모던 시대의 특징적 표현이 많이 있지만 그중 하나가 '문화의 세기'라는 것이다. 정보사회의 기조는 산업사회의 그것과는 완전히 다른 것으로, 정보가 사회의 중심이 되는 사회이다. 산업사회가 개미 사회라면 정보사회는 거미 사회이다. 거미는 공중에 거미줄(web)을 치고 사는 생물로, 거미에게는 거미줄을 치는 것이 가장 중요한 일이다. 정보사회는 부지런함보다 정보망을 많이 가지고 있는 사람이 승리한다. 정보사회는 공유하는 사회이다. 그러므로 정보사회를 살아가는 우리는 정보 네트워크를 가져야 하며 모든 지식과 소유의 공유로 전환해야 한다.

포스트모던 시대는 정보사회인 동시에 영성 시대로 우리에게 다가온다. 미래학자들은 한결같이 21세기를 영성 시대라고 정의한다. 영성이 중요한 사회 구성 요인으로 등장하는 시대가 21세기인 것이다. 그러므로 21세기에는 영성이 부각될 것이고 사회가 이를 요청하게 될 것이다.

포스트모던 시대를 이끌어 가는 중요한 세 가지가 있다. 이것을 3D라고 한다. 모던 시대의 3D는 사람들이 기피하는 세 가지, 즉 어렵고(difficult) 위험하고(dangerous) 더러운(dirty) 것을 기피하는 현상을 의미하였다. 하지만 포스트모던 시대의 3D는 디지털(Digital), DNA(deoxyribonucleic acid) 그리고 디자인(Design)을 의미한다. 이 세 가지는 포스트모던 시대를 이끌어 가는 새로운 기술을 촉진하고 유발하는 중요한 것들이다.

디지털로 말미암아 발전하는 기술은 전자기술(IT)과 나노기술(NT)이다. DNA로 말미암아 발전하는 기술은 생명공학(BT)과 환경공학(ET)이다. 디자인으로 말미암아 발전하는 기술은 문화기술(CT)과 항공우주공학(ST)이다. 이 여섯 가지 기술은 포스트모던 시대를 이끌어 갈 과학의 근간이 된다. 그중에서도 문화기술은 미래를 이끌어 갈 중요한 기술 가운데 하나이며, 문화는 이제 더 이상 '놀이'가 아니라 엄청난 부가가치를 동반한 '산업'이다.

K-문화가 세계의 주목을 받게 된 이유는 〈겨울연가〉, 〈대장금〉 등 K-드라마였다. 이미 오래전 일본에서 〈겨울연가〉가 여러 번의 재방송을 거듭하면서 일본열도를 '욘사마' 열풍으로 뒤덮은 적이 있다. 드라마의 힘으로 일본 여성들의 엄청난 관광 러시를 이끌었고, 남이섬이 중요한 투어 포인트가 되었다. 2004년에 아내와 함께 이집트 카이로의 콥틱 동굴 교

회를 방문한 적이 있다. 교회를 방문한 다음 잠시 쉬기 위하여 교회 경내의 찻집에 들어갔다. 아내는 찻집에서 일하는 여성과 열심히 이야기를 주고받았다. 그 여성은 우리가 한국에서 왔다는 말을 듣고 자기도 한국에 꼭 가 보고 싶다고 했다. 아내가 그 이유를 물으니 한국이 너무 좋다는 것이었다. 그 여성이 한국을 좋아하게 된 것은 한국 드라마 〈대장금〉 덕분이었다. 그 여성은 드라마를 보면서 배운 한국말로 아내와 대화를 이어 나갔다.

드라마가 세계인의 환호를 이끌어 낸 후 K-pop이 엄청난 열풍을 몰고 왔다. K-pop은 소위 아이돌의 출현과 더불어 급속도로 전파되며 세계화의 물결을 탔다. 핑클, 소녀시대, 카라, 티아라, 빅뱅, 슈퍼주니어, 동방신기 등의 그룹과 솔로인 아이유와 싸이가 K-문화를 이어 나갔다. 특히 싸이의 〈강남스타일〉 뮤직비디오는 순식간에 조회수 1억을 기록하기도 하였다. 최근에는 방탄소년단(BTS)의 인기가 한국 가수로는 최고점을 이루었고 블랙핑크 또한 한몫했다. 방탄소년단은 UN에 초청되어 연설을 할 정도로 세계적인 영향력을 가지고 있다. K-pop의 인기몰이는 여기에서 끝나지 않고 최근에는 한국인의 감성으로 불리는 K-트로트도 세계화되고 있다.

K-문화는 여기에서 그치지 않았다. 최근에는 한국의 예능 프로그램이 수출되어 〈1박2일〉, 〈런닝맨〉 등의 출연자들은 배우나 가수보다 더 큰 인기를 얻고 있다. 그뿐만 아니라 전혀 한국적이지 않아 보이는 '브레이킹'도 세계 최고의 수준을 유지하고 있다. 이런 최근의 K-문화는 한국의 음식, 자동차, 전자제품, 휴대전화, 패션 등 모든 면에 영향을 주어 다양한 면에서 마케팅을 촉진하고 있다.

21세기는 '문화의 세기'라고 한다. 문화는 이제 취미나 여가 활동이 아니라 부가가치를 창출하는 인류의 재원이며 나아가 생존과도 연결되어 있다고 할 수 있다. 우리는 문화가 얼마나 중요한지를 매일 실감하며 살아가고 있다. 그런 의미에서 사이버 시대는 문화 시대이다. 문화가 발달하며 타 문화가 존중되는 시대에서 교회는 사회문화를 이해하고 사회문화를 기독교문화로 전환하기 위해 노력하여야 한다. 문화적 차원에서 볼 때 가장 시급한 것은 세속 문화를 기독교문화로 대치하고 기독교문화를 사회에 뿌리내리는 일이다.

문화란 사회 구성원의 행동과 사회 체계를 형성하고 이들을 조합하고 연결하여 동일한 이념과 가치관을 형성하는 영향력의 본체라고 한다. 문화는 인간의 사고를 통하여 삶에 접목된 생활양식이다. 그러므로 문화는 인간의 생활에 영향을 미치며 생활양식을 조성하는 요소이다. 인간의 삶은 문화라는 테두리 안에서 이루어지며, 문화가 삶의 형태를 만들어 간다. 그러므로 인간이 존재하는 곳, 사회를 형성한 곳 어디에나 존재한다.

그런 의미에서 인류는 '우리'라는 기반을 통하여 소통하며 살아왔다. '우리'가 가지는 보편성과 유사성이 문화라는 공동체의 가치를 만들어 낸다. 문화란 사람, 사물, 사건에 공통적이며 사회적으로 함께 소유하는 가치를 부여하는 상징체계이다. 문화는 한 공동체의 사회적 체계를 형성하고 공유하는 가치와 의미를 만들어 낸다. 문화는 곧 인간이 하나의 체계에서 함께 살아가야 하는 기반인 것이다. 그리하여 문화는 역사적으로 파생되고 선택된 전통이라는 공감대로 구성된다. 그러므로 한 민족과 한 시대의 문화는 그 시대의 정신과 가치를 반영하고 있다.

한국 기독교가 사회 구성원의 행동을 규정하고, 사회체계를 형성하는 힘을 가져야 하며, 사회의 가치관을 형성하는 데 영향을 주어야 함에도 불구하고 사회에 힘을 발휘하지 못하였다. 그리스도인 한 사람 한 사람을 보면 훌륭한 인물이 많이 있지만, 사회에 영향을 줄 수 있는 집단으로서의 힘을 발휘하지 못한 것이 한국 교회의 가장 큰 흠이다.

교회는 교회의 문화를 소유하여야 하며 그 문화는 사회를 움직일 수 있는 영향력으로 변화되어야 한다.

교회는 인간의 이념과 동기를 지배하는 원동력인 문화를 사회에 심음으로 사회문화를 기독교화할 수 있을 것이다. 즉, 교회는 사회의 바른 문화를 창출해 나가는 원동력이 되어야 하며 전통문화의 보존자 역할을 하여야 한다. 세계 민족사를 보아도 역사 속에서 소멸한 민족은 전통 가치와 문화를 소홀히 여겼다. 그러므로 교회는 전통 가치와 문화를 보존하고 동시에 건강하고 새로운 사회문화를 창출해야 한다.

사회의 발달은 문화의 발달에 연유한다고 한다. 우리 사회가 발달하기 위해서는 문화가 발달하여야 한다. 한국 교회가 한국 사회의 발달을 추구한다면, 한국 사회의 문화 발달을 담당해야 할 것이다. 미래학자들은 21세기를 지배하는 민족의 특징을 다음과 같이 설명한다. 첫째, 단일민족이다. 새로운 세기에 세계를 지배할 수 있는 민족은 단일민족이다. 지방화 시대를 맞이하여 다민족은 점점 작은 국가로 분리될 가능성을 가지고 있다. 그러므로 단일민족이 미래 세계를 지배할 힘이 있다. 둘째, 역사와 문화를 가진 민족이다. 21세기는 문화의 세기라는 단적인 표현까지 있을 정도로 문화는 21세기의 중요한 자원이 될 것이다. 셋째, 교육과 기술에 투자한 민족이다. 교육과 기술은 미래 사회와 산업 발달의 기간(基幹)이 되므로 교육과 기술에 대한 투자는 미래를 위하여 중요하다. 위의 설명을 통하여 문화의 중요성이 강조되어 있음을 알 수 있다. 그런 의미에서 볼 때 우리나라는 21세기를 위한 좋은 조건을 가지고 있다.

그러나 핵심적 물음은 한국 사회를 지배하는 문화가 무엇이냐는 것이다. 또 교회가 사회를 위하여 문화를 창조하느냐는 기본적인 물음을 통하여 교회는 사회를 위한 존재가 될 수 있다. 새로운 세기를 앞두고 있는 한국 교회는 지금까지의 자신을 위한 성장 위주의 교회에서 타인을 위한 성숙 위주의 교회로 탈바꿈해야 하며, 이러한 노력은 사회를 위한 노력일 뿐만 아니라 자신을 위한 자구적(自救的) 노력이 될 것이다.

'그리스도와 문화'를 논한다면 익히 알고 있겠지만, 리처드 니버의 교회와 문화의 관계에 대한 다섯 가지 유형을 되새길 필요가 있다. 그의 책에서 말한 그리스도와 문화의 관계 정립은 하나의 고전이기 때문이다. 그는 그리스도와 문화의 관계를 대립유형(Christ Against Culture), 일치유형(Christ of Culture), 초월론적 유형(Christ Above Culture), 이원론적 유형(Christ and Culture in Paradox) 그리고 문화변혁론적 유형(Christ the Transformer of Culture)으로 분석하였다. 다섯 가지 유형 가운데 가장 이상적인 유형은 문화변혁론적 유형이다. 교회는 문화의 변혁자가 되어야 한다.

아브라함 카이퍼는 적극적 문화개혁론을 주창하였다. 보수적 신앙과 진보적 문화론을 겸비한 그의 이론은 삶의 전 영역이 하나님의 주권의 장이며, 문화 영역에도 하나님의 주권이 임하도록 해야 한다는 것이다. 대중문화가 문화의 주류를 이루는 시대에 문화를 사탄적이라고 비판하고 포기할 것이 아니라 교회와 그리스도인이 문화 변혁의 주체가 되어야 한다는 것이다.

인간은 문화를 창조하고 향유하며 살아가는 문화적 존재이다. 문화는 사회를 구성하고 유지하므로 사회적 존재로서의 인간은 문화를 탈피해서 살 수 없다. 인간은 문화를 창조할 뿐만 아니라 동시에 문화에 영향을 받으며 살아가고 있다. 인간이 문화적 존재라는 것은 인간이 사회의 문화 형식에 따라 공동체를 형성하고 살아가는 존재라는 의미이다. 그러므로 그리스도인은 문화에 대한 적대적인 관계를 극복하여야 하며 긍정적이고 적극적인 자세로 문화 변혁의 주체가 되어야 한다.

그리스도는 당시의 문화를 부정하지 않으시고 문화 형식에 참여하시며 그것을 수용하셨다. 그러므로 그리스도인에게는 자기 공동체의 문화에 참여하고, 그것을 수용하는 동시에 변화시켜야 하는 문화적 책임이 있다. 신앙 공동체인 교회는 문화 변혁자로서의 공동체이다. 시대 문화를 전면으로 거부하는 '아미시'(Amish)와 같은 극단적 종교 집단이나 '시한부 종말론'을 추종하여 문화를 부정하는 사교 집단은 결코 이 땅에 하나님 나라를 이룰 수 없을 것이다. 그리고 주기도문의 "나라가 임하시오며"(Thy Kingdom come)라고 기도하기도 힘들 것이다.

바울은 문화 변혁자로서 이렇게 선포한다. "유대인들에게 내가 유대인과 같이 된 것은 유대인들을 얻고자 함이요 율법 아래에 있는 자들에게는 내가 율법 아래에 있지 아니하나 율법 아래에 있는 자같이 된 것은 율법 아래에 있는 자들을 얻고자 함이요 율법 없는 자에게는 내가 하나님께는 율법 없는 자가 아니요 도리어 그리스도의 율법 아래에 있는 자이나 율법 없는 자와 같이 된 것은 율법 없는 자들을 얻고자 함이라 약한 자들에게 내가 약한 자와 같이 된 것은 약한 자들을 얻고자 함이요 내가 여러 사람에게 여러 모습이 된 것은 아무쪼록 몇 사람이라도 구원하고자 함이니 내가 복음을 위하여 모든 것을 행함은 복음에 참여하고자 함이라"(고전 9 : 20-23). 바울은 자기 속에 있는 예수 그리스도를 절대로 버리지 않고 사람들에게 접근하는 문화양식을 다르게 하였다. 바울은 여러 사람에게 여러 모습이 되었다고 하여 자신이 문화 변혁자(Transformer of Culture)인 것을 증거한다. 이것이 바울의 복음적 갱신 패러다임이다. 그가 변혁자가 된 것은 몇 사람이라도 구원하기 위한 방편이었다. 또 바울이 이런 변혁자가 될 수 있었던 것은 그가 모든 사람에게서 자유롭기 때문이다(고전 9 : 19).

문화 변혁자로서 교회는 시대 문화를 거부하거나, 대립하거나, 갈등 관계를 가지거나, 초월하거나, 평행을 유지하며 나란히 갈 것이 아니라 끊임없이 변화시켜 나가야 한다. 왜냐하면 교회가 사회문화를 이끌어 가며 기독교문화가 사회의 문화가 되게 하는 것이 교회의 시대적 사명이기 때문이다. 이런 변혁자로서의 자세는 사람을 얻는 방법이다. 그리고 이런 변혁자로서의 교회의 자세는 그리스도의 자유에서 나오는 것이다.

문화는 복음의 토양이다. 복음이 어느 토양에 뿌리를 내린다는 것은 이미 그 토양의 문화를 품고 있다는 뜻이다. 예배와 성례전, 전도와 양육 등 복음의 전파는 토착화라는 과정을 거치게 된다. 특히 예배는 문화 속에서 고유한 예전을 창출한다. 예배 가운데서도 찬양은 고유문화 속에서 자리하고 있다.

오래전 세계선교협의회(Council for World Mission)의 실행 위원으로 섬길 때 다양한 교회, 다양한 예배를 경험하였다. 아프리카 교회는 북(봉고)이 없으면 예배할 수 없을 만큼 북은 예배의 중요한 도구이다. 예배 시작을 알리면 북을 다리 사이에 끼우고 모든 찬양에 북을 울린다. 심지어

한 지역의 감독이 예배 시간에 친히 북을 치며 찬양하는 모습은 매우 인상적이었다. 그리고 중남미 교회의 찬양에는 피아노나 오르간보다 기타와 리듬 악기들이 등장한다. 그들은 온 에너지를 발산하듯이 예배 시간 전 거의 한 시간을, 그리고 예배가 끝나고도 한 시간을 선 채로 찬양한다.

세계선교협의회를 섬기면서 다양한 문화적 체험을 할 수 있었다. 회의를 위하여 대만에 갔을 때 대만 장로교회의 한 유능한 지도자를 만났다. 그는 일본 교회, 대만 교회, 한국 교회를 자신이 보는 대로 이렇게 설명하였다. 일본 교회는 성경 공부하는 교회(Bible study church)로서, 크리스천의 수가 적고 교회는 열악하지만 우치무라 간조(內村鑑三), 구로사키 고기치(黑崎幸吉)와 같은 걸출한 성경학자들을 많이 배출하였다. 대만 교회는 찬양하는 교회(Singing church)로서, 예전의 언어로 '만다린'이 아닌 '대만어'를 사용한다. 그리고 예배 시간에 찬송을 많이 부르고 설교는 짧게 하는 편이다. 그리고 한국 교회는 기도하는 교회(Praying church)로서, 다른 나라 교회에 비하여 기도를 많이 한다. 아직도 기도원 운동이 살아 있고, 새벽기도가 유지되고, 예배 시간에도 통성기도 등 기도의 순서가 있다. 이렇게 같은 하나님을 믿고, 같은 성경을 읽고 있지만 문화의 차이가 교회의 특징을 만들고 예전의 독특성을 창출해 낸다.

요한복음은 예수님이 사마리아 수가 우물가에서 한 여인을 만나는 이야기를 기록하고 있다. 예수님은 제6시에 우물에 물을 길러 온 여인에게 "물을 좀 달라"고 하셨다. 여인은 예수님에게 "당신은 유대인으로서 어찌하여 사마리아 여자인 나에게 물을 달라 하나이까"라고 하였다(요 4 : 7-9). 유대인과 사마리아인은 상종하지 않았고, 남자와 여자가 집 밖에서 대화하는 일이 없었던 당시에 예수님의 접근과 대화는 사마리아 여인에게 큰 충격이었을 것이다. 예수님은 그녀에게 생수에 대한 말씀을 하셨고, 여인은 생수에 관심을 가졌다. 예수님은 "이 물을 마시는 자마다 다시 목마르려니와 내가 주는 물을 마시는 자는 영원히 목마르지 아니하리니 내가 주는 물은 그 속에서 영생하도록 솟아나는 샘물이 되리라"(요 4 : 13하-14)라고 하셨다. 예수님은 자신이 생수의 공급자이심을 계시하신 것이다. 여인은 그 물을 달라고 예수님에게 부탁했다. 그런데 예수님은 물을 준다는 말씀 대신 남편을 불러오라고 하셨다. 그리고 남편 문제를 해결한 여인에게 예수님은 당신이 메시야이심을 알려 주셨다. 그때 여인은 물동이를 버려두고 동네로 들어가서 사람들에게 "와서 보라 이는 그리스도가 아니냐"라며 그리스도를 증거하였다(요 4 : 29).

예수님이 자신을 생수라고 하신 것은 물의 특성 때문이다. 물은 일정한 형태를 가지지 않는다. 물의 형태는 물그릇의 형태에 따라서 변한다. 이것이 액체의 특성이다. 물이 일정한 형태를 가지지 않는 것처럼 예수님은 당시의 문화적 배경과 형식을 완전히 깨셨다. 이러한 형식 타파를 바리새인들은 종교의 파괴 내지는 하나님 모독으로 보았고 고소의 핵심 내용으로 삼았다. 예수님은 이 여인과의 대화에서도 당시의 문화적 형식을 완전히 파괴하셨다. 당시 유대인과 사마리아인이 서로 상종하지 않았던 문화를 파괴하심으로 유대인으로서 사마리아인을 만나셨고, 남자와 여자가 문 밖에서는 부부라도 서로 이야기하지 않던 당시의 문화적 벽을 초월하신 것이다. 예수님은 문화의 틀 속에 갇히지 않으신다. 예수님은 모든 문화를 수용하신다. 이와 같이 기독교는 모든 형태의 문화를 수용하고 토착화한다.

요한복음의 저자는 "여자가 물동이를 버려두고"(요 4 : 28)라는 말

빠트리지 않고 기록한다. "물동이를 버려두고"라는 말은 기록하지 않는다고 해도 전체적인 맥락에서 전혀 문제가 없다. 그런데도 이 말을 적은 것은 중요한 내용이기 때문이다. 예수님은 영원히 목마르지 않는 물이시다. 물동이는 물을 긷기 위한 도구이다. 영원히 목마르지 않는 물을 가진 자에게는 물동이가 필요하지 않기에 얼마든지 버릴 수도 있다. 참 생수를 발견했을 때는 물동이를 버릴 수 있고, 버려야 한다. 물동이는 도구이며, 형식이며, 전통이며, 체면이며, 규범이며, 율법이다. 이 여인은 자신의 체면 때문에 동네 여인들과 어울리지 못하였기에 여인들이 물을 긷는 시간이 아닌 요즘 시간으로 정오인 제6시에 물을 긷기 위해 온 것이다. 당시의 관습은 날이 뜨거운 정오가 아니라 해가 질 무렵인 요즘 시간으로 오후 6시인 제12시에 우물가에 모였다. 여인은 자신의 부끄러운 삶 때문에 사람들을 만나는 것조차 거부하였다. 그런데 영원히 목마르지 않는 물, 즉 예수님을 만나 남편 문제를 해결했기에 자신의 삶을 부끄러워할 이유가 없으므로 물동이를 버리고 자신이 기피하던 동네 여인들이 모여 사는 동네로 들어가서 "와서 보라 이는 그리스도가 아니냐"라고 외쳤다. 물동이는 체면이란 형식을 중시하게 하지만, 물동이를 버릴 때 형식이 아닌 메시야란 내용을 중시하게 되어 비로소 사람들에게 접근하게 한다. 물동이를 버리면 들어가지 못할 곳이 없다.

결국 포스트모던 시대, 문화 패러다임의 갱신이란 '물동이 버리기'이다. 물동이를 버릴 때 사람들의 영혼을 향해 접근할 수 있다. 물보다 물동이가 더 귀중할 때는 문화와 형식을 중시하며 그 형식 때문에 사람에게 접근할 수 없게 된다. 한국 기독교가 가지고 있는 문화적 형식이 불신자를 향한 접근 양식을 혼란케 한 경우가 허다하다. 내용인 그리스도를 전하기 위하여 형식인 물동이를 과감하게 버릴 수 있어야 한다.

또 한 가지 중요한 과제는 물동이를 버리다 물까지 버리는 잘못을 범하지 말아야 한다는 것이다. "목욕물 버리다 아이까지 버리지 마라."라는 말이 있다. 한국 교회는 그동안 물동이 싸움을 많이 했다. 이것은 산업사회의 한 과정이기도 하였지만, 물동이 싸움을 하다가 물이 다 엎질러지고 물동이를 서로 가지려고 싸우다 물동이까지 깨진 아픔의 역사가 있다. 생수를 확실하게 소유했다면 물동이를 버릴 수 있어야 하고 버려야 한다. 물동이를 쉽게 버릴 수 있어야 사람들에게 쉽게 접근할 수 있기 때문이다. 물동이 버리기는 중요한 세상으로의 접근 양식이다.

물이란 화학적으로 수소와 산소의 결합물($H_2O$)로, 상온에서는 색이나 냄새 또는 맛이 없는 액체이다. 최근에는 오염되어 맛을 내는 물들이 많이 있어서 물맛이 좋다는 표현을 쓰기도 한다. 그러나 사실 물맛이 좋다는 것은 잘못된 말이다. 물은 맛이 없다. 물은 고체, 액체, 기체의 세 형태로 존재하며 지구의 환경에 중요한 역할을 한다. 천연 상태에서의 물은 바닷물, 강물, 지하수, 우물물, 빗물, 온천수, 수증기, 눈, 얼음 등으로 존재한다. 지구는 표면적의 4분의 3이 바다, 빙원, 호수, 하천 등의 형태로 물이 덮고 있다. 이 물을 모두 합하면 약 13억 3천만$km^3$에 달한다. 그리고 지구 내부의 흙이나 바위 속에 스며 있거나 지하수의 상태로 약 820만$km^3$의 물이 존재한다. 지구는 엄청난 양의 물을 품고 돌고 있는 것이다. 지구는 땅보다 물이 많다. 그런 의미에서 지구(地球)라는 말보다 수구(水球)라는 말이 더 맞는 말이다.

물은 자연환경에 절대적 영향을 주며 생태에 엄청난 힘을 발휘한다. 지표면의 물은 수증기로 응축되어 구름이나 안개가 된다. 구름은 다시 비나 눈이나 우박이 되어 지표면에 내린다. 물은 이런 순환을 통하여 다양하게 변화한다. 물은 지표면의 형태를 변화시키기도 한다. 낮은 곳이나 강이나 호수의 둑을 깎아내린다. 강의 흐름을 바꾸고 강의 높낮이를 정하기도 한다. 흙이나 바위를 멀리 운반하기도 한다.

물은 인간의 생존에 필수적인 요소이다. 물을 마시지 않으면 사람은 금방 탈진하게 된다. 우리 삶의 터전인 지구의 70%가 물이듯, 우리 몸도 약 70%가 물이다. 아기는 어머니 배 속의 양수라는 물에서 살다가 세상에 태어난다. 물은 인간에게 있어서 생명이다. 물을 공급받지 못하는 것은 생명을 공급받지 못하는 것과 같다. 세계적인 사례에 의하면 붕괴나 지진 등으로 매몰된 상황에서 인간의 생존능력은 대체로 20일을 넘기지 못한다. 기네스북의 기록에 의하면 음식과 물을 전혀 공급받지 못한 상태에서 최장 생존 기록은 당시 18세였던 오스트리아의 안트레아 마하베츠가 1979년에 세운 18일이다.

성경은 물의 창조를 세심하게 다루고 있다. 하나님께서는 첫째 날에 빛을 만드시고, 둘째 날에 궁창을 만드시고 궁창 아래의 물과 궁창 위의 물로 나뉘게 하셨다. 셋째 날에는 모든 물을 모아서 바다를 만드셨다. 하나님께서 셋째 날에 만드신 식물이나, 넷째 날에 만드신 천체나, 다섯째 날에 만드신 어류와 조류 그리고 여섯째 날에 만드신 동물과 인간은 그 어느 것을 보아도 신비하지 않은 것이 없다. 더구나 생물의 개체를 보면 하나하나가 신비롭기 그지없는 하나님의 작품이다. 그 많은 신비로운 각색의 생물을 만드시는 데 하루가 걸렸다. 그런데 궁창을 만드시고 물을 나누시는 데도 하루가 걸렸다. 하나님께서 물을 나누실 때도 각양의 생물을 만드신 것만큼 정성을 쏟으신 것이다.

고내로부터 물은 흙, 공기, 불과 더불어 자연계의 4대 구성 성분으로 꼽혔다. 생물이 번성하는 것은 물 덕분이다. 생명은 물의 본성이다. 그러므로 물은 생물을 자라게 하고 번성하게 할 수 있다. 하나님께서는 물에게 명령하셨다. "물들은 생물을 번성하게 하라"(창 1 : 20). 생물을 번성하게 하는 것은 물의 역할이다. 그리고 하나님께서는 물에서 번성하는 모든 생물을 만드신 후에 그 생물에게 명령하셨다. "여러 바닷물에 충만하라"(창 1 : 22). 물은 하나님의 명령대로 생물을 번성하게 한다.

그리스의 고대 철학은 탈레스(Thales)로부터 시작된다. 그는 기원전 고대 그리스의 식민지인 소아시아에 있는 이오니아의 중심 도시인 밀레토스에서 태어났다. 그는 기원전 585년에 일어난 일식을 예측하였다고 한다. 후대에 전해진 그의 저서는 없으며 그가 저술한 저서가 있는지조차 알 수 없다. 그러나 소크라테스가 철학은 탈레스로부터 시작된다고 하였다. 바로 탈레스의 "만물의 근원은 물이다."라는 한마디 때문이다.

고대 중국의 제자백가들은 인생을 물에 비유하였다. 물의 흐름을 통하여 세상을 보았다. 고자(告子)는 "인간의 본성은 물의 흐름과 같은 것이다. 수로(水路)를 동쪽으로 내면 동으로 흐르고, 서쪽으로 트면 서로 흐른다. 이처럼 사람도 가르침이나 습관에 따라 선악 어느 쪽으로든 흐른다."라고 하였다. 시자(尸子)는 물은 인(仁), 의(義), 용(勇), 지(智)의 네 가지 덕을 가지고 있다고 하였다. 노자(老子)는 '상선약수'(上善若水), 즉 가장 좋은 것은 물과 같다고 하였다. 물처럼 사는 것이 현명한 삶이라는 뜻이다. 최고의 선(善)이란 물과 같은 것으로, 자신을 주장하지 않고 낮은 곳으로 흘러가야 한다고 하였다. 또 물과 같이 자신을 담는 그릇의 모양에 따라 변하지만 어떤 상황의 변화에도 자신의 본질은 변하지 않으면서 환경에 순응하는 지혜를 배우라고 권한다. 물이 언제나 낮은 곳으로 흐르지만 마침내 넓은 바다에 도달하는 것처럼, 세상의 이치를 따라 살면 마침내 큰 뜻을 이룬다는 의미이다. 공자는 제자 자공에게 "물은 백 길 벼랑도 두려워 않고 흘러내리니 용기가 있고, 아무리 옹색한 곳이라도 침투하니 통찰력이 있으며, 지상의 더러운 것을 씻어 버리니 감화력이 있다. 그래서 군자는 흐르는 물을 바라보길 좋아하는 것이다."라고 하였다.

하나님께서 창조의 보고(寶庫)인 물을 인간과 모든 피조물에게 주신 것은 신비한 하나님의 섭리이다. 더구나 예수님이 자신을 물이라고 하신 것은 신묘한 비유이다. 물이 어디에나 들어갈 수 있는 것처럼 예수님은 어떤 사람이나 어떤 문화에도 들어가실 수 있다. 그릇의 모양에 따라 물의 모양도 변하듯이 기독교는 어떤 문화에 들어가든지 독특한 문화적 형태를 가진다. 온갖 다양한 모양의 용기에도 물을 담을 수 있듯이 예수님은 온갖 다양한 심성 속에 들어가신다. 아무리 별난 성품을 가진 사람이라도 예수님을 믿지 못할 사람은 없다. 그래서 그리스도를 믿는 교회는 모든 문화를 포용하고, 그리스도는 모든 문화를 변혁한다.

그런 의미에서 나는 교회를 섬기는 내내 선교의 방편으로 복지와 문화를 강조하였다. 이전 시대와 같은 전도 방법으로는 교회가 사회에 접근하기 힘들다. 길거리 전도나 가정집을 방문하는 축호전도도 현대인의 삶의 코드와 맞지 않는다. 그래서 사회를 섬기는 디아코니아를 통하여 복음을 전하며, 기독교문화가 사회 문화의 변혁을 유도하게 해야 한다. 내가 섬기던 교회는 창립 100주년을 맞이하면서 '연동복지재단'을 설립하였고, 그 후에 '문화선교부'를 설치하여 복지와 문화를 통한 선교를 꾀하였다.

21세기 교회 성장의 핵심은 문화이다. 문화는 교회를 떠난 젊은이들에게 다시 교회를 찾게 하는 좋은 접촉점이 되기 때문에 교회는 목회적 관점에서 문화를 수용해야 한다. 21세기의 교회는 살아남기 위해 포스트모던 문화 속에서 복음을 구체화해 나가야 하는 절박함을 가지고 있다. 현재 K-pop이 엄청난 투자와 전문적 훈련을 통하여 세계 제일이 된 것처럼, 교회는 기독교문화를 사회에 뿌리내리고 문화적 복음을 전파하기 위해 더 많은 투자와 전문성을 가져야 할 것이다.

현재 한국 교회의 거의 모든 구조가 교회 성장을 위한 성장 구조이며, 교회의 예산도 교회 성장을 위한 재정구조를 가지고 있다. 많은 교회가 사회봉사나 선교 등 대외적 사업을 위한 재정보다 교회의 관리비와 인건비 등이 상당한 비중을 차지하고 있다는 것이 이러한 예이다. 그러므로 한국 교회가 사회를 위한 교회가 되기 위해서는 교회의 구조조정이 조속히 이루어져야 한다. 이러한 자구적 노력은 결국 기독교문화를 사회에 심는 일이 될 것이다.

## 2. 포스트모던 시대의 문화 양극성 ───。

포스트모던 시대는 양극화의 시대이다. 포스트모던 시대의 양극화는 경제를 비롯한 모든 면에서 두드러지는 현상이다. 돈이 많은 자는 더욱 많아지고 돈이 없는 자는 더욱 없어지는 시대이다. 경제적 양극화에 이어 정보도 양극화되어 정보기기에 익숙한 자들은 더 많은 정보를 얻을 수 있으며, 정보기기에 미숙한 자들은 정보를 얻지 못하고 퇴보한다. 그뿐만 아니라 영성의 양극화도 발생하고 있다. 영적인 개인과 교회는 더욱 영성을 추구하며 영적으로 변하지만, 그렇지 못한 사람은 영성 없이 외형적인 이름만 갖게 된다. 겉 사람은 그리스도인이지만 속사람은 그리스도인이 가져야 하는 신앙의 확신 없이 살아간다. 이름만 있는 명목상 그리스도인(Nominal Christian)이 양산될 것이라는 주장은 이런 연유에서 나온 것이다. 칼 라너는 신비주의자가 되든지 아니면 불신자가 되든지 해야 한다는 말을 남겨 유명해졌다. 양극화는 포스트모던 시대의 자연적 현상으로 앞으로는 더욱 심화될 것이다.

양극화의 근거는 성경이다. 씨 뿌리는 자의 비유에서 예수님은 제자들에게 비유를 설명하시면서 "무릇 있는 자는 받아 넉넉하게 되되 없는 자는 그 있는 것도 빼앗기리라"(마 13 : 12)라고 하셨다(참고 눅 8 : 18). 달란트 비유의 결론은 "무릇 있는 자는 받아 풍족하게 되고 없는 자는 그 있는 것까지 빼앗기리라"(마 25 : 29)로서 경제적 양극화를 가르치고 계신다. 달란트 비유와 같은 맥락의 므나 비유의 결론도 "주인이 이르되 내가 너희에게 말하노니 무릇 있는 자는 받겠고 없는 자는 그 있는 것도 빼앗기리라"(눅 19 : 26)라고 하신다. 달란트 비유에서 주인은 한 달란트 주었던 종의 달란트를 빼앗아서 두 달란트로 두 달란트를 남긴 종이 아니라 다섯 달란트로 다섯 달란트를 남긴 종에게 주었다. 가진 자가 더 많이 가지는 것이 달란트의 원리이다. 달란트 비유는 예수님의 종말에 관한 비유의 결론이다. 종말 비유의 결론이 양극화라는 것은 양극화가 종말적 현상이라는 뜻이다.

최근 우리나라의 소득 양극화는 심화 현상을 드러내고 있다. 2023년 3월을 기준으로 보면 상위 0.1% 부자들의 소득이 중위 소득의 70배라고 한다. 상위 0.1%의 연 소득이 18억 5천만 원이며, 상위 1%의 연 소득이 4억 7천만 원인 데 비해 중위의 연 소득은 2,660만 원이다. 이런 소득의 격차는 매년 더 커지고 있어 양극화를 실감하고 있다. 한 보도에 따르면 중국은 시장경제를 채택한 지 30년도 안 되어 빈부 격차가 위험 수위에 도달했다고 한다. 상위 20%의 소득이 하위 20%의 22배에 달했다는 것이다. 이런 양극화의 양상은 지구적인 현상이며, 경제 선진국에서 더 심화된 것을 알 수 있다.

이와 더불어 사회의 양극화, 이념의 양극화도 심각한 상태이다. 지구적 상황에서도 양극화는 극명하게 드러난다. 최근 러시아의 우크라이나 침공으로 야기된 러시아와 서방의 갈등은 '냉전 시대'로 회귀했다고 하여 '신냉전 시대'라 부르고 있다. 우리나라의 이념 양극화도 국가의 미래를 염려할 만큼 심각한 상태가 되었다. 보수와 진보의 진영 논리와 편 가르기는 정치계에서 가정에 이르기까지 곳곳에서 나타나고 있다. 사회적 문제점을 옳고 그름보다 이념에 의한 시각으로 이해함으로, 문제의 해결보다 갈등의 심화로 치닫는 경우가 허다하다. 광화문광장과 서울광장은 진보와 보수의 대결장으로 변하여 비방과 혼돈이 난무해졌다. 세계가 하나라는 세계화 시대, 다양성을 앞세우는 포스트모던 시대에 오히려 정신과 문화의 양극화가 심화된 것은 문화의 아이러니라고 할 수 있다.

레너드 스윗(Leonard I. Sweet)은 『모던 시대의 교회는 가라』(좋은씨앗, 2004)에서 이런 양극화에 대한 전혀 새로운 개념을 제시한다. "포스트모던 시대의 비선형성, 불확실성, 비국지성으로 인해 리더십은 양극적 시각을 도입하게끔 되어 있다. 얼마 후에는 다극적이 될 것이다. 이는 상반되는 것들의 만남이 아니다. 한쪽 끝은 다른 쪽을 필요로 하고, 때로는 다른 쪽 끝이 되어 버린다." 다른 쪽을 필요로 하고 다른 쪽의 끝이 되어 버리는 시대에 교회는 전혀 새로운 문화를 창출할 수 있는 가장 적합한 기관이 될 수 있다. 스윗의 이 말은 포스트모던의 문화는 양극을 동시에 수용하며, 이분법적인 선택을 거부하는 문화라는 것이다.

이런 양극화 시대에서 기독교는 양극의 화해자로 새로운 문화를 창출해야 할 책임이 있다. 세계화와 지방화가 동시적으로 발생하는 시대의 기독교답게 개체의 다양성을 수용하는 동시에 모든 것이 통일성을 이룰 수 있도록 해야 한다. '꽃미남'과 '비호감'(非好感)이 동시에 인정을 받는 이 시대에 교회는 양극을 모두 품을 수 있는 넓은 자세를 가지고 세계를 하나로 품을 수 있는 가슴을 가져야 한다.

그런 의미에서 우리가 사는 시대는 다양성과 통일성을 동시에 보존해야 하는 시대이다. 인간의 사고는 신관에 유래한다고 한다. 어떤 신을 믿는 것은 어떤 사고를 갖는 것에 절대적 영향을 주게 된다. 이슬람의 신관은 유일신 알라에서 시작한다. 이슬람은 알라 외에 어떤 신도 인정하지 않는다. 그래서 이슬람 교도는 알라를 믿지 않는 사람들과 교류하지 않는다. 이슬람 교도들의 사고에는 다양성은 없고 통일성밖에 없기 때문이다. 반면에 힌두교는 헤아릴 수 없이 많은 신을 가지고 있다. 어떤 책에는 힌두교는 6억 2천만 신을 가지고 있다고 한다. 힌두교도들은 온갖 신을 다 인정한다. 그래서 힌두교도의 사고에는 통일성이 없고 다양성밖에 없다. 이에 반해 기독교의 신관은 삼위일체 하나님에서 시작한다. 하나님께서는 세 분인 동시에 한 분이기에 기독교인의 사고에는 자연스럽게 다양성과 통일성이 동시에 있다. 다양성 속에서의 통일성을 추구하는 포스트모던 시대에 가장 적합한 사고는 그리스도인이 가지고 있는 사고이다.

한국인의 문화는 '보자기 문화'이다. 보자기는 가방과 달리 모든 것을 다 쌀 수 있다. 가방은 공간을 점유하고 낭비하지만, 보자기는 잘 개켜 두면 공간을 원점으로 환원한다. 이것이 한국인의 지혜이다. 둥근 것도 모난 것도 다 감싸는 한국의 보자기 같은 포용력과 슬기를 가지고 양극화 시대에 하나의 세계를 품는 새로운 세계관으로 무장하는 기독교, 교회가 되어야 할 것이다. 양극화 시대의 교회는 양극을 다 포함할 수 있는 제3의 문화를 창출하여 모든 것을 포용하는 세계화 시대의 문화 코드를 개발해야 할 것이다.

최근에 고대와 미래를 함께 듣는 신학적 개념을 발전시킨 이는 레너드 스윗이다. 그는 고전적 기독교의 신앙을 새로운 미래 세계에 자리매김하는 시도를 '이중 종소리'(double ring)라고 한다. 그는 고대와 미래를 하나의 시간적 개념으로 묶어 고대 미래(ancientfuture)라고 부른다. 로버트 위버(Robert E. Webber)는 그의 책 『고대-미래 신앙』(Ancient-Future Faith)에서 고대와 미래를 하나의 시간 개념으로 동일시하되 그는 고대와 미래 사이에 연자(連字)부호(hyphen)를 넣었지만, 스윗은 아예 연자부호조차 없애 버렸다. 이는 고대와 미래가 연결고리도 필요 없는 하나라는 의미이다.

영국의 복음주의 신학자인 존 스토트(John R. W. Stott)는 이런 개념을 '이중 청취'(double listening)라고 하였다. 한 귀로는 하나님의 소리를, 다른 한 귀로는 하나님의 세계에 귀를 기울인다는 의미이다. 그에게 이중청취란 말씀을 통하여 하나님의 목소리를 듣고 동시에 주변 사람들의 소리를 듣는 능력을 의미한다. 하나님의 목소리와 세상 사람들의 소리가 서로 배치될 때도 있지만, 이 두 소리는 서로 연결되어 있으며 제자화와 선교에 있어서 필수적인 요건이다.

스윗은 기독교 신앙 속에서 전래되는 이중성 가운데 가장 위대한 상징을 십자가라고 주장했다. 십자가의 수평과 수직의 교차점은 기독교의 핵심이다. 이 교차점은 인간 위에 신성이, 고대와 미래가 접촉하는 지점이라고 한다. 기독교의 신앙은 십자가라는 교차점에서 하나님과 인간이 만나며, 고대와 미래가 만난다. 고대와 미래가 한 점에서 만날 수 있는 것은 십자가 때문이다. 십자가 없이는 고대와 미래가 하나 될 수 없을 것이다.

스윗에 의하면 기독교 역사에서 고대 시대와 포스트모던 시대의 패러다임은 일치한다. 이런 일치는 미래 교회와 신앙의 패러다임을 예측하고 설정하는 데 결정적인 도움을 준다. 고대 시대와 포스트모던 시대에 대한 패러다임의 핵심은 신비(mystery)이다. 모던 시대와 포스트모던 시대의 패러다임은 완전히 다르다. 현시대인 포스트모던 시대와 직전 시대인 모던 시대는 완전히 다르지만, 고대와 현시대가 그 패러다임에 있어 완전히 일치하고 있다는 것은 역설적이면서 흥미로운 일이다. 그러므로 고대를 통하여 포스트모던을 배울 수 있고, 미래를 알 수 있다.

영성 시대인 포스트모던 시대의 영성은 고대의 신비적 영성으로 다시 돌아가며, 시대의 중심에 있어 중요한 기능을 하게 될 것이다. 교회의 패러다임은 고대 교회에서 발견할 수 있다. 미래 교회는 고대 교회로 회귀하는 교회이기 때문이다. 그러므로 교회 공동체의 원형인 이스라엘의 광야 공동체는 미래 교회의 모습이며, 미래 교회는 광야 공동체에서 패러다임을 찾을 수 있을 것이다. 그런 의미에서 광야는 교회이며 이를 광야 교회라고 부른다(행 7:38).

미래 교회에는 시대의 변화에 따른 급격한 패러다임의 변화가 요구될 것이다. 시대를 앞서가고 사회를 구원하기 위한 기관으로서의 모습을 갖추기 위해서 교회는 변신에 능해야 할 것이다. 그러나 교회에는 변해야 할 것과 변하지 말아야 할 것이 분명히 있다. 변하지 말아야 할 것이 변하는 것이나 변해야 할 것이 변하지 않는 것은 교회 성장의 저해 요소가 되고 교회의 존재가치를 상실하게 하는 요인이 된다.

이런 의미에서 미래 교회는 교회의 본질적 모습을 보존하는 데 심혈을 기울여야 한다. 그리고 그 본질의 핵심 가치가 흔들리지 않도록 노력하고 강조해야 한다. 구원의 목적으로서의 예배가 강조되어야 하고, 구원의 선물로서의 말씀이 살아 있어야 하며, 구원받은 백성에게 주신 규례가 반드시 지켜져야 하고, 구원받은 하나님의 백성으로서의 교회가 든든히 서야 한다. 시대의 문화가 아무리 변한다 해도 신앙의 근본이 바르게 훈련된다면 교회는 문화의 변혁자로서 바르고 견고하게 서 있을 것이다.

이런 문화변혁자로서의 교회가 고대와 미래라는 시간 속에서 이중 종소리를 듣는 것은 성경과 문화를 이해하는 데 유익할 것이다. 동시에 한국인의 눈으로 성경을 새롭게 본다는 것은 성경 본래의 뜻을 이해하는 데 큰 도움이 될 것이다. 이런 시각은 포스트모던 시대, 세계화 시대에 문화인류학(Cultural Anthropology)과 비교문화연구(Cross-Cultural Studies)가 필요하고 발달하는 이유이다.

언어, 인종, 문화, 종교에 따라 분열과 집산이 반복되는 지방화(regionalization) 시대에서 세계화의 다른 각도로 타 문화를 수용하는 것은 시대의 정신이며 의무이다. 타 문화와 언어로 다른 인종을 보는 것은 곧 그들을 이해하는 것이다. 성경의 글과 거기에 묘사된 사람들의 행동은 그들의 용어와 문화로 이해할 수 있으며, 이렇게 될 때 성경이 주는 의미를 바르게 알 수 있다.

## 3. 기독교의 배경으로서의 문화 ———。

　기독교는 역사라는 시간과 사건의 실체로 존재한다. 하나님께서는 세계를 시간과 공간의 체계 속에서 창조하시고, '태초'라는 시간의 시작에서 '종말'이라는 시간의 끝으로 운행하신다. 그러므로 기독교는 역사의 틀 속에서 지역과 시대가 만드는 문화의 배경을 가진다. 역사적 관점에서 본 기독교문화의 뿌리는 히브리적 전통과 헬라적 전통이다.

　역사학자들은 고대 역사가 세 가지 큰 흐름으로 형성되었다고 본다. 헬라의 문학과 문화, 로마의 정치와 법률, 그리고 히브리의 종교이다. 이 세 가지 거대한 물줄기는 고대의 다양한 문화와 종교를 만들었고, 이것이 없이는 고대 역사를 해석할 수 없다. 헬라의 언어인 헬라어는 문화의 언어였으며, 로마의 언어 라틴어는 정치와 법률의 언어였으며, 이스라엘의 언어인 히브리어는 종교의 언어였다. 이 세 언어는 고대사회의 모든 면을 표현하고 설명하는 언어였다. 그런데 그리스도의 십자가에 패를 써 붙일 때 '나사렛 예수 유대인의 왕'이라는 말이 히브리와 로마와 헬라 말로 기록되었다(요 19 : 20). 빌라도는 그리스도를 희롱할 목적으로 패를 붙였지만, 고대사회를 대표하는 세 언어를 통하여 그리스도가 왕인 것을 선포한 셈이 되었다. 이 세 가지 언어는 당시 지중해 국가의 글을 아는 모든 사람에게 전달 가능한 수단이었다.

당시에 나사렛이란 동네는 북쪽 갈릴리의 아주 천한 동네였다. 구약성경에는 단 한 번도 기록되지 않을 정도로 주목받지 못한 동네였다. 그래서 나다나엘은 선지자를 만난 빌립이 "요셉의 아들 나사렛 예수"라고 하였을 때(요 1 : 45), "나사렛에서 무슨 선한 것이 날 수 있느냐"(요 1 : 46)라고 그리스도 보기를 거절하였다. 유대인들의 관념에서 선한 것은 예루살렘밖에 없다. 그들의 생각에 나사렛은 선한 것이 날 수 없는 동네이다. 예루살렘은 왕도이며 시온의 영광이 빛나는 거룩한 도시이다. 헤롯의 왕궁이 있었고, '산헤드린'이라는 최고의 치리 기관이 있었으며, 총독의 관저와 성전까지 있었다. 예루살렘은 정치, 경제, 교육, 문화, 그리고 종교까지 모든 것의 중심이 되는 도시였다.

그런데 예수님은 '예루살렘 예수'도 아니고, '베들레헴 예수'도 아닌 '나사렛 예수'라 불린다. '나사렛 예수'라는 호칭은 신약에 19번 나오는데, 이 호칭은 예수님이 천민과 약한 자의 메시야이심을 증명한다. 나사렛 예수는 유대인의 왕이시고(요 19 : 19), 부활의 소망이시며(막 16 : 6), 걷지 못하는 자를 일으키시고(행 3 : 6), 사울이 바울이 되게 하신 주님이시다(행 22 : 6-16).

아마 '나사렛 예수'는 전봉석 '성속'(聖俗)의 문화 속에 있던 유대인들에게는 엄청난 문화 충격이었을 것이다. "나사렛에서 선한 것이 날 수 없다."라는 나다나엘의 말은 구약적 문화의 전승에서 볼 때 틀린 말이 아니다. 그러나 "나사렛에서 선한 것이 났다."라는 선포는 신약적 문화의 변혁이었다. 신앙이란 문화적 반전이다. 바울에게 그러하였고, 모든 그리스도인에게 그러하다.

그러나 시간이 흐를수록 헬라의 철학과 문학이 히브리의 종교에 합류했다. 특히 바울이 헬라를 방문하여 복음을 전한 이후의 기독교 사가들은 기독교라는 종교 없이는 헬라 문화를 이해할 수 없게 되었다. 이런 기독교의 영향은 비잔틴 시대의 중심으로, 11세기 서방 교회에서 분리할 때 동방 교회의 주류로 세워졌다. 지금도 그리스 전 국민의 98%가 법적 그리스도인이라는 점이 이를 증명한다. 로마도 이와 비슷한 과정을 통하여 히브리의 종교에 합류한다. 기독교가 확장될 무렵 로마제국의 시저는 제정 시대를 열었다. 로마제국 전체를 통일하여 풍요롭고 강력한 국가를 세운 황제는 전쟁을 종식시키고 '로마의 평화'(Pax Romana)를 부르짖었다. 그리스도의 승천 이후 사도 시대에 접어들면서 바울은 로마에서 복음을 전하다가 순교하였고, 베드로도 로마에서 순교하였다. 이후 로마는 고대 시대의 가장 강력한 도시로 성장했고, 로마 황제의 10대 기독교 박해와 같은 오랜 박해와 순교 가운데서도 기독교는 급속도로 로마 전역에 전파되었다. 이는 로마제국 전체를 잇는 도로망 덕분이었다. 이후 콘스탄티누스 황제의 공인으로 기독교는 로마에 뿌리를 내리게 되고, 이후 로마는 서방 교회의 중심이 되었다. 그러므로 고대 역사의 세 흐름은 히브리의 종교에 합류되어, 히브리의 종교가 중세라는 긴 시간을 이끌게 된 것이다. 그러므로 유럽을 중심으로 한 초기 기독교 국가에서는 기독교 없이는 역사, 문화, 정치 어느 것도 설명할 수 없었다. 지금도 초기 기독교 국가에서는 기독교가 문화를 창출했으며, 문화가 기독교를 번성하고 확장되게 하였던 것을 볼 수 있다.

   종교는 경전을 가진다. 경전은 신앙의 대상과 규범 그리고 세계관을 포함한다. 기독교는 경전인 성경으로 기독교의 신앙과 타 종교와의 차별성을 가늠하게 한다. 그러므로 기독교의 문화와 전통은 구약성경에 근거하며, 구약의 '말씀'이 곧 기독교의 문화가 된 것이다. 다시 말하면 구약에서 가르치는 삶의 근거가 유대인의 문화이며 나아가 그리스도인의 문화로 자리를 잡게 된 것이다. 물론 성경적 문화가 토착화 과정에서 각 인종의 문화와 충돌하며 혼합된 경우도 많이 있지만, 각 문화에서 성경적 요소들을 발견할 수 있다. 대륙이나 인종별로 예배의 형식, 삶의 방식 그리고 예배당의 건축양식 등이 문화와 접목하여 다양하지만 기독교와 전통문화가 상호 영향권 안에 있는 것을 알 수 있다.

   다니엘 2장은 바벨론의 느부갓네살 왕이 꾼 꿈을 다니엘이 해석하는 장면을 기록하고 있다. 느부갓네살은 꿈에서 크고 광채가 찬란한 신상을 보았다. 그 우상의 머리는 순금, 가슴과 두 팔은 은, 배와 넓적다리는 놋, 종아리는 쇠, 발은 얼마는 쇠, 얼마는 진흙이었다. 그 가운데 한 돌이 나와서 그 진흙의 발을 쳐서 부서뜨리니 그 신상이 부서져 흩어지고 우상을 친 돌은 태산을 이루어 온 세계에 가득하게 되었다. 이 꿈은 하나님께서 장래의 역사를 일러 주신 것이다. 영원한 강자일 것 같은 바벨론이 페르시아에 의해 망하게 되고, 강력한 페르시아가 헬라에 의해 망하게 되고, 절대로 망하지 않을 것 같은 헬라가 로마에 의해 망하게 되고, 영원히 세계를 지배할 것 같은 로마가 동로마와 서로마로 분열하여 망하게 될 것이라는 역사적 예언이었다. 인간의 역사는 장구하지 못하며, 그리스도가 세상을 지배하고 종래 세상이 그리스도의 나라가 된다는 것이다.

알렉산더가 부왕 빌립의 대를 이어 강국들을 점령하고, 마케도니아가 고대사회의 중심국가로 부상하여 헬라 전 지역을 통일하였다. 알렉산더는 짧은 기간을 통치하였지만, 동서양을 통일하는 지중해 시대를 열었다. 알렉산더가 헬라어를 헬라 제국의 공용어로 지정한 것은 훌륭한 정책이었다. 광활한 제국을 언어로 통일하면서 지중해 시대의 세계어가 되게 하였기 때문이다. 그가 발전시킨 헬라어는 어렵고 복잡한 문법을 가진 고전 헬라어가 아니라 쉽게 배울 수 있는 대중 언어인 '코이네 헬라어'(Koine Greek ; Common Greek)로 넓은 헬라 제국의 다양한 민족들이 쉽고 편리하게 의사소통할 수 있도록 하였다. 신약성경은 바로 이 헬라어로 기록된 것이다. 당시의 보편적 언어로 기록되어 지중해 시대의 모든 민족이 읽을 수 있었던 것이 성경의 세계화에 크게 공헌했다.

이렇게 헬라의 언어와 문화는 신약성경 시대를 주도하게 되었다. 당시의 세계는 지중해 중심의 국가들로 이루어졌으므로 이스라엘도 헬라의 정치와 문화의 영향력 안에 들어가게 되었다. 헬라어는 자연스럽게 세계어가 되었고, 이스라엘 백성들의 일상 언어가 되었기 때문에 신약성경이 히브리어가 아닌 헬라어로 기록된 것 또한 당연한 일이었다. 그러므로 신약성경에는 헬라의 철학과 사상들이 숨어 있다. 그리스도의 말씀을 헬라어로 기록하는 과정에서 용어가 가진 헬라적 의미와 사유를 포함하게 된 것이다. 동시에 헬라어가 아니면 표현할 수 없는 그리스도의 말씀과 진리를 헬라라는 언어를 통하여 기록한 것은 신비한 은혜이다.

주후 70년 로마의 티투스에 의하여 예루살렘이 멸망한 이후 유대인들은 지중해 국가들뿐만 아니라 더 넓은 곳으로 흩어졌다. 이들은 1,878년 동안 거대한 '디아스포라'를 이루었고 또 다른 문화를 창출하였다. 기독교 초기의 유대인들은 이집트를 비롯한 소아시아, 시리아, 이탈리아, 에스파니아 등 거의 모든 지역에 거주하게 되었다. 이후에 이방인 그리스도인들이 헬라어를 사용했던 것처럼 유대인들도 자연스럽게 헬라어를 사용하게 되었다. 이런 유대인의 역사는 초기 그리스도인들의 문화와 사고에 깊은 영향을 주었다.

특히 헬라어를 사용하는 유대인의 특정 집단은 에세네파(Essenes)의 영향을 크게 받았고 헬라의 철학과 문화를 접하며 살 수밖에 없었다. 1세기 무렵 에세네파는 바리새파, 사두개파와 더불어 유대인의 세 종파 가운데 하나로, 사해 주변에서 종교적 공동체를 이루고 신비적인 금욕주의를 내세우며 장로의 지도 아래 공동생활을 하였다. 헬레니즘은 지중해 국가들에게 상당한 문화적 변화를 가져왔고, 이로 인해 유대인들도 히브리어 외에 헬라어와 아람어를 사용하게 되었다. 헬레니즘은 이집트의 콥트어(Coptic)를 낳았으며, 시리아에서 아람어는 시리아의 문학을 만들었다.

성경을 살펴보면 초기 기독교인들 중에 유대인 외에도 외국인이 상당히 많았다는 것을 알 수 있다. 기독교를 박해하고 그리스도의 메시야성을 부인하는 유대인들보다 많은 헬라인이 그리스도인이 되었다. 예수님에게 귀신 들린 딸을 고쳐 달라고 애원하던 여인도 헬라인이요 수로보니게 족속이었다(막 7 : 26). 유월절에 제사를 드리려고 예루살렘을 찾은 헬라인 몇 사람이 예수님을 뵙기 청하였다(요 12 : 20-21). 복음서에는 헬라인에 관한 기록이 마가복음에 한 번, 요한복음에 두 번 기록되어 있어 예수님의 사역 대상 중에는 비교적 소수였다.

그러나 초기 기독교 사도 시대의 헬라인에 관한 기록은 상당히 많다. 특히 바울은 헬라인을 복음 전파의 중요한 대상으로 삼았다. 바울이 예수를 그리스도라 증거하였을 때 그중에 믿는 사람이 많고 또 헬라의 귀부인과 남자가 적지 않았다(행 17 : 12). 바울은 복음 전파의 대상으로 유대인과 이방인을 구분하지 않았으므로 회당에서 강론할 때도 헬라인이 참석하였던 기록이 있다(행 18 : 4). 사도들 특히 바울에게 헬라인에 관한 전도의 비중이 컸으므로 바울서신 등에는 유대인과 헬라인을 함께 적시하는 곳이 많이 있다. "유대인과 헬라인을 권면하니라"(행 18 : 4), "유대인이나 헬라인이나 다 주의 말씀을 듣더라"(행 19 : 10), "에베소에 사는 유대인과 헬라인들이 다 이 일을 알고 두려워하며"(행 19 : 17), "유대인과 헬라인들에게 하나님께 대한 회개와"(행 20 : 21), "먼저는 유대인에게요 그리고 헬라인에게로다"(롬 1 : 16), "먼저는 유대인에게요 그리고 헬라인에게며"(롬 2 : 9), "먼저는 유대인에게요 그리고 헬라인에게라"(롬 2 : 10), "유대인이나 헬라인이나 다 죄 아래에 있다고"(롬 3 : 9), "유대인이나 헬라인이나 차별이 없음이라"(롬 10 : 12), "유대인이나 헬라인이나 그리스도는 하나님의 능력이요"(고전 1 : 24), "유대인에게나 헬라인에게나 하나님의 교회에나 거치는 자가 되지 말고"(고전 10 : 32), "유대인이나 헬라인이나 종이나 자유인이나"(고전 12 : 13), "너희는 유대인이나 헬라인이나 종이나 자유인이나"(갈 3 : 28), "헬라인이나 유대인이나 할례파나 무할례파나 야만인이나"(골 3 : 11) 등이 있다.

당시에는 헬라적 영향을 많이 받은 유대인들과 히브리적 사고를 하는 유대인들의 크고 작은 문화적 갈등이 있었다. 성경에도 그런 사례가 있다. 초기 기독교 공동체에서는 과부들의 구제 문제로 헬라파 유대인들과 히브리파 유대인들 사이에 갈등이 야기되었다. 헬라파 유대인들이 자기들의 과부가 매일의 구제에서 빠졌다고 히브리파 유대인들을 원망한 것이다. 예루살렘교회의 주류인 히브리파 유대인들이 헬라파 유대인 과부를 구제에서 의도적으로 제외한 것은 아니었을 것이다. 하지만 히브리파 과부가 제외되는 것은 갈등의 요인이 되지 않을 수 있지만 헬라파 과부들이 제외되는 것은 갈등의 요인이 된다. 갈등의 요인 내면에는 소통의 부재와 문화적 차이가 있을 것이다. 그리하여 히브리파 사도들은 제자들을 회집하여 일곱 사람을 택하였다. 이런 문화적 갈등을 해소하기 위하여 선택한 스데반, 빌립, 브로고로, 니가노르, 디몬, 바메나, 니골라는 모두 헬라파 유대인들이었다. 헬라파가 제기한 문제를 헬라파 유대인들이 해결할 수 있도록 한 히브리파 사도들의 관용과 아량이 돋보이는 선택이다.

초기 기독교에 헬라파 유대인들이 상당히 많았다는 기록이 있다. 사울이 회심한 후에 바나바가 그를 데리고 예루살렘에 갔을 때 사울은 헬라파 유대인들과 변론하였다(행 9 : 29). 바울이 장성한 디모데에게 할례를 받게 한 것은 그의 어머니는 유대인이었고 아버지는 헬라인이었기 때문이다(행 16 : 1). 바울은 헬라인에게 복음 전하기를 갈망하였으므로 헬라인에게 자신이 빚진 자라고 하였다(롬 1 : 14).

바울이 복음을 전하다 체포된 사유는 복음의 진위 때문이 아니라 거룩한 성전에 헬라인을 데리고 들어가 성전을 더럽게 하였다는 율법의 청결법 때문이었다(행 21 : 28). 바울이 체포되어 천부장에게 인도되었을 때 바울은 천부장에게 "내가 당신에게 말할 수 있느냐"라고 물었고, 이에 대한 천부장의 대답은 "네가 헬라 말을 아느냐"였다(행 21 : 37). 천부장은 바울이 헬라어를 구사하는 것에 놀랐는데, 이는 당시 유대인이 헬라어를 안다는 것은 지식인이라는 증거인 동시에 문화적 신분을 입증하는 것이었기 때문이다. 천부장이 말하기를 허락하자 바울은 헬라어가 아닌 히브리어로 자신을 변명하는 말을 하였다. 바울은 팔레스타인의 유대인들이 상용하는 히브리어로 말하였으므로 원활한 의사소통이 가능했을 것이다.

언어는 문화와 사고를 포괄하는 중요한 도구이다. 바울은 히브리의 율법도, 헬라의 철학도, 로마의 법률에도 능통한 지식을 가지고 있었으므로 당시 지중해 문화권에서 효율적으로 복음을 전할 수 있었다. 유대인에게는 히브리어로, 헬라인에게는 헬라어로, 로마인에게는 라틴어로 전달하는 것이 가장 명확한 전달 방식이므로 바울의 지식과 언어능력은 복음 전파에 있어 최상의 장비였을 것이다. 이런 바울의 지식의 탁월성은 당시 문화와 사고의 차이를 명료하게 표현하고 있다. "유대인은 표적을 구하고 헬라인은 지혜를 찾으나 우리는 십자가에 못 박힌 그리스도를 전하니 유대인에게는 거리끼는 것이요 이방인에게는 미련한 것이로되 오직 부르심을 받은 자들에게는 유대인이나 헬라인이나 그리스도는 하나님의 능력이요 하나님의 지혜니라"(고전 1 : 22-24). 바울은 이렇게 히브리적 사유와 헬라적 사유의 차이를 간결하게 구분하였다.

이런 문화와 종교의 연관성은 모든 종교에서 나타난다. 불교나 이슬람과 같은 거대하고 오랜 역사를 가진 종교는 다른 문화를 가진 국가나 인종에게 전파될 때 이와 같은 과정을 거치게 된다. 각 인종이 가진 전통문화와 종교가 만나면서 제3의 문화가 발생하게 되고, 오랜 시간이 지나면 전통문화에 따라 변형된 새로운 종교의 문화가 창출되는 것이다. 전통문화의 양식에 따라 변형된 불교를 인도나 중국이나 동남아시아나 우리나라에서 볼 수 있으며, 변형된 이슬람을 중동이나 아프리카나 동남아시아에서 볼 수 있다. 이와 같이 종교는 문화에, 문화는 종교에 깊은 영향을 주고 있다.

4. 히브리적 사유와
   헬라적 사유 ―――――。

미국 유학 시절 신학 석사학위를 끝내면서 박사 후보생이 되기 위하여 기초 고전어학을 점검하였다. 박사 후보생이 되기 위해서는 헬라어와 히브리어 각각 12학점이 필요했다. 한국의 신학대학교에서 내가 이수한 학점은 각각 6학점이었으므로 6학점씩을 더 해야 했다. 하지만 6학점을 더 하는 것보다 미국식 고전어 학습 방법을 체험하고 싶어 헬라어와 히브리어를 다시 12학점씩 이수하기로 하고 먼저 헬라어 수업을 신청하였다. 헬라어를 공부하는 동안 이 과목을 다시 공부하기로 한 것은 참 잘한 일이라고 생각했다. 왜냐하면 한국에서의 어학 학습 방법이 문법부터 공부하고 책을 읽는 것이라면, 미국식 방법은 처음부터 책을 펴 놓고 읽어 가면서 한 단어의 발음, 문법 그리고 시제, 격 등을 분석하는(parsing) 법을 가르쳐 주었다. 그리고 둘째 시간부터는 수업 시작과 더불어 지난 시간에 대한 복습과 단어를 암기하는 시험(퀴즈)을 쳤다. 나는 한국에서 이미 헬라어를 공부하고 수업에 들어갔으므로 처음에는 아주 쉬웠다. 그러나 시간이 갈수록 헬라어는 굉장히 어려웠다. 특히 헬라어의 고급 문법에는 여러 법칙이 있지만, 아무리 법칙에 적용해도 이해하기 힘든 부분들이 상당히 많았다. 그런데 함께 수업을 듣던 미국인 친구는 금방 이해하고 답을 척척 맞혔다. 그래서 그 친구에게 물어보았다. "법칙에 의하면 답이 그것이 아닌 것 같은데 어떻게 해서 그것이 답이냐?" 그때 그 친구의 대답은 아주 간단했다. "It makes sense." 그냥 감으로 안다는 것이었다. 나는 열심히 헬라어 공부를 해서 A학점을 받았다.

그리고 다음 학기에는 헬라어를 수강한 학생 대부분이 히브리어를 수강하게 되었다. 나는 히브리어도 한국에서 이미 공부하였기에 어렵지 않게 시작할 수 있었다. 히브리어를 가르치는 방법도 헬라어 수업의 방법과 같았다. 책을 펴 놓고 단어를 하나씩 읽어 가면서 문법과 단어를 분석하는 것이었다. 히브리어도 학기가 끝날 무렵에는 제법 어려운 문법을 공부하게 되었다. 나는 히브리어의 고급 문법이 이해가 되었다. 그런데 함께 공부하던 미국인 친구가 내가 헬라어 수업 때 물었던 것처럼 나에게 물었다. 그때 나는 이렇게 대답했다. "It makes sense." 내게 히브리어는 헬라어보다 쉬웠다. 결국 나는 히브리어 수업에서 A+학점을 받아 박사학위에 응시할 수 있는 자격을 얻었다.

나는 이것이 헬라적 사유와 히브리적 사유의 차이라고 생각했다. 헬라적 사유에 익숙한 미국인들은 감각으로 헬라어를 이해하고, 히브리적 사유에 익숙한 우리는 감각으로 히브리어를 이해하는 것이다. 이런 사유의 차이는 생활 방식과 학문 방법론에도 근본적인 차이를 드러내게 되는 것이다.

고대 중국의 자연철학자라고 불리는 노자(老子)의 철학과 네덜란드의 철학자 스피노자(Baruch de Spinoza)의 철학은 유사한 점이 있다. 노자의 출생 연도와 사망 연도는 알려진 것이 없지만, 공자가 젊었을 때 뤄양(洛陽)으로 노자를 찾아가 예(禮)에 관한 가르침을 받았다고 전해지는 이야기를 통해 노자를 기원전 6세기 인물로 추정할 수 있다. 반면에 스피노자는 17세기 인물이므로, 노자와 스피노자의 연대적 차이는 무려 2,300년이나 되지만 사상의 유사점은 시간을 초월하여 만나게 된다. 노자와 스피노자는 자연을 목적론적 체계로 보는 것을 경계하며 자연에 거스르지 않고 순응하는 태도를 가르친다. 노자와 스피노자의 자연관을 함께 다룬 미국의 철학자 마리에타 맥카티(Marietta McCarty)의 이론에서 두 철학자의 자연에 대한 공통적 개념을 발견할 수 있다.

내가 학부에서 철학을 공부할 때 동양철학 교수님이 여러 번 반복하시던 말이 기억난다. "서양 사람들은 배워서 알고(學而知之) 동양 사람들은 나면서 안다(生而知之)." 흔히 동양의 학자들은 하늘을 한 번 쳐다보고 우주의 이치를 깨닫는다고 표현한다. 노자와 스피노자의 이론이 상응하는 것은 노자는 하늘을 쳐다보고 자연의 이치를 알았고, 스피노자는 논리적인 연구를 통하여 알았기 때문이다. 교수님은 이와 같이 서양에서는 논리가 발달하고, 동양에서는 직관이 발달하였다고 하셨다.

앞서 밝힌 대로 구약성경은 히브리어로 기록되었고, 신약성경은 헬라어로 기록되었으므로 히브리적 사유와 헬라적 사유를 이해하는 것은 성경을 사실적으로 이해하고 해석하는 데 절대적 도움이 된다. 최근에 '사실 확인'(fact check)이라는 말이 유행처럼 회자되는데, 어떤 사건을 정확하게 이해하기 위해서는 이런 과정이 반드시 필요하다. 그러므로 성경을 기록된 당시의 상황에서 봐야 성경의 바른 뜻을 이해할 수 있다.

성경은 40여 명의 저자들이 1,600년 이상의 긴 세월 속에서 기록한 것이다. 저자의 직업도 다양하였다. 다윗과 솔로몬은 왕, 이사야와 예레미야 등은 선지자, 아모스는 목자, 바울은 학자, 누가는 의사, 베드로는 어부였다. 성경의 언어는 히브리어, 헬라어, 아람어였고, 성경이 기록된 지역은 유럽, 아시아, 아프리카 3개 대륙이었다. 신약성경에 사용된 헬라어는 코이네 헬라어로 헬레니즘 시대와 고대 로마 시기에 사용했던 고대 그리스어이다. 그러므로 성경은 하나님의 영감으로 기록되었지만 저자, 시대, 지역에 따라 다양한 문화적 배경을 가지고 있다.

성경의 번역도 언어에 따라 문화적 배경이 다양하였다. 성경 번역은 금기로 여겨졌지만, 종교개혁 이후에 다양한 언어로 번역되면서 언어가 가진 문화를 포함하게 되었다. 대학자 에라스무스는 헬라어 신약성경의 서문에서 성경은 당대에 가장 보편적 사람들이 사용하는 일반적 언어로 번역되어야 한다고 하였다. 이에 따라 루터는 1522년 성경을 독일어로 번역하였다.

그리고 그 후 틴데일(William Tyndale)은 코이네 헬라어 성경을 영어로 번역하였다. 그는 성경 연구를 하던 중 가톨릭교회의 오류를 발견하여 바른 성경의 가르침을 통하여 영국을 개혁할 수 있다고 확신하였다. 그리하여 그는 성경을 보급함으로 종교개혁이 가능하다고 믿고 성경을 번역하였다. 당시 가톨릭교회는 일반인들이 성경을 읽는 것을 엄격한 금기로 정하고 있었으므로 성경을 번역한다는 것은 상상할 수 없는 일이었다. 그는 이런 어려움 속에서 히브리어와 헬라어 원선에 의한 영어 성경의 번역을 계속하였고, 1525년 영어 신약성경 번역을 완성하고 독일에서 인쇄하여 영국으로 발송하였다. 그는 구약성경 번역 작업을 계속하였지만 1535년 매국노라는 죄목으로 체포되어 이단 판결을 받아 다음 해 교살된 후 화형을 당하였다. 그는 비록 사형을 당하였지만, 이후 엘리자베스 1세에 의해 성경의 영어 번역이 공적으로 논의되어 제임스 1세가 흔히 '흠정역'이라고 부르는 '킹 제임스 버전'(the King James Version) 성경을 1611년에 출판하였다. 흠정역의 70%는 틴데일의 영어 성경에 근거하고 있을 만큼 틴데일은 성경 번역의 발전에 크게 공헌했다. 흠정역은 영어의 문체나 표현이 다른 많은 영어 성경 혹은 다른 언어의 성경 번역보다 우월하거나 아름다운 것이 아니며, 단지 17세기 초 영국에서 사용하던 영어로 번역되었다. 그러나 400여 년 동안 흠정역은 번역 성경의 정석으로 여겨졌으며, 많은 사람에게 감동을 주었다. 흠정역은 수 세기 동안 가장 완벽한 성경 번역으로 인정되었으며, 전 세계 수천 언어로 번역된 성경은 히브리어나 헬라어 원문보다 흠정역이 번역의 텍스트가 되었다.

앞에서 말한 대로 구약성경은 히브리어로 기록되었으므로 히브리적 사유를 이해해야만 성경의 텍스트가 어떤 콘텍스트에서 기록되었는가를 정확하게 이해할 수 있다. 신약성경은 헬라어로 기록되었지만, 신약의 저자들은 히브리적 사유를 가진 히브리인들이었으며 고대 팔레스타인의 문화가 동양적 문화와 동질성을 가지므로 히브리적 사유의 이해가 성경 해석에 도움을 준다. 히브리적 사유와 헬라적 사유를 몇 가지로 나누어 비교하면 다음과 같다.

### 1) 통합적 사유와 분석적 사유

일반적으로 히브리적 사유가 통합적인 것에 비해 헬라적 사유는 분석적이다. 히브리적인 사유는 통합적이므로 전체를 하나의 이야기로 본다. 특히 히브리인은 시작과 종말이 있는 하나의 직선적 시간관을 가지므로 시작부터 마지막까지가 하나의 이야기이다. 그래서 히브리적 사유에서 창세기의 이야기를 시작하면 오경과 역사, 지혜서, 선지자들의 이야기까지가 연속적인 하나의 이야기이다. 그래서 히브리인이 이해하는 성경은 전체가 통합적인 하나의 이야기인 것이다.

반면에 헬라적 사유는 전체를 통합적으로 이해하는 것이 아니라 하나하나를 분석하고 전문화한다. 따라서 성경의 개별적 이야기는 하나로 종합되고 귀결된다. 헬라적 사유는 분석적이므로 자연히 철학이 발달한다. 고대철학이 헬라를 중심으로 발생한 것은 이 때문이다. 헬라적 사유는 성경을 하나의 긴 이야기로 보는 것이 아니라 다양한 논제로 나누어지는 신학을 발달시켰다. 신학의 주제인 신론, 인간론, 죄론, 그리스도론, 구원론, 성령론, 교회론 등은 헬라적 사유에서 발달한 것이다. 통합적 사유와 분석적 사유는 각각 인류의 지식과 성경의 이해를 성장시키는 데 크게 공헌하였다.

### 2) 인상 중시와 외관 중시

히브리적 사유는 인간과 사물의 인상과 성품을 중시하며, 헬라적 사유는 외관과 형태를 중시한다. 히브리적 사유는 인물과 사물을 통찰할 때 외관에는 무관심하지만, 인상과 특징을 강조하고 주시한다. 인간을 관찰할 때도 인물의 성품에 관심을 가진다(민 12 : 3, 잠 17 : 27). 그러므로 구악의 인물들을 묘사할 때 사울이나 삼손과 같은 특징적 인물을 제외하고는 외형을 말하지 않는다. 심지어 이스라엘 최고의 왕인 다윗도 성경의 기록을 통하여 그의 외모를 가늠할 수 없다. 노아를 통하여 방주를 건조할 때나 모세를 통하여 성막을 건축할 때도 그 외형보다 건축물의 시설과 기구들의 제작과 의미를 강조하고 건축의 실용성을 체계적으로 기록하고 있다.

반면에 헬라적 사유는 외관과 모양을 중시하므로 인간과 사물의 외형과 시각적 미를 섬세하게 표현한다. 인간을 묘사할 때도 외형을 강조하며, 완전미를 추구하고 표현하기 위해 노력한다. 그리하여 인간과 동물 등의 조각과 건축물, 기구 등의 설계와 완전한 아름다움을 표현한다. 그래서 히브리적 전승에서 볼 수 없는 조각품이나 건축물 등이 헬라적 전승에서 발달하였다. 특히 완전한 외형을 추구하였으므로 조각이나 건축에서 황금비율(Golden ratio, 1 : 1.618)을 준수하려고 애썼다. 조개껍질, 꽃잎 등 자연이 준 가장 안정된 비율이라는 황금비율은 '파르테논 신전'이나 '피라미드' 등의 건축물이나 '비너스' 상이나 '모나리자' 등의 예술품에 적용되었다. 이런 헬라적 사유는 건축, 미술, 조각 등을 발전시켰다.

### 3) 동적 사유와 정적 사유

히브리적 사유가 동적인 것에 비해 헬라적 사유는 정적이다. 사유가 신관에 유래하듯이 히브리적 사유는 살아 일하시는 하나님으로부터 시작한다. 그래서 히브리적 사유는 항상 역동적이다. 이런 히브리적 사유의 기초는 하나님의 창조 역사에 대한 믿음이다. 창세기는 천지창조의 이야기로 시작하여 요셉의 이야기로 끝이 난다. 문자적으로 창세기는 세상을 창조한 기록이지만 이스라엘 초기 족장들의 역사이다. 히브리적 사유에서 천지창조는 히브리인의 역사이다. 그런 의미에서 구약의 모든 기록은 살아 움직이는 정서를 품고 있으며, 말씀을 뜻하는 히브리어 '다바르'는 표면적, 문자적 의미와 더불어 숨어 있는 이면적 의미를 나타내므로 동적인 뜻을 포함하고 있다. 그러므로 구약의 말씀은 철저하게 하나님의 음성이며, 하나님께서는 소리로 하나님의 사람에게 자신의 뜻을 드러내신다.

반면에 헬라적 사유는 분석적이며 완전한 것을 추구하므로 정적이다. 헬라 철학자들은 평온과 조화, 중용과 관조를 추구하였으며 그 가운데 내재하고 있는 진리를 영원히 변하지 않는 정적인 것으로 이해하였다. 헬라적 사유의 한 특징은 세상을 물리적 세계와 이상적 세계로 구분하는 이원론(dualism)이 깊이 내재하고 있다는 것이다. 헬라 철학에서 엘레아 학파를 중심으로 발달한 이원론의 형태는 플라톤에게서 발견되는데, 그는 이데아의 세계와 감성의 세계로 분류하여 타락한 세상의 죄악에 반하는 완벽한 이데아의 세계라는 개념을 만들었다. 아리스토텔레스는 형상과 질료로 세계를 구분하여 가시적인 세계와 불가시적인 세계라는 이원론적 사유를 만들었다. 철학에서 이원론이란 물질적 실체의 존재와 비물질적 실체의 존재를 인정하는 것이다. 이원론은 윤리학에서도 인용되어 선과 악, 빛과 어둠 등과 같이 대립적으로 변화의 과정을 설명한다. 이런 이원론은 신약성경의 저자들에게도 영향을 주었다고 본다. 기독교 신학에서 성속을 구분하는 이론도 이원론의 영향이다. 특히 요한의 복음서와 서신, 바울의 서신 등에서도 이원론적인 설명과 해석을 흔히 볼 수 있다. 그러나 기본적으로 히브리적 사유는 성과 속을 구분하지 않지만, 헬라적 사유는 세속적인 세상 나라를 벗어나는 것이 거룩한 하나님의 나라로 들어가는 것이라고 보았다.

## 4) 심리적 사유와 논리적 사유

　인식론에 있어 히브리적 사유는 심리적이며, 헬라적 사유는 논리적이다. 앞에서 말한 대로 히브리적 사유에서 지식은 체험적으로 아는 것을 의미하며 경험적으로 아는 심적, 육적 감정을 중시한다. 인간관계에 있어서 단순히 객관적 사실을 알고 얼굴을 보는 것이 아니라 삶에 참여하며 함께 먹고 마시는 대상이 되는 것을 원한다. 그래서 성경의 이야기 '잃은 것을 찾은 비유' 등 사건의 종말에 잔치와 먹고 마시는 일이 자주 등장하는 것이다. 구약성경에는 고향을 떠나는 이야기가 많이 나온다. 아브라함은 고향을 떠나 하란으로 가며, 이삭도 야곱도 요셉도 다 고향을 떠난다. 그들이 떠날 때 논리적 지시나 합리적 명령이 있었던 것은 아니었다. 아브라함은 "너는 너의 고향과 친척과 아버지의 집을 떠나 내가 네게 보여 줄 땅으로 가라"(창 12 : 1)라는 아주 불분명한 명령에 여정을 결행하였다. 그가 고향을 버리고 떠난 것은 하나님께서 말씀하셨다는 아주 단순한 이유 때문이었다. 하나님께서 그와 맺으신 인격적 관계, 하나님의 말씀에 전적으로 순종하는 신뢰가 아브라함을 떠나게 한 것이다. 진리를 습득할 때도 논리적으로 증명된 진리가 아니라 진리의 주체이신 하나님을 신뢰함으로 습득하며, 과학적 논리보다 비유가 중요한 것은 이 때문이다.

　반면에 헬라적 사유는 논리적이며 합리적 결과를 행동에 반영한다. 헬라적 사유는 주관적이며 감정적인 접근을 배격하고, 객관적이며 이성적인 관찰을 통하여 입증된 것을 따른다. 객관적, 논리적 인식을 통하여 습득된 지식을 자기 삶에 적용한다. 어떤 일을 하기 위하여 행동에 옮길 때는 객관적 지식으로 확인한 후에 비로소 시작하는 것이 일반적인 헬라적 사유이다. 그러므로 헬라적 사유에서는 과학적 데이터가 중요하며 합리적 설득을 통하여 업무의 효과를 기대할 수 있다. 바울은 이러한 사실을 잘 알고 있었기에 유대인들에게는 히브리적으로 접근하여 복음을 전하였고, 헬라인에게는 헬라적으로 접근하여 복음을 전하였다. 율법과 헬라 철학과 학문에 능통한 바울이 유대인들에게 "성경대로"(고전 15 : 3-4) 유대인의 율법과 전승을 통하여 그리스도를 증거한 것이나, 철학자들과 변론하며 변증적으로 그리스도를 증거한 것(행 17 : 17-18)은 이 때문이었다. 더구나 "유대인들에게 내가 유대인과 같이 된 것은 유대인들을 얻고자 함이요 율법 아래에 있는 자들에게는 내가 율법 아래에 있지 아니하나 율법 아래에 있는 자같이 된 것은 율법 아래에 있는 자들을 얻고자 함이요 율법 없는 자에게는 내가 하나님께는 율법 없는 자가 아니요 도리어 그리스도의 율법 아래에 있는 자이나 율법 없는 자와 같이 된 것은 율법 없는 자들을 얻고자 함이라"(고전 9 : 20-21)라는 바울의 말은 복음의 유연성을 말한 것이며, 자신이 전통적인 히브리적 사유와 학습을 통하여 습득한 헬라적 사유를 동시에 가지고 있었음을 말한 것이다. 바울의 히브리적 사유와 헬라적 사유는 복음 전파를 위한 최고의 도구였다. 더구나 당시의 세계사적 환경은 헬라적 사유, 즉 헬라어와 헬라 문화가 지중해 일대를 지배하고 있었고, 동시에 히브리의 종교와 사유가 절대적으로 요청되었다.

### 5) 인격적 지식과 비인격적 지식

히브리적 사유의 '안다'와 헬라적 사유의 '안다'는 분명한 차이가 있다.

히브리어의 '안다'라는 단어 '야다'는 지식적으로 아는 사실을 의미하는 것이 아니라 인격적으로 깊이 아는 상태를 의미한다. 그래서 히브리어의 '안다'라는 단어는 깊은 남녀관계를 의미할 때가 많다. 마리아가 예수님의 탄생 고지를 들었을 때 "나는 남자를 알지 못합니다."라고 한 것이 예이다. 또한 성경은 하나님과 그리스도에 대한 지식을 말한다. 성경이 가르치는 지식은 단순한 사실을 의미하는 것이 아니라 깊은 인격적 관계, 즉 나와의 관계를 의미한다. "나는 이름으로도 너를 알고 너도 내 앞에 은총을 입었다"(출 33:12), "땅의 만민이 주의 이름을 알고"(왕상 8:43) 등이 히브리적 사유의 아는 것을 의미한다. 나아가서 그리스도 예수를 아는 지식은 구원에 이르는 지식으로, 단순히 역사적 사실로 아는 것이 아니라 그리스도의 사건이 나를 위함임을 아는 것이다. 그러므로 히브리적 사유에서 하나님을 안다는 것은 나의 아버지로, 나의 창조주로 믿는 것을 의미하며, 그리스도를 안다는 것은 나의 구원자로, 나의 주님으로 믿는 것을 의미한다. 히브리적 사유의 지식은 관계개념을 의미한다.

 헬라적 사유의 지식이란 비인격적 지식을 의미한다. 헬라어의 '안다'는 단어 '기노스코'는 지식 그 자체를 의미한다. 그러므로 헬라적 사유는 종교보다 과학을 발전시켰다. 지식의 대상이 인간이든 사물이든 헬라적 사유에 인격의 요소는 없다. 헬라적 사유는 과학적 원리로 접근하므로 사물의 사실(fact)을 정확하게 설명한다. 헬라어로 기록된 신약성경에서도 '안다'는 표현이 상당히 자주 등장한다. "그리스도를 아는 냄새를 나타내시는 하나님께 감사하노라"(고후 2:14), "내 주 그리스도 예수를 아는 지식"(빌 3:8), "하나님을 아는 것에 자라게 하시고"(골 1:10), "구주 예수 그리스도의 은혜와 그를 아는 지식에서 자라 가라"(벧후 3:18) 등이 있다.

바울과 베드로와 같은 신약성경의 저자들은 당시에 지중해 국가들의 공용어였던 헬라어로 성경을 기록하여 '기노스코'라는 단어를 사용하지만, 히브리적 사유를 하는 저자와 수신인에게는 헬라적 사유의 '안다'가 아니라 히브리적 사유의 '안다'로 기록하였다. 그럼에도 불구하고 헬라적 사유는 그리스도를 인격적 관계에서 믿는 구원이 아니라 구원의 도리에 대한 지식적 동의로 구원을 이해한다. 그래서 그리스도를 나의 구세주로 고백하는 믿음보다 성경적 교리에 대한 믿음의 대상으로 이해한다. 이러한 헬라적 사유의 지식은 이론으로 발전하였다.

### 6) 신관과 신화

히브리적 사유는 신의 성품을 묘사하고, 헬라적 사유는 신의 외형을 묘사한다. 히브리적 사유에서 외형을 언급하는 것은 외형이 아니라 외형을 통하여 성품을 설명하기 위함이다. 히브리적 사유가 말하는 신관은 야훼 하나님의 모습을 통하여 성품을 말한다. 야훼의 성품을 인간의 성품에 빗대어 의인화하여 설명하는 것을 신인동형론(anthropomorphism)이라 하는데, 이는 야훼의 외형을 인간적으로 묘사한 것이 아니라 야훼를 가장 확실하게 설명할 수 있는 방편이 인간의 모습이기 때문이다. 그러나 히브리적 사유에서 외형은 외적 모습 그 자체가 아니라 내적 성품을 설명하기 위한 방편이다. 그러므로 히브리적 사유에서 하나님은 '신관'으로 발전하였으며, 히브리의 신관은 야훼의 외형이 아니라 성품을 설명한다. 신학에서 말하는 하나님의 '속성'은 야훼의 외형이 아니라 성품이다.

반면에 헬라적 사유는 신의 외형을 말한다. 헬라적 사유는 외형으로 신의 성품을 설명하므로 신을 완벽한 신상으로 형상화한다. 그리하여 한 야훼가 모든 성품을 포함하는 히브리적 신과는 달리 헬라적 신은 각 성품을 가진 많은 다신론을 가지며 신화를 만들어 낸다. 신의 외형을 강조하는 헬라적 사유는 신을 형상화하여 조각, 회화 등을 통해 신을 설명하려 한다. 헬라적 사유에서 만들어 낸 신은 아버지, 어머니, 아들, 딸 등의 관계를 가지며, 싸우고, 화내고, 죽는 등 숙명을 가진 인간이 만들어 낸 것이다.

### 7) 시간 이해와 공간 이해

히브리적 사유는 일반적으로 시간 이해로 존재를 말하며, 헬라적 사유는 공간 이해로 존재를 말한다. 히브리적 사유는 시간을 강조하며, 시간의 개념으로 공간을 해석한다. 히브리적 사유는 하나님께서 시간의 창조자이시며, 태초부터 종말까지 직선적 시간 속에서 인간을 통하여 일하신다는 시간관을 만들어 낸다. 창세기 1 : 1은 성경 전체의 서론이다. 창세기 1 : 1을 믿지 못한다면 성경의 모든 말씀을 믿지 못하게 될 것이다. 사도신경의 첫 문장인 "나는 전능하신 하나님 아버지 천지의 창조주를 믿습니다."를 믿지 못하면 신앙고백 전체를 믿지 못하게 될 것이다. 창세기 1 : 1은 "태초에"라고 시작한다. 그리고 "하나님께서 천지를 창조하시니라"라고 이어진다. 공간적인 개념인 '천지'가 아니라 시간적인 개념인 '태초'가 히브리적 사유에서는 중요하다. 만일에 공간적인 개념이 중요하다면 "천지를 하나님께서 태초에 창조하시니라"라고 기록했을 것이다. 무시간적인 존재인 하나님께서 인간의 시간을 창조하셨고, 그 시간 속에 들어오신 하나님이 바로 예수 그리스도이시다. 인류 역사의 단면에 들어오신 그리스도는 시간을 B.C.(그리스도 이전)와 A.D.(주의 해)로 나누셨다. 히브리적 사유는 시간을 강조하고, 시간 개념으로 공간 개념을 설명하며, 역사적 사건들을 하나님께서 시간 속에서 섭리하시는 경륜으로 본다. 현재는 악한 시대이지만 다가올 미래는 메시야의 시대이며 하나님의 통치 시대라고 한다. 그러므로 히브리적 사유는 종말론적 사유를 포함한다. 히브리적 사유에서 시간은 끝없는 실재이며 역사의 끝을 향해 가는 것이다. 히브리적 사유의 역사관은 역사의 주인이 하나님이시기 때문에 어떤 원리와 법칙에 의한 것이 아님을 말한다. 그러므로 역사의 주인이신 하나님의 인간에 대한 언약은 무시간적인 것이며, 변하지 않는 영원한 것이다.

반면에 헬라적 사유는 공간을 강조하며, 공간의 개념에서 시간을 해석한다. 헬라적 사유는 역사에 원리와 법칙이 있어서 물질의 세계와 우주 공간도 그 원리와 법칙에 의해 생성된다고 본다. 헬라 철학이 정의하는 시간이란 없는 것이며, 허상이다. 플라톤도 시간을 '시간이 멈춘 무시간의 개념'으로 보았고, 현재적 시간보다 시간을 떠난 영원성을 추구하였다. 아리스토텔레스도 시간은 실재하는 것이 아니라 원을 그리듯이 반복되고 있다고 보았다. 이런 헬라적 시간 개념은 아우구스티누스와 그 후 서방 철학과 신학에 깊이 잠재되어 있다. 특히 아우구스티누스는 시간이란 현재밖에 없다고 하였다. 과거는 현재의 기억(memory)에, 미래는 현재의 기대감(anticipation)에, 현재는 현재의 통찰(insight)일 뿐이라고 보았다. 그리고 과거는 이미 지나갔으므로 존재하지 않고, 미래는 아직 도래하지 않았으므로 존재하지 않으며 현재는 길이를 측정할 수 없는 순간이므로 실제로 존재하지 않으므로 시간은 없다는 것이다. 이런 헬라적 시간관은 현대 물리학에서도 동의한다. 아우구스티누스는 하나님께서는 이런 무시간 속에서 무형의 질료를 먼저 만드시고, 그 보이지 않는 무형의 질료로 보이는 아름다운 세계를 만드셨다고 한다. 창조 세계에는 무형의 질료가 무한히 많다. 창조의 도구였던 말씀도 무형의 질료인 것이다. 이런 무시간 속에서 무형의 질료를 가지고 하나님께서는 유형의 공간과 물질을 창조하셨다고 하였다. 헬라적 사유는 공간 개념을 통하여 시간을 보았다. 헬라적 사유에서 공간은 불변하고 영원을 향해 진보하는 것이다.

## 8) 도구주의와 상징주의

히브리적 사유에서 사물을 보는 관점은 도구주의이며, 헬라적 사유에서 보는 관점은 상징주의이다. 히브리적 사유는 사물을 관찰할 때 하나님의 역사와 섭리로 본다. 하나님께서는 사물을 통해 하나님 자신을 계시하시며, 하나님께서는 사건을 통해 하나님의 말씀을 전달한다고 한다. 그래서 역사는 하나님의 이야기이다. "하늘이 하나님의 영광을 선포하고 궁창이 그의 손으로 하신 일을 나타내는도다"(시 19 : 1)라는 말씀은 피조물이 하나님의 도구임을 말한다. 또한 "이는 하나님을 알 만한 것이 그들 속에 보임이라 하나님께서 이를 그들에게 보이셨느니라 창세로부터 그의 보이지 아니하는 것들 곧 그의 영원하신 능력과 신성이 그가 만드신 만물에 분명히 보여 알려졌나니 그러므로 그들이 핑계하지 못할지니라"(롬 1 : 19-20)라는 말씀은 칼 바르트와 에밀 브루너의 '계시 논쟁'을 일으킨 구절로, 만물이 하나님의 존재를 보여 주는 계시의 도구라는 의미이다. 히브리적 사유는 모든 사물을 하나님께서 자신을 계시하시며, 자신의 뜻을 전달하시는 도구로 본다.

반면에 헬라적 사유는 사물을 관찰할 때 역사의 의미를 찾는 상징주의이다. 어떤 사물이나 사건이 단순히 존재하는 것이 아니라 존재의 의미가 있다는 것이다. 그래서 사물의 존재에서 그 사물 고유의 의미를 찾으며, 역사적 사건에서 인류에게 시사하는 의미를 찾는다. 고유한 역사적 사건이 언젠가 사건 발생의 조건과 같은 조건이라면 같은 사건이 다시 발생할 것이라고 그 사건을 상징화한다. 그런 의미에서 역사를 히브리적 사유와 같이 시작과 종말이 있는 직선적 개념보다 나선형으로 반복하면서 진행된다고 믿는다. 헬라적 사유에서 역사는 교과서이다. 과거 역사의 의미는 미래 역사에 다시 상징적 실존으로 나타날 것이기 때문이다. 이런 헬라적 사유는 역사학뿐만 아니라 인문과학과 자연과학 등 인류의 학문에 많은 영향을 주었다. 의미를 찾는 상징주의의 순기능을 제공한 것이다.

## 5. 성(姓)과 이름 ———。

　일반직으로 서구인의 사유는 개인주의적(individual)이고, 동양인 특히 한국인의 사유는 집합적(collective)이라고 한다. 개인이나 가문의 전통에 따라 차이는 있지만 이런 서양과 동양의 차이는 그 사유에서 비롯된다. 개인주의적인 사유를 가진 서양에서는 민족성이나 가문보다 개인을 중요하게 생각하며, 집합적인 사유를 가진 동양에서는 개인보다 가문이나 민족을 중요하게 생각한다. 그래서 우리는 흔히 '가문의 영광', '가문의 명예', '가문의 위기' 등을 말하고 가문에 누가 되지 않으려고 애쓴다.

　나는 미국에서 여러 해 동안 공부하였고, 그 후 세계적인 기독교 기구를 섬기게 되었다. 학교에서 공부할 때 수업 첫 시간이 되면 가슴에 이름표를 붙이고 서로 인사하였다. 그리고 세계선교협의회(Council for

World Mission), 세계개혁교회커뮤니언(World Communion of Reformed Churches), 세계교회협의회(World Council of Churches) 등 회의에 참석할 때도 가슴에 이름표가 있었다.

수업 시간이나 회의에서 이름표를 자신이 써서 붙이는 경우가 있었는데 나는 성(姓) 'LEE'를 크게 대문자로 쓰고 아래에 이름을 작게 써서 가슴에 붙였다. 반면에 미국 친구들은 이름을 'ROBERT'와 같이 크게 대문자로 쓰고 그 아래에 성은 작게 써서 붙이고 있었다. 서양인들은 성을 last name(마지막 이름)이라 하고, 이름을 first name(첫 이름)이라고 한다. 그러나 우리는 성이 처음에 오고, 이름이 마지막에 온다. 우리는 첫 이름인 성을 중요시하고, 서양인들은 첫 이름인 자신의 이름을 중요시한다.

이런 사유의 관습은 일상에서도 여실히 드러난다. 세계적인 명차 가운데 메르세데스 벤츠(Mercedes Benz)라는 브랜드가 있다. 원래 이 브랜드의 이름은 창업자이며 동업자인 고틀리프 다임러(Gottlieb Daimler)와 칼 벤츠(Karl Friedrich Benz)의 이름에서 유래하였다. 다임러는 그의 사랑하는 딸 메르세데스(Mercedes)의 이름을 붙였다. 그런데 신기하고 재미있는 사실은 미국인들이 이 차를 부를 때 '메르세데스'라 부른다는 것이다. 반면 한국인은 이 차를 '벤츠'라고 부른다. 나는 미국인이 '벤츠'라고 부르는 것을 들은 적이 없다. 한국인이 '메르세데스'라고 부르는 것을 들은 적도 없다. '메르세데스'가 이름이고 '벤츠'가 성이라면 미국인은 이름을 부르고, 한국인은 성을 부르는 것이다.

이름에 대한 사고는 민족에 따라 많은 차이를 드러낸다. 히브리인에게 이름은 본인을 규정하는 것 이상이다. 그들은 이름은 운명이며, 이름대로 된다는 성명 철학을 가지고 있다. 어떤 아이가 태어나 특정한 이름을 지어 주면 아이가 그 이름을 가졌던 인물과 동일시된다고 믿는 것이다. 서양인들에게 이름이란 이름의 특정한 의미보다 이름을 가진 인물을 규정하는 것이다. 서양인이 'John'이란 이름을 가지고 있다고 하여 요한을 닮았다고 보지 않으며, 'Peter'라는 이름을 가진 흉악범이 얼마든지 있다는 것이다. 반면에 한국인에게 이름은 족보의 항렬(行列)을 따르는 것이 사회적, 가정적 관습이었다. 그러나 최근에 와서는 항렬과 관계없이 부르기 쉽고 예쁜 한글 이름을 선호하는 것이 유행이 되었다.

이름에 대한 사고와 사회적 관습은 사회 전반 생활 습관의 유형을 형성한다. 결국은 서양인과 동양인에게 나타나는 사유의 차이는 오랜 역사적, 문화적 유산이라는 것이다. 특히 서양인들은 그 사유가 개인적이어서 가정이나 가문보다 개인 중심의 사유를 한다. 그러나 한국인들은 집합적이어서 개인보다 가정이나 가문 중심의 사유를 한다. 우리는 개인이 특별한 성공적 삶을 살게 되면 '가문의 영광'이라 하고 부모님과 조상들의 이름에 누를 끼치지 않으려고 애쓴다. 그래서 우리는 '나'라는 일인칭 단수 대신 '우리 집', '우리 학교', '우리나라', 심지어 공동소유가 아닌 아내까지 '우리 마누라'라고 '우리'라는 일인칭 복수를 쓴다.

집합적 사유는 연(緣)이 인간관계의 절대적 조건이 된다. 그래서 혈연(血緣), 지연(地緣), 학연(學緣)이 관계개념의 으뜸이 되기도 한다. 이런 우리의 사유 세계는 조금만 관련되어도 곧잘 모임을 조직하게 한다. 그래서 초등학교 동창회를 비롯하여 화수회, 종친회, 각종 계모임, 재향군인회, '한 번 해병은 영원한 해병이다' 등 동질형 집단들이 굉장히 많이 있다. 사회생활을 하는 사람들은 자신도 모르게 적어도 5개 이상의 동질적 이익집단에 소속되어 있다. 한국에 특파원으로 온 서양 언론인들은 한결

같이 한국에서는 되는 것도 없고 안 되는 것도 없다고 한다. 나와 조금만 관련되면 한없이 관대하고 나와 관련되지 않으면 한없이 인색하다는 것이다. 이것이 성을 앞세우고 가문을 중시하는 우리의 사유에서 발생한 것이다.

이런 한국인의 사유 세계는 가정 중심주의를 사회적 산물로 만들었다. 가문을 중시하는 우리의 사회적 관습은 이제는 많이 퇴색하긴 했지만, 아직도 가정 중심주의가 살아 있다. 이런 우리의 관습은 성경에 나타난 유대인의 사유 및 그들의 역사 기록과 유사점이 있다. 성경은 가문의 역사적 기록을 많이 남겼다. 어떤 한 인물을 소개할 때 그의 아들, 손자, 증손, 현손 심지어 5대손, 6대손까지를 말한다(스 7 : 2). 예수님의 족보에도 이런 가정 중심주의가 드러나고 있다. 마태복음의 하향식 족보와 누가복음의 상향식 족보는 다 가문을 중요시하는 유대인의 가족 문화를 말하고 있다.

## 6. 가정 중심주의와
   구심적 사유 ———。

　미래학자들은 21세기를 가정 중심주의 시대라고 한다. 이전에 백화점이나 시장에서 하던 상거래를 이제는 홈쇼핑으로 해결한다. 간단한 은행 업무는 집에서 홈뱅킹으로 한다. 피자를 비롯한 음식뿐만 아니라 세탁물이나 생활용품들이 가정으로 배달되며, 선물도 택배회사에서 배달한다. 우리나라는 세계에서 택배(홈 딜리버리, home-delivery)가 가장 발달한 나라이다. 그뿐만 아니라 심지어 자녀들의 공부도 학교에 가지 않고 홈스쿨링을 하기도 한다.
　고도의 '테크노피아'의 지배를 받게 되는 미래 사회의 가정은 최첨단 과학의 지배를 받게 될 것이고, 기술이 가정의 면모를 전혀 새롭게 바꾸어 놓게 될 것이다. 우선 가정에서 세대 간의 간격이 과학과 기술로 말미

않아 커질 것이다. 기성세대와 신세대는 서로의 다른 관심사 때문에 선호하는 TV 채널이 달라지게 될 것이고, 대화의 주제가 달라지고 나아가서 대화가 단절될 것이다. 흔히 우려하는 대로 가사(家事)의 80% 이상을 돌보게 될 로봇을 비롯한 첨단 과학기술이 가정주부의 역할을 하여 가정주부의 여가 이용이 미래의 큰 연구과제로 떠오를 전망이다. 이러한 미래적 예측이 사실로 다가오면서 가정에서의 새로운 가치관 정립과 가정에 대한 중요성의 비중이 가중되고 있다.

21세기에 가장 우려되는 것은 가정주부들의 여가 선용이라고 한다. 21세기를 단적으로 표현한다면 정보사회라고 할 수 있다. 미래학자들은 1989년에 이미 21세기가 시작되었다고 말한다. 1989년은 동구권이 붕괴되던 해인데, 동구권의 붕괴란 정보사회의 구도로 세계가 재편되었다는 의미이다. 정보사회의 기조는 산업사회의 그것과는 완전히 다른 것으로 정보가 사회의 중심이 된다. 그러므로 현대인은 정보를 알아야 하고, 정보에 많은 관심을 가져야 하며, 정보를 활용할 수 있어야 한다. 정보는 곧 경쟁력이다. 산업사회와 정보사회의 차이를 개미 사회와 거미 사회란 말로 표현하기도 한다. 개미란 부지런히 일하여 모든 먹이를 독점하는 곤충인데, 산업 시대가 개미와 같은 생활방식을 가졌다는 의미이다. 그러므로 산업사회에서는 부지런한 사람들이 많은 것을 소유하게 되었으며 소유를 독점했다.

그러나 거미는 그렇지 않다. 거미와 개미는 삶의 형태가 전혀 다르다. 개미는 거미처럼 살지 않고, 거미는 개미의 삶을 살지 못한다. 거미는 공중에 거미줄을 치고 사는 생물로, 부지런히 일하는 타입이 아니라 좋은 길목에 거미줄을 치고 기다리다가 먹이가 걸리면 잡아먹는다. 정보사회는 근면성보다 정보망을 많이 가지고 있는 사람이 승리한다. 정보사회는 개미 사회와 같이 독점이 아니라 공유하는 사회이다. 그러므로 정보사회를 살아야 하는 우리는 정보 네트워크를 가져야 하며 모든 지식과 소유의 공유로 전환해야 한다. 그래서 사이버공간에 저장되어 있는 엄청난 양의 정보를 모든 사람이 공유할 수 있다. 단지 정보 제공자의 지적 소유권, 즉 재산권을 침범하지 말아야 하기 때문에, 사이버 시대의 윤리가 사이버 공간 안에 존재한다.

21세기는 정보사회이기 때문에 산업사회와 같이 부지런하게 돌아다니는 사회가 아니라 가정에서 업무를 하며 출근하지 않아도 되는 사회이다. 더구나 지난 여러 해 동안 '코로나19 팬데믹'을 경험하면서 '재택근무'가 우리 시대의 한 현상이 되었다. 갈수록 '재택산업'(在宅産業)이 발달하며 자유로운 공간에서 컴퓨터 등 정보기기를 이용하여 일하는 직업들이 급속히 증가하게 될 것이다. 그러므로 출퇴근이란 개념이 사라질 미래 사회에는 부부 사이가 좋은 가정은 더할 나위 없이 좋지만 그렇지 못한 가정은 지옥 같은 가정을 경험하게 될 것이다.

산업사회는 그 특징을 빗대어 '사다리 사회'라고 한다. 사다리는 높이 올라가기 위한 도구이고 높낮이가 분명한 수직적 구조를 가진다. 그래서 산업사회에서는 한 단계씩 올라가기 위하여 애를 썼고 윗사람에 대한 아랫사람의 예도 정중하였다. 이에 반해 정보사회는 자기중심적 사회이며 '거미줄 사회'라 부른다. 거미줄의 정중앙은 거미의 자리이다. 그러므로 정보 시대는 누구나 자신이 중심이고 다른 사람은 주변 인물이 되는 것이다. 심지어 가정에서 부모와 형제, 학교에서 선생님과 친구도 모두가 주변 인물이 된다. 그래서 학교에서 선생님이 학생에게 폭행을 당하기도

하고, 대학교 학생들이 총장실 문을 폐쇄하여 총장을 감금하기도 한다. 나 외에는 모두가 주변 인물일 수밖에 없다.

나아가서 거미는 거미줄을 매일 친다. 거미는 어제의 거미줄을 사냥도구로 사용하지 않는다. 거미줄을 영어로는 'web'(웹)이라 한다. 그러나 요즘은 웹이 거미줄이 아니라 인터넷에서 정보를 교환하는 시스템을 뜻한다. 인터넷 없이 살 수 없는 시대에 'WWW'는 정보의 보고이다. 이는 'World Wide Web'의 줄임말로서 '세계적인 거미줄 망'이다. 거미 시대의 인류는 거미줄 망을 통해 소통하며 실제적 삶을 영위하고 있다.

그런 의미에서 볼 때 우리 민족의 가정 중심주의는 21세기의 소중한 장점이며 문화유산이라고 할 수 있다. 이런 가정 중심주의는 우리의 사유적 유산이며, 세계 중심 국가가 될 수 있는 한 특징이기도 하다. 그런데 최근에는 우리의 가정 중심주의 문화가 점점 퇴색되고 있다. 대가족 제도를 선호하고 유지하던 우리의 고유문화가 언제부터인가 핵 분열하듯이 핵가족으로 분화되었다. 어느새 독신(싱글)이라는 것이 전혀 이상한 일이 아니고, 만혼 결혼이 사회적 추세이며, 비혼식, 싱글웨딩이 새로운 문화로 자리 잡고 있다. 결혼 후에도 무자녀 혹은 한 자녀가 이 시대의 흐름이 되었다. 특히 1980년대 초에서 2000년대 초에 출생한 밀레니엄 세대와 1990년대 중반에서 2000년대 초반에 출생한 Z세대를 통칭하는 MZ(Millennials and Gen Z)세대는 한국의 전통문화와는 다른 새로운 트렌드를 가지고 있어 가정 개념도 서구화되고 있다.

최근에는 MZ세대도 구세대가 되고 R세대가 뜬다고 한다. 전통적으로 R세대라고 하면 2002년 월드컵 경기 당시에 '붉은 악마'를 중심으로 '레드 신드롬'을 일으켰던 세대로 'Red'의 R을 따서 그렇게 불렀다. 그러나 초현대의 'R세대'는 제4차 산업혁명에 익숙한 로봇의 친구들이다. 그래서 R세대라 부른다. MZ세대 이후 세대는 기성세대와는 전혀 다른 세대이다. 레너드 스윗은 그의 책 『미래 크리스천』(좋은씨앗, 2005)에서 신세대를 '토착민', 기성세대를 '이민자'라고 표현한다. 오히려 기성세대가 현세대를 어색하고 불편해한다. 이것이 우리 시대의 세대 간의 과격한 반전이며 당면한 현실이다.

통계청에 따르면 2021년 한국의 1인 가구 비중은 33.4%였다. 현재의 추세로 가면 이 비중은 점차 높아져 2050년이면 39.6%까지 확대될 것으로 전망하고 있다. 독신 세대의 증가는 고령화로 인한 독거노인 세대, 미혼 혹은 비혼으로 인한 젊은 세대가 쌍끌이하고 있다. 1990년에 6.8%이던 30대 미혼 인구가 2020년에는 42.5%로 증가하였다. 따라서 출산율도 급격하게 저하하고 있어 국력의 손실 혹은 미래의 불투명성이 현실이다. 2022년 말 현재 우리나라의 출산율은 0.75명으로 크게 떨어졌다. 이런 저출산의 근본 원인을 젊은 세대의 사유 방식의 변화라고 하지만, 그러한 사유의 원인은 주택비나 출산 양육비 등에 대한 과도한 부담 때문이라고 한다. 사회적 현상과 여건이 우리의 전통 사유마저 현실적, 실용적으로 변화시키고 있는 것이다.

우리 민족의 집단 사유는 우리의 전통 마을 형성에도 그대로 반영되었다. 오래전 미국의 서부영화를 보면 서부 개척 시절의 마을 배경이 우리와 달리 독특하게 묘사되어 있다. 카우보이가 말을 타고 평원을 한참 달리면 집이 하나 나타난다. 그리고 또 한참을 달리다 보면 집이 하나 있다. 아마 우리 민족이라면 무섭고 외로워서라도 집을 띄엄띄엄 세우지 않았을 것이다. 반면에 우리의 전통은 거의 집단 형식으로 마을을 형성하고,

집을 세웠다. 산기슭에 수십 가호가 옹기종기 모여 마을을 형성한다. 때로는 집성촌(集姓村)이라고 하여 같은 성을 가진 집안이 모여 살기도 하고, 도예가들이 모여 도예촌, 예술인들이 모여 예술인촌, 문학인들이 모여 문학인촌 등을 집성하기도 한다.

이런 한국인의 문화적 사유는 서양인들이 원심적(遠心的)인 것에 비하여 구심적(求心的) 사유를 형성한다. 그래서 서양인들은 집을 세울 때도 멀리 흩어지는 경향이 있는 반면에 우리는 가까이 가운데로 모이는 경향이 있다. 이런 우리의 사유는 '중앙'을 선호한다. 서양인들에게 '중앙'이 없는 것은 아니다. 대도시에 가면 '중앙역', '중앙공원', '중앙광장' 등이 있지만 우리가 말하는 중앙과는 다른 의미이다. 우리가 말하는 중앙은 '좋다'라는 선의 개념을 포함하고 있다. 그런 사유로 인해 교회 이름에도 유난히 '중앙교회'가 많고, 중앙이 아닌 변두리에도 '중앙'이라는 이름이 곳곳에 있다. 이런 중앙 선호 사상은 곳곳에 나타나며 아파트를 구입할 때도 예외가 아니다. 같은 아파트의 같은 동이라 할지라도 동의 중앙에 있는 집을 동의 모서리나 끝에 있는 집보다 선호해 가격도 차이가 난다.

언어는 민족 혹은 사용자의 문화와 관습을 만든다. 어떤 언어를 사용하는가를 통해 어떤 문화를 가지고 있는지를 가늠할 수 있다. 언어는 다양한 의미와 힘을 가진다. 언어에는 사유가 있고 문화가 있다. 그러므로 사용하는 언어에 따라 인간의 사고에는 차이가 있어 삶이 다양하게 나타난다. 근래에 와서 문화인류학이 발달하는 이유는 타 문화에 대한 이해가 인문학이나 선교학에 절대적 영향을 미치기 때문이며, 동시에 세계화 시대에는 지방화가 동시적 현상으로 발생하기 때문이다. 문화인류학의 발

날로 성경 시대의 문화와 언어를 정확하게 해석할 수 있으며, 성경이 말하는 의미를 확실하게 알 수 있게 되었다.

7. 문화인류학적
　　성경 교육 ─────。




　　문화인류학이란 미국에서 시작된 인류학의 한 분과로서 인류의 역사와 생활방식을 문화의 관점에서 실증적으로 탐구하는 학문이다. 문화인류학은 자연인류학과 대치되는 용어로서 인류의 생활양식이나 사고방식, 언어, 관습 등을 문화 면에서 실증적으로 추적하고 탐구한다. 문화적 다양성을 존중하고 문화에 따른 삶과 행동을 연구하여 인류의 가치를 인정하는 인류학이다. 그래서 인류의 역사와 현상에 기인한 각양의 문화적 소산을 관찰, 분석하고 종합한 결과로 문화의 법칙과 변이를 연구하여 인류의 다양한 문화적 가치를 발굴한다.

　　사회과학적인 방법을 통하여 세계 여러 민족의 문화와 삶의 자리를 연구하므로 다른 인종과 타 문화에 대한 동질성과 이질성을 규명하여 상호 이해하게 하는 것이 이 학문의 목적이다. 세계화의 요인인 교통수단(transportation), 장거리 통신수단(telecommunication), 관광(tourism)으로 세계는 하나의 촌락이 되었다. 그럼에도 불구하고 인종, 언어, 문화, 종교로 세계는 지방화되어 지속적인 분열과 자국 이기주의가 기승을 부리고 있다. 이런 세계의 변화는 문화인류학의 필요성과 발전을 요구하고 있다.

성경을 우리의 고정관념으로 이해하려고 하는 것은 우리 사회 속에 있는 한 이방인을 우리와 같은 시각으로 대우하는 것과 같다. 성경이 기록하고 있는 인물, 상황, 배경은 당시의 특정한 상황을 기록하고 있는 것이기 때문에 당시의 눈으로 봐야 확실한 의미를 파악할 수 있다. 이런 특정한 상황들이 만들어 낸 것이 문화이며, 이 고유한 문화를 이해하는 것이 올바른 성경 해석이다. 그런 의미에서 문화인류학은 근래에 와서 학문으로서 발전하였으며, 특히 근대에 세계 선교가 활발해지면서 선교적 차원에서 필요를 요청하게 되어 '비교문화연구'(Cross-cultural studies)라는 주제가 선교학에서 빠질 수 없는 과제가 되었다.

문화적 이야기는 복잡한 인간 이야기를 구성하고 있다. 이런 인간 이야기들을 분해하는 과정을 문화인류학에서는 '모델링'이라 부른다. 인간의 사고는 인간 경험과 환경적 작용에 의해 복합적으로 형성된다. 또한 인간의 사고는 신관에서 유래하므로 신에 대한 개념과 신앙의 경험들 또한 사고를 형성하며 문화의 틀을 구성한다. 이런 구체적인 모델링을 통하여 당시의 이야기를 지금 우리의 이야기로 풀어 나가며 성경을 이해하게 되는 것이다. 모델링 과정에는 온갖 과학적 방법론들이 동원되므로 우리 문화 이외의 문화를 이해할 수 있게 된다. 이런 문화인류학적 성경 해석과 교육은 '로고스'를 명확하게 해석하여 성경의 이야기를 생동감 있게 현재의 살아 있는 말씀으로 듣게 하였다.

지난 세기까지의 한국 신학은 교역자 양성이라는 폐쇄적 의미밖에 가지지 못하였다. 그래서 신학이란 성직 패러다임(Clerical paradigm)으로 좁은 의미만을 부여하였다. 그러나 최근에 와서는 사회변동에 적응하는 새로운 패러다임을 찾기 위하여 애쓰고 있으며 이러한 자구적 노력은 신학적 사유가 아니라 실천적 사유로 설명하려는 노력이 증대되고 있다. 거센 물결처럼 밀려오는 미래 현상을 바라보면서 시대적 긴급성 가운데서 한국 신학과 성경 교육은 변화를 모색하는 것이다.

신학이야말로 사회를 알고, 사회를 안고 해야 하는 학문이다. 성경과 상황, 텍스트와 콘텍스트, 그리고 성경과 신문을 함께 관조하는 것이 바른 신학이다. 지구가 하나의 공동체인 지구촌 시대를 맞이하여 한국 신학은 세계 안의 신학, 세계를 위한 신학, 세계와 함께하는 신학이 되어야 한다. 그러므로 신학은 세계의 변화에 민감해야 하며 세계화를 수용할 수 있는 포괄적 교육이 되어야 할 것이다. 한국 신학은 이제 한국이나 아시아라는 좁은 궤도를 벗어나서 세계라는 넓은 궤도로의 진입을 서둘러야 하며, 그렇게 해야 세계화에 걸맞은 미래 교회 지도자를 양성할 수 있고 세계 교회의 인물을 배출할 수 있을 것이다.

한국의 신학과 성경 교육이 미래 사회에서 적응력을 갖추고 세계를 이끌어 가기 위해서는 패러다임의 변혁이 이루어져야 하고, 신학은 이러한 패러다임의 변혁을 교회의 목회와 교육에 제공하여야 한다. 세계화는 우리의 것을 버리고 세계의 것을 수용하는 것이 아니라 우리의 것을 보존하면서 세계적인 것으로 만들어 가는 것이다. 그래서 세계화란 개념과 용어가 생기고 세계화 시대가 되자 세계화와 함께 '신토불이'를 외치게 된 것이다. 알고 보면 '신토불이'는 세계화와 별개가 아니라 세계화의 한 내용을 포함하고 있다.

130년의 한국 개신교 역사 가운데 한국 교회는 세계적 목회자를 많이 배출하였다. 이름만 대도 세계가 알아주는 인물이 많이 등장하였다. 한때는 세계 50개 교회 가운데 23개 교회가 한국 교회일 만큼 한국 교회는 성장하는 교회였다. 그러나 상대적으로 세계적 신학자는 많이 배출하지 못하였다. 세계적 신학자가 없는 교회에서 세계적 목회자가 배출되었다는 것은 매우 역설적인 일이다. 한국 교회는 교회 성장에 있어서는 세계적이지만, 신학과 목회의 내용에 있어서는 세계적이라고 하기에 미흡한 점이 있다.

세계화 시대를 맞이하여 한국 신학이 세계적 신학으로 발돋움할 수 있는 길을 모색하여야 할 것이다. 교리적이고 교파 지향적인 종래 신학 교육이 초교파적이고 에큐메니칼 지향적인 미래 신학 교육으로 전환되어야 하고, 성서적-역사적 지향성의 종래 신학 교육은 성서적-상황적 지향성의 미래 신학 교육으로 전환되어야 하며, 성서적-본문 비평적 분석의 종래 신학 교육은 사회, 인류학적 분석의 미래 신학 교육으로 전환되어야 한다고 박근원 박사는 말한다. 그가 말하는 인류학적 분석의 미래 신학 교육이란 인종, 문화, 언어, 종교 등 지방화를 촉진하는 요소들이 신학과 성경 해석에서 포괄적 기초가 되어야 한다는 것을 의미한다. 세계화란 세계의 것을 수용하는 것 이상으로 우리의 것을 세계적인 것으로 만드는 작업과 과정이므로 우리의 것을 가지고 세계를 보아야 하며, 우리의 고유한 눈으로 성경을 보아야 한다. 그런 의미에서 한국 교회가 세계적 교회가 된 것처럼 한국 신학을 세계적 신학으로 발전시키는 작업이 한국 신학의 과제일 것이다. 히브리적 사유로 기록된 성경은 헬라적 사유를 가진 서구인들보다 히브리적 사유를 가진 동양인들, 특히 한국인에게 더 익숙하며 유능한 신학자를 배출할 가능성이 얼마든지 있다. 한국인의 눈으로 성경을 본다면 한국 신학의 세계화 가능성은 충분하다. 특히 한국 사회의 역사적 고난과 소외, 해방과 구원의 경험은 성경을 당시의 문화적 배경으로 현장감과 생동감 있게 해석할 수 있을 것이다. 한국 사회의 역사적 경험과 한국 교회의 성장 경험과 한국적 문화의 이해 등은 한국 신학의 세계화에 소중한 자료들이 될 것이다. 그리고 이러한 한국 신학은 서구의 신학과는 다른 차별성으로 세계화할 수 있는 신학적 공헌이 될 것이다.

## 8. 정보사회 : 한국인의 눈으로 보는
　　삭개오 이야기 ———。

　누가복음은 예수께서 여리고로 가시다가 삭개오를 만나시는 극적인 장면을 기록하고 있다. 누가복음 19장에 기록된 예수님과 삭개오의 조우(遭遇)는 예수님의 입장에서 기획된 만남이었음을 알 수 있다. 예수님이 여리고로 가시다가 우연히 삭개오를 만나신 것이 아니라 삭개오를 만나러 일부러 여리고로 가신 것이다. 삭개오와의 만남이 우연한 만남이었다면 예수님이 여리고로 가신 실제 목적이 분명히 기록되어 있을 텐데 삭개오를 만나신 사건 외에는 아무런 목적도 기록되어 있지 않다.
　삭개오가 예수님을 만난 사건은 키가 큰 서양인이 아니라 키가 작은 우리가 훨씬 더 생동감 있게 볼 수 있다. 키가 작은 우리의 눈높이가 삭개오의 심경을 파악하는 데 유리하다는 뜻이다. 오래전 독일 어느 미술관에 갔을 때의 일이다. 미술관 큐레이터로 보이는 키가 큰 여성이 유치원 아이들에게 작품을 설명해 주고 있었다. 큐레이터는 아이들에게 그림을 설명해 주느라 시종 무릎을 꿇고 아이들의 눈높이에 맞추었다. 우리는 무릎을 꿇지 않고 보아도 키가 작은 삭개오를 충분히 이해할 수 있다.

삭개오는 예수님이 여리고를 지나가신다는 소문을 들었다. 예수님에 대한 소문은 그 당시에 널리 알려져 있었기 때문에 그도 이미 예수님에 대해 알고 있었다. 그는 소문으로 듣던 예수님을 꼭 한 번 보고 싶었다. 그가 예수님을 보고 싶었던 것은 그 당시 항상 이야깃거리의 중심에 있던 예수님을 보고자 하는 단순한 호기심 때문이었다. 그리고 그는 예수님이 자신에게 관심을 가지시고, 자신을 부르실 것이라는 사실을 추호도 알지 못했을 것이다.

삭개오는 예수님을 보려라는 열망으로 예수님이 지나가시는 길로 나왔지만, 이미 인산인해였다. 작은 키로는 도저히 예수님을 볼 수 없었다. 그래서 그가 선택한 것은 돌감람나무 위로 올라가는 것이었다. 나무 위로 올라간다는 것은 그가 할 수 있는 유일한 방법이었고, 또한 탁월한 선택이었다. 키가 작은 삭개오가 나무 위로 올라가면 키가 큰 군중으로 인하여 보지 못하는 것도, 자신의 키가 작은 것도 한꺼번에 해결할 수 있었다.

당시에 세리장은 상당한 고위직이었다. 예수님 시대의 관습과 문화에 의하면 세리장은 학식이 풍부하고 친화력이 있어야 하며 히브리어, 헬라어, 라틴어 그리고 유대 방언인 아람어 4개 국어에 능통한 사람이어야 했다. 그런 의미에서 예수님의 제자였던 마태(레위)도 제자들 가운데 가장 학식이 있고, 비록 유대인에게 공공의 적이었지만 가장 지위가 높은 인물이었다. 당시 중동 지방의 사회적 관습으로는 이런 지위에 있는 고관이

나무 위로 올라간다는 것은 상상도 할 수 없는 파격적 행농이었다. 더구나 세리장이면 요즘 직으로 지방 세무서장 정도일 텐데, 누구나 보면 알 수 있는 인물이 나무 위에 올라가 있다는 것은 우스꽝스러운 일이었을 것이다.

삭개오가 나무 위로 올라간 이유는 단순히 키가 작은 것 때문만은 아니라는 사실을 얼마든지 상상할 수 있다. 그는 세리장이라는 높은 지위도 있었고, 더불어 많은 부도 누리고 있었지만, 유대 사회에서 유대인과 함께할 수 없는 배척의 대상이었다. 당시의 세리는 유대인의 지배자이며 적인 로마제국의 앞잡이 노릇을 했다. 따라서 세리는 유대인의 또 다른 적이었다. 로마가 할당한 액수 이상을 강제로 징수하여 할당액을 로마에 바치고 나머지를 자신이 착복하는 것이 관습이었으므로 많은 유대인의 고혈을 빨아먹기도 하였다. 그래서 도시 게릴라인 열심당원(셀롯인)들의 표적이 되기도 하였다. 삭개오가 예수님을 만났을 때 자신이 억지로 빼앗은 것이 있으면 네 배를 갚겠다고 한 것으로 봐서 억지로 빼앗은 것이 많았을 것이다.

삭개오는 권력도, 돈도 있었다. 그는 권력이나 돈으로 얼마든지 예수님을 제일 잘 볼 수 있는 앞자리를 억지로 빼앗을 수도 있고, 살 수도 있었다. 그러나 그 권력은 반유대적 매국노의 힘이었고, 그 돈은 유대인의 눈물이 배어 있고 구린 냄새가 나는 부정한 돈이었다. 그래서 그는 권력과 돈이 있음에도 좋은 자리를 얻을 수 없었던 것이다.

나무 위에 올라간 삭개오는 예수님을 가까이에서 본 것도 아니고, 예수님을 부른 것도 아니다. 삭개오와 예수님의 만남은 예수님의 주권적 만남이었고 이 만남의 주체는 예수님이었다. 수많은 군중 속에서 예수님의 관심은 오직 한 사람 삭개오에게 있었다. 예수님은 이미 삭개오의 이름까지 알고 계셨으며, 그에게 "어떠한 사람인가 하여 보고자" 하지 말고 내려오라고 하셨다. 그리고 곧장 "내가 오늘 네 집에 유하여야 하겠다"라고 하셨다. 예수님의 그 말을 들은 삭개오는 급히 내려와 즐거워하며 영접하였다. 삭개오는 예수님을 만나고 자기 집에 들어오시는 것을 즐거워하였다. 그의 집에는 억지로 빼앗은 수많은 진귀한 물건들이 있었을 것이고, 그 물건이나 돈은 누구에게도 보여 주고 싶지 않았을 것이다. 그런 그가 예수님을 위하여 집을 연 것이다. 그가 자신의 집을 연 것은 그의 마음이 열렸기 때문이다.

고대 중동에는 초대를 즐기는 관습이 있었다. 구약성경에는 지나가는 과객을 집으로 초대하는 장면이 여러 번 등장한다. 일면식이 없는 과객이라도 집으로 초대하여 음식을 제공하는 것이 관습이었고 미덕이었다. 또한 신약성경에도 혼인 잔치 비유 등에서 손님을 초대하는 이야기가 많이 등장한다. 많은 하객이 잔치에 참여했다는 것은 가문의 영광이고 그 집의 명성을 대변하는 것이므로 굉장한 자랑거리였다. 지금도 중동에서는 왕족이나 부유한 가정의 혼인 예식 때 엄청난 하객을 초청하고 상상할 수 없는 혼인 비용을 퍼붓는 것을 볼 수 있다. 당시의 관습으로 초대받고서도 가지 않는 것은 초대자에게 엄청난 결례이다. 심지어 중동의 고대 관습으로는 세 번의 초대장을 보내는 것이 일반적이었는데, 세 번의 초대에도 거부하는 것은 선전포고나 마찬가지였다고 한다. 그만큼 잔치의 초대는 중요한 인간사이다. 예수님의 혼인 잔치 비유에도 임금의 초대에 응하지 않은 자들에게 임금이 노하여 군대를 보내어 초대장을 전하러 간 종을 죽인 자들을 진멸하고 그 동네를 불살랐다고 한다(마 22 : 7). 그만큼 초대에 응하지 않는 것은 부례(無禮) 정도가 아니라 모독(冒瀆)으로 간주될 만한 일이었다.

반면에 당시의 관습에는 초대하지 않은 집을 불시에 방문하는 것 또한 절대 금물이었다. 요즘 우리나라에서도 불시에 지인이나 친척의 가정을 방문하는 것은 실례이다. 심지어 자녀의 가정에 부모가 방문하는 것은 아예 금기시되고 있다. 우리 집을 개방하여 다른 사람을 초대하는 것은 그만큼 힘들고 부담스러운 일이다. 이런 관습은 고대 중동에서의 아주 엄격한 사회규범이었다.

누가는 사도행전 16장에 몇 가지 중요한 사실을 기록했다. 첫째는 '우리'라는 단어의 등장이다. "바울이 그 환상을 보았을 때 우리가 곧 마게도냐로 떠나기를 힘쓰니 이는 하나님이 저 사람들에게 복음을 전하라고 우리를 부르신 줄로 인정함이러라"(행 16:10). '우리'라는 단어는 저자인 누가가 바울의 선교에 합류했다는 의미이다. 그래서 자신이 포함된 '우리'라는 단어를 쓰는 것이다. 이전에는 누가가 바울과 함께하지 않았지만 드로아에서 합류하여 함께 마게도냐로 가서 빌립보에 이르렀다. 빌립보에서의 선교에 바울과 실라 그리고 누가가 함께하였다는 근거이다. 그리고 바울이 빌립보를 떠날 때 누가가 빌립보에 남아서 빌립보교회를 섬겼을 것이다. 바울이 빌립보를 떠날 때 누가는 함께 가지 않았으므로 '그들'이라고 한다. "그들이 암비볼리와 아볼로니아로 다녀가 데살로니가에 이르니 거기 유대인의 회당이 있는지라"(행 17:1). 바울의 선교에 합류한 누가는 빌립보에 남아 있었고, 그 외의 일행이 떠났다는 것이다. 그리고 다시 바울이 제3차 선교여행에서 드로아에 왔을 때 누가가 다시 합류한다. "그 주간의 첫날에 우리가 떡을 떼려 하여 모였더니 바울이 이튿날 떠나고자 하여 그들에게 강론할새 말을 밤중까지 계속하매"(행 20 : 7)라고 누가는 자신이 합류하였음을 적고 있다. 그다음 '우리'라는 단어는 사도행전이 끝날 때까지 계속된다. 다시 말해 누가는 그 이후 잠시도 바울 곁을 떠나지 않고 함께하였다는 것이다. 사도행전이 전하는 바울의 마지막 여정은 고통이었다. 고소를 당하여 법정에 서고, 로마까지 행선하는 동안 태풍으로 죽을 고비를 넘기며, 로마에서 마지막 순간을 맞을 때까지 누가는 바울의 동역자이자 곁을 지키는 보호자 역할을 하였다. 그래서 바울은 "너는 어서 속히 내게로 오라 데마는 이 세상을 사랑하여 나를 버리고 데살로니가로 갔고 그레스게는 갈라디아로, 디도는 달마디아로 갔고 누가만 나와 함께 있느니라"(딤후 4 : 9-11상)라고 한다. 학자들은 사도행전의 저자인 누가가 바울의 선교에 합류하지 않은 부분을 '저희 부분'(They section)이라 하고, 합류한 부분을 '우리 부분'(We section)이라 한다.

다른 한 가지는 빌립보교회의 설립 동기를 설명하고 있다. 바울이 안식일에 빌립보 강가에서 여인들에게 말씀을 전할 때 루디아가 듣고 따르게 되면서 루디아의 집에서 교회가 설립되었다. 그때 루디아는 당시의 관습으로 볼 때 바울에게 획기적인 제안을 하였다. "만일 나를 주 믿는 자로 알거든 내 집에 들어와 유하라"라고 한 것이다(행 16 : 15). 이 말에는 두 가지 중요한 의미가 있다. 첫째는 당시의 관습으로는 남녀가 유별하여 여성이 남성에게 말하는 것조차 금기로 여겨졌다. 사마리아 우물가에서 예수님이 만나신 여인은 물을 좀 달라고 하신 예수님의 말씀에 "당신은 유대인으로서 어찌하여 사마리아 여자인 나에게 물을 달라 하나이까"라고 하였다(요 4 : 9). 성경이 부연한 대로 당시에 유대인은 사마리아인과 상종하지 아니하였기 때문이다. 그리고 집 밖에서 남자가 여자에게 말을 걸고 내화하는 것조차 생소한 일이 있다.

둘째는 당시의 관습으로는 초대를 즐겨하지만 급작스럽게 초대하지 않았고, 더구나 초대하지 않은 집에 들어가는 것은 절대 금기였다. 그런데 루디아는 여러 번 미리 초대하는 것이 관습임에도 불구하고 바울을 즉석에서 초대할 뿐만 아니라 "강권하여 머물게" 했다. 이 말은 바울이 루디아의 집에 들어가 폐를 끼치지 않겠다고 강하게 초대를 거절하였고, 루디아는 거절하는 바울에게 강력하게 권하여 집에 머물게 하였다는 것이다. 아마 루디아는 자신의 초대에 응하지 않고 집에 들어오지 않는다면 자신을 주를 믿지 않는 자로 여기는 것이라고 했을 것이다.

바울은 선교 여행 중 절대로 교회나 성도에게 금전적이나 심적인 폐를 끼치지 않았다. 바울은 자신이 가장 오래 머물며 전도하였던 에베소교회의 장로들을 밀레도에 청하여 마지막 설교를 하면서 "내가 아무의 은이나 금이나 의복을 탐하지 아니하였고 여러분이 아는 바와 같이 이 손으로 나와 내 동행들이 쓰는 것을 충당하여"(행 20 : 33-34)라고 하였다. 그리고 "또 내가 너희와 함께 있을 때 비용이 부족하였으되 아무에게도 누를 끼치지 아니하였음은 마게도냐에서 온 형제들이 나의 부족한 것을 보충하였음이라 내가 모든 일에 너희에게 폐를 끼치지 않기 위하여 스스로 조심하였고 또 조심하리라"(고후 11 : 9), "내 자신이 너희에게 폐를 끼치지 아니한 일밖에 다른 교회보다 부족하게 한 것이 무엇이 있느냐 너희는 나의 이 공평하지 못한 것을 용서하라 보라 내가 이제 세 번째 너희에게 가기를 준비하였으나 너희에게 폐를 끼치지 아니하리라 내가 구하는 것은 너희의 재물이 아니요 오직 너희니라 어린아이가 부모를 위하여 재물을 저축하는 것이 아니요 부모가 어린아이를 위하여 하느니라"(고후

12 : 13-14), "형제들아 우리의 수고와 애쓴 것을 너희가 기억하리니 너희 아무에게도 폐를 끼치지 아니하려고 밤낮으로 일하면서 너희에게 하나님의 복음을 전하였노라"(살전 2 : 9), "누구에게서든지 음식을 값없이 먹지 않고 오직 수고하고 애써 주야로 일함은 너희 아무에게도 폐를 끼치지 아니하려 함이니"(살후 3 : 8)라고 하여 자비량 선교로 폐를 끼치지 않은 것을 분명히 하였다. 이런 바울이 루디아의 집에 들어가 며칠을 유하였다는 것은 굉장한 결단이었을 것이다. 또 당시의 관습으로 볼 때 아무리 즉석 초대라고 하더라도 초대를 거절하는 것은 또 다른 무례함이었기에 바울도 그 초대에 응하였을 것이다.

이러한 당시 사회 관습을 완전히 무시하신 예수님은 삭개오에게 "삭개오야 속히 내려오라 내가 오늘 네 집에 유하여야 하겠다"라고 하셨다(눅 19 : 5). 이에 성경은 "뭇사람이 보고 수군거려 이르되 저가 죄인의 집에 유하러 들어갔도다 하더라"라고 기록하고 있다. 아마 이 광경을 본 사람들은 예수님이 사회 관습을 파괴하고 무례한 모습을 보였다고 하였을 것이다. 그리고 죄인의 대명사인 세리의 집에 들어가신 것을 보고 메시야가 아니라고 하였을 것이다. 그러나 예수님은 초대받지 않은 삭개오의 집에 들어가실 권리가 있었다. 왜냐하면 초대받지 않고도 아무 집에나 들어갈 수 있는 권리는 임금에게만 있었기 때문이다. 예수님은 운집한 많은 사람에게 자신이 이 땅에 오신 임금이라는 것을 증명하셨다. 동시에 죄인인 세리에게 구원을 선포하신 메시야이심을 보여 주신 것이다. 이렇게 문화인류학적 안목으로 성경을 보면 서양인들이 이해하는 것보다 훨씬 생생하고 정확하게 성경을 이해할 수 있다.

나아가서 우리가 사는 시대적 감각으로 삭개오 이야기를 보면 또 다른 문화적 의미를 찾을 수 있나. 정보사회의 눈으로 예수님이 삭개오를 만나시는 여리고의 그 길로 가 보면 전혀 새로운 성경의 맛을 느낄 수 있다.

키가 작은 우리의 눈으로, 제4차 산업사회라는 최첨단 스마트 시대의 눈으로 이 이야기를 볼 때 삭개오는 치명적인 실수를 범하고 있다. 첫째, 예수님의 소문을 듣고 엄청난 인파가 몰려올 것이라는 사실은 당시의 상식이었다. 예수님이 가시는 곳마다 운집한 사람들로 인해 발 디딜 틈도 없었다. 성경은 여러 곳에서 이런 당시의 광경을 기술하고 있다. 예수님이 말씀을 전하시는 곳에는 헤아릴 수 없이 많은 사람이 모였고, 예수님이 가시는 곳에는 수많은 병자가 몰려들었으며, 열두 해 동안 혈루증을 앓던 여인이 예수님의 옷자락을 만질 때도 많은 사람이 있었다. 즉, 예수님이 가시는 곳마다 큰 무리가 따랐다. 이것은 이미 여리고 사람들이 아는 상식이었고, 삭개오도 그 정도의 정보는 가지고 있었을 것이다. 하지만 그는 예수님을 보려고 나갈 때 많은 군중이 모인 자리에 늦게 나갔다.

둘째, 그의 키가 작은 것 자체가 예수님을 만나는 데 문제가 되는 것이 아니다. 단지 키가 작은 삭개오가 키가 큰 사람들보다 늦게 나갔다는 것이 문제이다. 삭개오가 예수님을 보러 간 그날 아침에 일어나 보니 자신의 키가 작아져 있는 것이 아니었다. 그의 키는 원래 작았다. 그렇다면 키가 큰 사람들보다 먼저 나와 제일 앞자리에 있었더라면 키가 작은 것은 아무 문제가 되지 않았을 것이다. 그런 의미에서 삭개오는 이미 속도경쟁에서 패배했으며, 현대적인 표현으로는 이미 퇴출감이었다.

세계에서 평균 키가 큰 상위 10개국은 네덜란드(1.838m), 몬테네그로(1.832m), 덴마크(1.826m), 노르웨이(1.824m), 세르비아(1.82m), 독일(1.81m), 크로아티아(1.805m), 체코(1.805m), 슬로베니아(1.803m), 룩셈 부르크(1.799m)이다. 키가 큰 10개국은 모두 유럽이며, 유럽인들은 키가 커서 스포츠에서 유리한 점이 많다. 그러나 스포츠에서 키가 크다고 해서 무조건 좋은 것은 아니다. 키가 큰 선수들은 순발력이 떨어질 수 있으며, 지나치게 큰 키는 달리기 등에서 오히려 속도를 내는 데 저해 요인이 될 수 있다.

반면에 키가 작음에도 불구하고 키가 큰 선수 사이에서 탁월한 기량을 내는 선수도 많이 있다. 자신의 작은 키를 장점으로 활용하는 것이다. 아르헨티나의 영웅 마라도나나 현역 축구선수 가운데 가장 뛰어난 선수 중 하나인 메시가 그런 선수이다. 우리나라 프로야구 선수 가운데 삼성 라이온스의 김지찬 선수도 그러하다. 그는 한국 프로야구 선수 가운데 가장 키가 작은 편이지만 순발력과 빠른 발로 도루에 능하고 수비에도 천부적 소질이 있으며 장타는 아니지만 작은 몸으로 많은 안타를 치는 선수이다. 중요한 것은 자신의 작은 키라는 단점을 극복하는 것이다.

성경은 키가 크고 기골이 장대한 여러 사람을 소개한다. 노아 시대 홍수 이전에는 '네피림'이 있었는데 그들은 용사였고, 고대에 명성이 있는 사람들이었다(창 6 : 4). '네피림'의 후손인 아낙 자손들은 이스라엘 백성들이 가나안을 정복할 때 그 땅에 살고 있었는데 그들은 이스라엘 백성들이 그들과 비교해 볼 때 자신들을 메뚜기 같다고 할 만큼 거인들이었다(민 13 : 33).

하나님께서 사무엘을 통하여 이스라엘의 왕을 세우실 때 기스의 아들들 가운데 사울을 택하셨다. 그는 이스라엘 자손 중에 그보다 더 준수한 자가 없을 만큼 외모가 출중하였고 키는 모든 백성보다 어깨 위만큼 더 컸다(삼상 9 : 2, 10 : 23). 요즘 아이들의 말을 빌리면 당시에 사울은 얼짱, 몸짱이었고 동나리었다. 반면에 나윗은 키가 크거나 외모가 뛰어난 인물이 아니었다. 이스라엘 최고의 왕인 다윗이 키고 크고 잘생긴 인물이었다면 성경은 그의 외모에 대해 극찬하였을 것이다. 그러나 성경은 다윗의 외모에 대하여 말하지 않는다. 성경 전체의 맥락으로 볼 때 다윗은 아주 곱게 생긴 미소년이었을 것이다. 하나님께서는 키가 큰 사울을 버리시고 그렇지 못한 다윗을 택하셔서 "내가 이새의 아들 다윗을 만나니 내 마음에 맞는 사람이라 내 뜻을 다 이루리라"(행 13 : 22)라고 하셨다.

성경에 등장하는 인물 가운데 가장 키가 큰 사람은 골리앗일 것이다. 그의 키는 여섯 규빗 한 뼘이었다(삼상 17 : 4). 일반적으로 한 규빗을 약 45cm라고 하는데, 여섯 규빗이면 270cm이다. 여기에 한 뼘을 더하면 골리앗은 거의 3m에 가까운 키를 가진 인물이었다. 다윗이 골리앗과 싸우러 갔을 때 골리앗은 다윗을 보고 업신여겼다. 다윗이 젊고 붉고 용모가 아름다웠기 때문이었다(삼상 17 : 42). 다윗은 키가 크고 용모가 우람한 장군의 모습이 아니었다. 그러나 다윗은 이스라엘 최고의 명장이었고 싸움꾼이었다. 얼마나 전쟁을 많이 하고 잘했던지 하나님께서는 그의 칼에 묻은 많은 피로 인하여 성전 건축도 불허하셨다. 그리고 다윗은 전쟁을 통하여 엄청난 국토와 부를 축적하여 이스라엘 전 역사에 가장 강한 나라를 구축하였다. 이는 다윗의 전쟁이 하나님의 전쟁이었고, 전쟁의 승리가 하나님께 있었기 때문이다. 키가 큰 것만이 장점이거나 일의 능사가 아니다. 키가 작은 것은 단점이거나 업무의 부적격이 아니다. 삭개오에게도 마찬가지였을 것이다.

셋째, 나무에서 내려옴으로 진정한 만남이 이루어졌다는 것이다. 이전 사회와 정보사회에서 만남의 개념은 전혀 다르다. 이전 농경사회나 산업사회에서는 나무 위에서 멀찍이 예수님을 보아도 만났다고 할 수 있다. 그러나 정보사회에서 만남은 눈으로 보고, 귀로 듣고, 손으로 만지는 것이다. 이전 사회의 만남은 이성적 만남이며, 정보사회의 만남은 감성적 만남이다. 이런 시대의 변화를 학자들은 플라톤 시대에서 아리스토텔레스 시대로의 전환이라고 한다. 이성을 통하여 인지한다는 플라톤과 감성을 통하여 인지한다는 아리스토텔레스를 비교한 말이다.

정보사회의 특징은 3F, 즉 패션(Fashion), 감각(Feeling), 여성(Female)이라고 한다. 미래 사회의 패션은 끝도 없이 발달할 것이다. 미래 사회의 패션은 의복뿐만 아니라 가전제품을 비롯한 모든 분야에서 중요하게 부각될 것이다. 그리고 감각의 시대가 되어 합리성이나 논리성보다 느낌이 앞서는 시대이다. 젊은이들은 논리적인 분석을 통하여 인지하고 사유하는 것이 아니라 '느낌'(feel)을 통하여 인지한다. 느낌이 오지 않으면 모든 것이 허사이다. 동시에 21세기에는 철저하게 여성의 눈으로 보고, 여성의 마음으로 느끼는 것이 경제에 적용되어 여성의 경제(women's economics)를 중요시하며 이를 '위미노믹스'(womenomics)라고 부른다. 이처럼 미래 사회는 여성의 가치가 극대화되고 여성의 위치가 중요한 시대이다.

3F 시대는 감동 시대이다. 느낌이 중요하고, 느낌은 업무나 일상에서 중요한 결정 요인이 된다. 사람도 느낌이 좋아야 하고, 상품도 느낌이 좋아야 하고, 교회도 느낌이 좋아야 하고, 설교도 느낌이 좋아야 한다. 감동 시대에는 교회에도 감동이 있어야 한다. 얼마 전까지만 해도 '고객 만족'이라고 하던 마케팅 전략이 이제는 '고객 감동'으로 바뀌었다고 한다. 이제는 만족 정도로는 되지 않는 시대가 되었다. 느낌을 주어야 하고 감동

이 흐르게 하는 것이 필요하나.

삭개오는 "예수께서 어떠한 사람인가 하여 보고자" 길로 나왔다. 삭개오가 원하던 것은 예수님의 외형이었다. 예수님의 얼굴, 키, 옷 그리고 걸음걸이 등을 보기 원했을 것이다. 만일 삭개오가 자신이 원하던 대로 예수님을 그렇게 보았다면 다른 사람들에게 자신이 본 예수님의 모습을 말했을 것이다. 그리고 예수님을 보고 만났다고 했을 것이다. 삭개오가 예수님을 외형으로 보았다면 문자대로 본(see) 것이다. 이렇게 보는 것은 참 만남(encounter)도 아니고 정보사회가 요청하는 느낌이 있는 만남도 아니다.

삭개오가 예수님을 만난 것은 자신이 여리고 길을 지나가시는 예수님을 보았다는 자기만족의 차원이 아니라 예수님이 자신을 보셨다는 감동의 차원으로 승화되었다. 예수님이 여리고를 지나시던 그날은 삭개오가 예수님을 본 날이 아니라 예수님이 삭개오를 보신 날이었다. 예수님을 만난 삭개오는 "주여 보시옵소서 내 소유의 절반을 가난한 자들에게 주겠사오며 만일 누구의 것을 속여 빼앗은 일이 있으면 네 갑절이나 갚겠나이다"(눅 19 : 8)라고 하였다. 세리장이었던 삭개오는 그동안 동족으로부터 받은 온갖 원성과 눈치를 감수하고 열심당원들에게 생명의 위협을 받아 가면서 동족으로부터 빼앗은 자기 재물을 선뜻 내어놓겠다고 하였다. 이런 순간적 회개와 과감한 결단은 예수님을 보는 것이 아니라 만남으로, 이성적 관찰이 아니라 감성적 수용을 통해 이루어졌다. 삭개오가 얼마나 많은 사람의 재산을 착취했는지 모르지만, 재산의 절반을 가난한 자들에게 주고 속여 빼앗은 것의 네 갑절을 갚는다면 아마도 전 재산을 다 자신의 동족에게 환원하고 빈털터리가 되었을 것이다. 그는 예수님 한 분을 얻기 위하여 모든 재산을 아낌없이 버린 것이다. 보화가 감추어진 밭을 사기 위하여 전 재산을 투자한 것처럼, 진주 한 알을 사기 위하여 전 재산을 드린 것처럼, 예수님 한 분을 얻기 위하여 자신의 모든 것을 배설물로 여긴 바울처럼 삭개오는 빈털터리가 아니라 모든 것을 얻은 사람이 되었다. 예수님이 삭개오에게 "오늘 구원이 이 집에 이르렀으니 이 사람도 아브라함의 자손임이로다"(눅 19 : 9)라고 하셨다. 유대인인 아브라함의 혈통이 아니라 고향도 친척도 다 버리고 하나님의 말씀을 좇아 가며 가장 귀한 아들까지 드린 아브라함의 믿음의 계승자가 되었다는 선언이다.

  우리가 사는 지구촌은 치열한 생존경쟁으로 인해 마치 잡으려고 달리고 잡히지 않으려고 달리는 정글의 모습과 같다. 그래서 이를 '정글 법칙'이라 일컫는다. 이런 경쟁에서 승리하기 위해서는 남들보다 더 먼저, 더 빨리, 더 멀리 뛰어야 한다. 우리나라를 둘러싼 지구적 환경이 그렇다. 세계는 이미 80억 명이라는 엄청난 인구가 자신이 보고자 하는 목표를 달성하기 위하여 바글거린다. 그 가운데 우리나라는 작은 나라이다. 국토도 작은데 심지어 분단되어 있는 불리한 조건을 가지고 있다. 그리고 인구도 남한이 5,000만 명, 북한이 2,300만 명이라면 8,000만 명이 안 되며 재외 국민을 모두 합하면 8,000만 명이 될 것이다. 세계적인 경제대국이 되기 위해서는 자국민이 1억 명은 되어야 한다고 한다. 그래야 수출이 부진하더라도 내수가 가능하기 때문이다. 이런 여러 가지 조건은 마치 예수님이 지나시던 여리고의 삭개오와 같다. 세계 인구 80억 명은 모두 경쟁자이고 우리나라는 작은 나라일 때 우리에게 필요한 것은 다른 나라보다 일찍 일어나고 빨리 뛰는 것이다. 우리나라가 세계 10대 경제 강국이 되었다는 것은 우리 사회의 관습인 '빨리빨리'가 주효했을 것이라고 본다.

어릴 때 교회학교에서 듣던 가장 재미있는 삭개오의 이야기는 한국인의 눈으로 보아도, 정보사회의 눈으로 보아도 재미있다. 성경은 옛날이야기가 아니라 현재의 이야기이며, 유대인의 이야기가 아니라 나의 이야기이다. 그런 의미에서 성경의 사건들을 오늘 나의 이야기로 보는 것은 성경을 살아 계신 하나님의 말씀으로 이해하는 데 도움이 될 것이다. 또한 여리고를 지금의 나의 삶의 현장으로, 삭개오를 21세기를 사는 나 혹은 우리로, 예수님과 삭개오의 대화를 지금 예수님과 나의 대화로 해석하는 것은 성경을 살아 있고 활력이 있는(히 4 : 12) 말씀으로 인정하는 것이다.

9. 한국의 전통문화와
　　기독교문화 ———。

　　한국 교회는 세계교회사에서 유례를 찾아볼 수 없는 성장을 이룬 교회이다. 세계에서 가장 큰 교회가 한국에 있고, 세계에서 가장 큰 장로교회가 한국에 있으며, 세계에서 가장 큰 감리교회가 한국에 있다. 한국 교회의 성장은 다분히 사회적 요인이 작용하고 있으며, 전통문화에 빚을 지고 있다. 한국 기독교가 전통문화의 영향을 받은 흔적은 많은 곳에서 나타나며, 복음에 전통문화가 어우러진 것이 한국의 기독교문화이다.
　　한국 교회의 성장에는 근면한 민족성이 한몫하였다. 한국 교회의 목회자들은 세계 어느 교회의 목회자보다 헌신적이고, 이런 목회자의 헌신이 성장의 요인이 되었다. 새벽기도부터 저녁 기도회와 금요 기도회까지 목회자는 쉴 새 없이 목회에 많은 시간을 내야 한다. 조금 지난 시간이지만

1980~1990년대의 모범적 목회자들에게 "목회의 비결이 무엇입니까?"라고 물으면 많은 목회자가 "새벽기도와 심방"이라고 하였다. 근면성이란 한국인의 문화가 한국 교회의 문화로 자리를 잡았고, 그리하여 목회자 대부분이 교회밖에 모르는 '일중독'(workaholic)에 빠지게 되었다.

교회 성장학에서는 한국 교회의 성장 요인 가운데 하나로 '구역' 혹은 '순'이라는 소그룹을 꼽는다. 최근에 와서 소그룹이 중요한 성장 요인으로 연구되며 발달하고 있는데, 한국 교회는 오래전부터 소그룹을 시행하였다. 구역이라는 소그룹도 우리의 전통문화에 익숙한 조직이다. 우리는 오래전부터 '이웃사촌'의 문화를 가지고 있었는데, '반상회'가 그 예다.

한국 교회 성장의 가장 중요한 요인 가운데 하나는 사회정치적 상황이다. 개신교가 한반도에 전래된 지 얼마 되지 않아 일제강점기라는 민족 수난의 시대가 시작되었다. 일제가 신사참배를 강요하면서 교회는 일제와 대치하게 되었고 모진 박해와 순교의 아픔을 겪게 되었다. 독립과 더불어 찾아온 민족의 분열과 국토의 분단 그리고 한국전쟁은 일제강점기의 박해와 순교의 아픔을 되풀이하게 되었고, 한국 교회는 이런 사회적 고통 속에서 더 복음적이게 되고 성장하게 된 것이다. 한국의 역사 속에서 수없이 반복되는 대륙과 일본의 침략은 우리 민족이 외세의 침략과 힘을 견딜 수 있는 독특한 문화를 창출하게 하였는데, 이런 문화가 한국 기독교의 문화가 되었다고 본다.

기독교는 경전인 성경을 통하여 바른 신앙을 가지고 성장하게 된다. 한국 교회의 특이점 가운데 하나는 선교사들이 입국하여 복음을 전하기 이전 이미 성경이 전래되었고, 교회가 설립되었다는 사실이다. 그런 의미에서 한국 교회는 자생적 교회라고 할 수 있다. 1884년 알렌이 첫 선교사로서 입국하기 전 1882년에 이미 한국에는 로스가 번역한 『예수성교전서』가 서상륜을 통하여 전래되었다. 이 성경은 한글 성경이었다. 당시에 한글은 '암클', '언문'이라고 낮춰 불리며, 부녀자들이 집 안에서 쓰는 글이라고 여겼다. 그런데 사회학자들은 어느 사회든지 상류사회가 사회 전체의 10%를 넘지 못한다고 한다. 당시에 한문을 공부하고 사용하던 사대부 양반이 전체 국민의 10%를 넘지 못했다면 나머지 90%의 평민은 한문을 알지 못했을 것이다. 한국 땅에 한글 성경이 전래되었다는 것은 90%의 보통 사람들이 선교의 대상이었다는 뜻이다. 언어는 문화의 용기인데 한글 성경이 한국 땅에 전래되었다는 것은 엄청난 문화적 가치를 가진다.

  한국 교회의 성장 요인 가운데 하나는 개신교의 전래 시기라고 한다. 한국의 전통문화 가운데 특이한 점은 국가와 종교와 사회계급이 밀접한 관계가 있다는 것이다. 고려시대에는 불교가 국교였고 승려가 사회 제일의 계급이었다. 고려 말에 신돈이란 승려가 나라를 어지럽게 하였다는 것은 사회계급과 신분이 높았다는 의미이다. 조선시대에는 '억불숭유' 정책을 써서 유교가 국교가 되었고 '사농공상'(土農工商)이라는 새로운 사회계급이 형성되었다. 그런데 개신교가 전래될 당시는 조선말, 즉 대한제국이 태동할 당시이므로 백성들에게는 '나라가 바뀌면 종교도 바뀌는 게 좋다.'라는 사고가 심어졌다는 것이다. 오랜 유교적 문화에서 조상제사와 축첩이 기독교와 문화적 충돌을 하지 않은 것은 아니지만 그럼에도 불구하고 기독교는 활발하게 성장했다.

  한국의 오랜 전통 종교는 크게 '샤머니즘'과 '애니미즘'이다. 전통 종교에는 기독교에 대한 역기능도 있지만, 교회 성장이라는 측면에서 보면 긍정적인 면도 있다. 샤머니즘은 '샤먼'이라는 무당이 신과 인간의 중간자 역할을 한다. 샤먼 없이는 어떤 종교 행위도 일어날 수 없다. 그래서 샤머니즘은 의존적 신앙을 가진다. 샤머니즘의 첫 번째 명제는 '굿판은 클수록 좋다.'는 것이다. 그래서 굿은 크게 하고 소위 큰무당이 신통력이 있다. 한국 교회는 샤머니즘적이라는 말을 곧잘 듣는다. 그래서 대형 교회를 선호하고 그 결과 교회가 대형화되었다. 서양에는 '작은 것이 아름답다.'라는 말이 있지만 우리는 큰 것이 아름답다고 한다. 그래서 우리 문화에서는 이름이나 용어에 큰 '대'(大)자를 많이 쓴다. 그리고 목회자를 샤먼으로 생각하여 크고 작은 신앙뿐만 아니라 가정, 사업, 경제 등 많은 과제의 해답들을 목회자에게 의존한다. 이런 연고로 한국의 목회자들은 항상 바쁜 삶을 살고 있다. 이처럼 우리 한국 교회는 전통문화와 종교와 깊은 연관을 가지며 성장하였다.

애니미즘(Animism)이란 고조선 시대에 기원을 둔 토속종교로 그 특징을 천신강림(天神降臨), 곡신신앙(穀神信仰), 천지융합(天地融合)의 창조신앙이라고 한다. 농경문화는 우리의 무속과 뗄 수 없는 관계에 있으며, 농경문화는 조기문화(早起文化)를 낳았다. 농경사회의 조기문화는 삶인 동시에 윤리이다. 이런 우리의 문화는 '새벽기도'라는 교회의 문화로 자연스럽게 신앙생활의 일부가 되었고 교회 성장의 중요한 요인이 되었다. 무속 신앙이 가진 '산 신앙'도 교회의 문화이며 성장요인이 되었다. 요즘은 조금 뜸해졌지만, 오래전만 해도 산 기도 운동이 엄청난 폭발력을 가진 교회 성장의 동인이었다. 이런 문화적 요인들은 한국 그리스도인들의 신앙생활로 자리 잡았고, 교회의 목회 프로그램이 되었으며, 교회 성장의 요인이 되었다. 이와 같이 한국 기독교는 고유한 전통문화를 품은 토착 기독교로 안착하면서 성장하였다.

# II

# 비유와 귀환

1. 예수님의
   비유━━━。

　　성경에 기록된 예수님의 말씀은 신학적으로 크게 두 가지로 나뉜다. 하나는 선포(케리그마)이고 다른 하나는 가르침(디다케)이다. '케리그마'란 '사자의 알림'이란 의미로 선포하는 것이며, 예수님 공생애의 첫 번째 말씀인 "때가 찼고 하나님 나라가 가까이 왔으니 회개하고 복음을 믿으라"(막 1 : 15)라는 선포이다. 이 말씀은 세례 요한이 잡힌 후, 예수님이 "하나님의 복음을 전파"(막 1 : 14)하신 말씀이라고 기록되어 있다. 마가는 예수님의 첫 번째 말씀을 선포라고 한다. 선포는 회개를 촉구하는 하나님 나라에 대한 증언이다. 교회의 본질적 사명을 '케리그마', '코이노니아'(교제), '디아코니아'(섬김)라고 하는데 복음의 선포는 교회의 본질적 사명이며 예수님의 '케리그마'를 위임받은 교회의 소명이다. 신학자 다드

(C. H. Dodd)는 '케리그마'가 비기독교에 대한 기독교의 공중 선포라고 정의하였다.

'디다케'는 '가르치다'의 의미로 강론, 교훈을 말한다. 다드는 '디다케'를 개신자들에 대한 윤리적 교훈으로 정의하였으며 훈계와 가르침이라고 하였다. '케리그마'와 '디다케'를 위와 같이 구분한다면 신약성경에 나오는 예수님의 말씀 대부분이 '디다케'에 속한다. 교회의 본질적 사명 가운데 '코이노니아'와 '디아코니아'는 예수님의 '디다케'를 실천하는 것이라고 할 수 있다. '케리그마'와 '디다케'를 구분하는 것이 일반적인 신학적 견해이지만, 선포된 '케리그마'를 자세히 설명하여 실행하게 하는 목적을 가진 것이 '디다케'라고 마운스(Robert H. Mounce)는 말한다.

비기독교인들이 복음을 듣고 거듭나서 교회가 성장한 것은 '케리그마'를 통한 역사였고, 거듭난 개신자들이 성숙한 그리스도인이 된 것은 '디다케'를 통해 가능한 일이었다. 교회 밖에 있는 사람들을 교회 안에 들어오게 하여 그리스도인이 되게 하는 것은 '케리그마'이며, 그들이 다시 그리스도인으로서 세상으로 나가 섬길 수 있게 하는 것은 '디다케'이다. 성경에 기록된 예수님의 비유는 '디다케'이며 '케리그마'를 가장 잘 이해할 수 있는 말씀이다. '케리그마'와 달리 '디다케'는 당시의 문화적 배경을 통하여 전달되었음을 알 수 있다.

비유는 '어떤 도덕적 영적 원리를 전달하기 위하여 사용된 일상적으로 일어나는 이야기'이다. 그러나 성경이 말하는 비유는 그 이상의 깊은 뜻을 가지고 있다. 비유를 의미하는 헬라어 '파라볼레'는 '파라'(곁으로), '발로'(던지다)라는 단어의 합성어로, 두 가지 다른 사물을 곁에 두고 비교함으로 가르침의 본질을 밝히려는 것이다. 비유의 근원 중 그리스의 신화적 배경이 그 하나인데 철학자들은 우화적 방법으로 깊은 사상을 설명하였다. 이런 우화적 방법이 신약의 저자들에게 영향을 주었겠지만, 우화(allegory)와 그리스도의 비유는 다르다. 우화는 초현실적이며 비역사적인 것들을 소재로 사용하지만, 비유는 현실적이며 역사적인 사실들을 기초로 복음을 설명한다.

기원전 2~3세기 알렉산드리아 72인의 학자들이 히브리어 성경을 헬라어로 번역하였다. 헬라어는 당시 지중해 문화권의 통용어였으며, 요즘 말로는 세계어와 같은 언어였다. 이 성경을 '칠십인역'(LXX)이라고 하는데, '마샬'이란 히브리어를 '파라볼레'(비유)라고 번역하였다. '마샬'은 '통치하다'라는 뜻 외에 속담, 웃음거리, 말, 풍자, 비웃음, 조소의 말, 수수께끼 등의 의미를 포함하고 있다. '칠십인역'이 이렇게 번역한 것은 구약에 비유가 빈번하게 등장한다는 것을 말한다. 이 말은 예수님의 비유에는 속담과 같은 것이 있고, 풍자의 말이 있고, 수수께끼와 같은 것도 있다는 것이다. 예수님은 다양한 형태로 비유를 사용하시며 복음의 가장 큰 목적인 하나님 나라를 전파하려고 하셨다.

구약에도 비유가 등장한다. 다윗이 우리야의 아내를 범하는 죄를 지었을 때 나단 선지자가 다윗에게 와서 '가난한 자의 한 마리 양'에 대한 이야기를 들려주는 비유가 있다. 사사기에는 기드온의 막내아들 요담이 '나무 왕'에 대한 비유를 통하여 아비멜렉이 형제 70명을 다 죽이고 스스로 왕이 되려고 한 사건의 부당함을 말하고 있다. 신약의 비유에는 속담과 은유가 많이 포함되어 있다. 예수님은 '산 위의 동네', '이리 가운데 양' 등의 비유를 말씀하셨다. 이런 비교적 비유 가운데는 "너희 중에 누가 아들이 떡을 달라 하는데 돌을 주며 생선을 달라 하는데 뱀을 줄 사람이 있겠느냐"(미 7 : 9-10), "너희 중에 아버지 된 사로서 누가 아들이 생선을 달라 하는데 생선 대신에 뱀을 주며 알을 달라 하는데 전갈을 주겠느냐"(눅 11 : 11-12)라고 하신 비유도 있다. 돌과 떡, 생선과 뱀, 알과 전갈 등을 비교하는 비교 기법을 이용해서 은유와 직유로 비유를 말씀하셨다.

복음서에 기록된 비유는 다양한 목적을 가지고 있는데, 마태복음의 비유는 하나님 나라를 밝히는 데 집중되어 있다. 그리고 예수님은 복음의 내용을 쉽고 빠르게 전달하기 위해 비유를 사용하셨다. 그리고 비유를 사용하신 다른 한 가지 이유는 복음의 가치를 높이기 위함이었다. 그래서 예수님은 비유로 말씀하시는 이유를 "내가 그들에게 비유로 말하는 것은 그들이 보아도 보지 못하며 들어도 듣지 못하며 깨닫지 못함이니라"(마 13 : 13)라고 하셨다. 성경에는 비유가 예수님의 가르침에 중요하다는 것을 다음과 같이 기록하고 있다. "비유가 아니면 말씀하지 아니하시고 다만 혼자 계실 때에 그 제자들에게 모든 것을 해석하시더라"(막 4 : 34), "예수께서 이 모든 것을 무리에게 비유로 말씀하시고 비유가 아니면 아무것도 말씀하지 아니하셨으니"(마 13 : 34). 예수님이 비유로 말씀하실 것은 이미 선지자를 통하여 예언된 것이며, 감추인 것을 드러내시기 위함이었다(마 13 : 35).

예수님의 비유는 다양한 범주의 당시 세계를 예수님의 언어로 설명하는 그림과 같다. 예수님의 비유는 당시의 일상생활에서 일어나는 일들과 우리가 친숙하게 알고 있는 사실들, 또 모든 사람이 다 알고 서로 동의할 수 있는 내용들, 쉽게 이해하고 깨달을 수 있는 내용을 포함하고 있다. 예수님의 비유는 공관복음서의 기록 가운데 35%에 해당할 정도로 많은 부분을 차지하고 있다.

비유는 천상의 의미를 지닌 지상의 이야기라고 한다. 위에서 말한 대로 예수님의 비유의 핵심적인 내용은 하나님 나라, 즉 천상의 일을 밝히 알게 하는 것이다. 그 천상의 일을 지상의 일로 알게 하려는 것이 비유이다. 경험하지 못하여 알 수 없는 천상의 일을 천상의 말로 하면 알 수 없으므로 지상의 말로 하는 것이다.

예수님의 비유를 해석하기 위한 노력은 초대교회 때부터 지금까지 지속되어 왔다. 초기 기독교 교부들은 예수님의 비유를 은유적 해석(allegorical interpretation)으로 설명하였다. '알레고리'란 어떤 한 주제를 설명하기 위하여 다른 주제를 사용하여 유사성을 암시하면서 말하고자 하는 주제를 확실하게 표현하는 수사법이다. '은유'(metaphor)란 사물의 본래 뜻을 숨기고 보조관념들을 제시하여 본래의 의미를 확실하게 하는 방법으로, 직유보다 발달된 비유법이며 '알레고리'와 상응하는 의미가 있다. 즉, 다른 두 가지 사물을 서로 비교하면서 더 암시적이고 은밀하게 말씀의 내용을 풀어 주는 것이다. 예수님의 비유 가운데 "생베 조각을 낡은 옷에 붙이는 자가 없나니 이는 기운 것이 그 옷을 당기어 해어짐이 더하게 됨이요 새 포도주를 낡은 가죽 부대에 넣지 아니하나니 그렇게 하면 부대가 터져 포도주도 쏟아지고 부대도 버리게 됨이라 새 포도주는 새 부대에 넣어야 둘이 다 보전되느니라"(마 9 : 16-17)라는 말씀이 있다. 서로 다른 두 가지를 비교하여 예수님이 전달하시려고 하는 메시지를 확실하게 하려는 암시적 내용이다. 예수님은 이런 은유를 비유에 많이 사용하셨다.

직유는 은유보다 더 직접적이며 강한 성격의 의미를 내포하고 있다. 직유법은 그 어법이 "무엇과 같이", "무엇처럼"이라는 말을 많이 사용한다. "천국은 마치 사람이 자기 밭에 갖다 심은 겨자씨 한 알 같으니"(마 13 : 31), "천국은 마치 여자가 가루 서 말 속에 갖다 넣어 전부 부풀게 한 누룩과 같으니라"(마 13 : 33), "천국은 마치 밭에 감추인 보화와 같으니 사람이 이를 발견한 후 숨겨 두고 기뻐하며 돌아가서 자기의 소유를 다 팔아 그 밭을 사느니라"(마 13 : 44), "천국의 제자 된 서기관마다 마치 새 것과 옛것을 그 곳간에서 내오는 집주인과 같으니라"(마 13 : 52) 등의 말씀이 직유법에 속한다.

그 외에도 예수님은 이야기체의 비유를 말씀하셨다. "어떤 사람에게 두 아들이 있는데"(마 21 : 28), "어떤 사람이 큰 잔치를 베풀고 많은 사람을 청하였더니"(눅 14 : 16) 등이 이에 속한다. 예수님은 마치 할아버지가 화롯가에서 손자에게 옛날이야기를 들려주듯이 사랑방 이야기처럼 말씀해 주셨다.

전통적인 학자들은 예수님의 비유에는 이런 다양한 의미가 있다고 해석하였다. 현대에 와서야 예수님의 비유를 문자적 해석(literal interpretation)으로 설명한다. 예수님의 비유에서 감추어진 의미보다 말씀하신 문자 그대로에 중요한 의미가 있다고 보는 것이다. 예수님의 비유를 어떤 방식으로 해석하든 비유로 하신 말씀의 본질은 동일하며, 예수님의 비유가 말하는 핵심이 하나님 나라라는 데는 이의가 없다.

예수님의 비유는 대개 세 가지 형태를 지닌다. 첫째는 실화체 비유이다. 실화체 비유는 누구나 알 수 있는 실생활에서 예화를 이끌어 낸다. 실생활에서 일어나는 일들이기에 이해하기 쉽고 비유를 듣는 사람도 동의한다. '밀가루 반죽 속에 넣은 누룩의 비유', '장터에서 놀이하는 아이들의 비유', '양 떼를 떠나서 방황하는 한 마리 양의 비유' 등이 이 비유에 속한다. 이런 비유는 누구나 알 수 있는 것으로 실제의 이야기로 구성된 것이다.

둘째는 이야기체 비유이다. 과거에 일어난 특정 사건을 언급하면서 일반적으로 한 사람의 경험을 토대로 이야기를 꾸미며 그 사람의 경험을 나의 경험으로 연상하게 하는 비유이다. '한 농부가 씨앗을 뿌린 밭에 가라지가 자란 비유', '재판장이 과부의 한을 풀어 준 비유' 등이 이에 속한다. 이런 비유들은 누구나 경험할 수 있는 이야기들이다. 이야기체의 비유는 누가복음에 많이 기록되어 있다.

셋째는 예화체 비유이다. 가상적인 구성의 예화를 통해 뜻을 전달하는 비유이며 누가복음에 많이 나타난다. '선한 사마리아인의 비유', '어리석은 부자의 비유', '부자와 나사로의 비유' 등이 이에 속한다. '탕자의 비유'도 이에 속한다고 할 수 있다. 예수님은 구약의 오랜 전승들과 특히 랍비들의 전승들을 잘 전수하여 전달하셨다.

구약에도 예화체를 사용한 비유들이 많이 있는데, 앞에서 인용한 나단이 다윗에게 한 '가난한 사람의 한 마리 양의 비유'가 이에 속한다. 나단은 많은 양을 가진 부자가 한 마리 양을 가진 가난한 자의 양을 억지로 빼앗았다는 비유를 통하여 다윗이 스스로 자신이 한 마리 양을 빼앗은 나쁜 사람이라고 고백하게 하였다. 나단은 다윗의 마음을 거스르지 않고 하나님께서 다윗에게 전하실 본래의 뜻을 비유로 충분히 전하였다. 그 외에도 요담의 '나무 왕의 비유'도 예화체를 통하여 자신의 이야기를 전달하는 것이다.

랍비들의 전승 가운데는 많은 비유가 전해 내려온다. 그 가운데는 다음과 같은 이야기가 있다. 어떤 왕에게 귀한 아들이 있었다. 이 아들은 아버지를 멀리 떠나 세상을 경험하고 싶었다. 그는 아버지에게 타향에 갈 돈을 구하였고, 아버지는 아들에게 돈을 주었다. 아들은 멀리 아버지의 품을 떠나 세상 구경에 취하여 방탕하게 살았다. 그때 왕은 신하들을 보내어 아들을 데리고 오게 하였다. 신하들은 그에게 아버지께로 돌아가자고 했지만, 그는 한사코 거절하였다. "아버지께 돌아갈 수 없습니다. 내가 무슨 낯으로 아버지께 돌아갈 수 있겠습니까?" 아버지가 돌아오라고 하였지만, 아들은 아버지의 부르심을 거절하였다. 아버지는 돌아오지 않겠다는 아들에게 이런 말을 써서 다시 신하들을 보내었다. "아버지에게 돌아오는 아들이 부끄러울 것이 무엇이 있겠느냐? 아들을 다시 맞이하는 아버지에게 또한 부끄러울 것이 무엇이 있겠느냐?" 아들은 아버지의 그 말을 듣고 다시 왕궁으로 돌아가 아버지를 만나게 되었다.

예수님의 비유에는 랍비와 이스라엘의 전승에 있는 이야기와 비슷한 내용들이 포함되어 있다. 예수님은 랍비들의 전승을 익히 알고 계셨을 것이고, 위의 이야기도 '탕자의 비유'의 예화가 될 수 있었을 것이다. 예수님의 비유는 독자적인 예수님의 이야기가 대부분이지만 랍비의 전승으로 잘 알려진 이야기를 통하여 예수님이 전달하시려는 내용을 담기도 하셨을 것이다. 이런 관점에서 성경의 언어는 이야기이며, 성경은 많은 예화체로 이루어져 있음을 알 수 있다. 그런 의미에서 최근에는 '이야기'가 중요한 인간관계와 소통의 도구이며, 예수님도 탁월한 이야기꾼(storyteller)이었다고 표현한다.

하나님께서는 많은 피조물을 창조하셨지만, 이야기의 대상으로 인간이 필요하셨다. 엘리 비젤은 "하나님께서는 이야기를 사랑하기 때문에 인간을 창조하셨다."라고 하였다. 예수님은 이야기를 통하여 비유를 말씀하셨고, 그 이야기의 중심은 하나님 나라이다. 예화체 비유는 예수님의 가르침의 기법이었고, 고대의 고유한 수사학의 특징 가운데 하나였다.

신약에는 공관복음서에만 50개의 비유와 그 해석들이 기록되어 있다. 예수님의 비유는 정해진 구성이 있는 것이 아니라 다양하고 복합적인 형태로 구성되어 있다. '씨 뿌리는 자의 비유'에는 밭의 종류를 네 가지로 분류하여 네 부분으로 구성하고 있다. 네 종류의 밭이 다 다르지만 하나의 의미를 담고 있다. 그 외 예수님의 비유는 삼요소적 구성을 띠고 있다. '밤중의 친구 비유'를 보면 밤중에 친구가 찾아와 자기에게 찾아온 친구에게 식사를 대접하기 위하여 떡을 빌려 달라고 한다. 예수님의 비유 핵심은 친구 됨이 아니라 간청함을 인하여 떡을 빌려 주었다는 것이다. 그런데 이 비유에는 부인에 대한 언급 없이 세 주역이 등장한다. 주인공과 밤중에 찾아온 친구 그리고 그의 친구이다. 예수님의 비유의 삼요소적 구성은 여러 곳에서 발견할 수 있다. '탕자의 비유'에도 탕자의 어머니는 등장하지 않는다. 아버지와 탕자인 둘째 아들 그리고 큰아들이다. '열 처녀의 비유'에도 신랑인 예수 그리스도와 슬기로운 다섯 처녀 그리고 미련한 다섯 처녀가 등장한다.

예수님의 비유 구성에서 흥미로운 점은 비유의 중요 핵심이 시작이 아니라 마침에 있다는 것이다. '선한 사마리아인의 비유'에는 강도를 만난 사람과 그 곁을 지나가는 사람들이 등장한다. 제사장과 레위인과 사마리아인이다. 이 비유의 핵심 인물은 마지막으로 등장한 사마리아인이다. '달란트 비유'에서도 착하고 충성된 일을 한 다섯 달란트와 두 달란트를 받은 종들이 아니라 한 달란트를 받고 남기지 못한 종을 강조하고 있다. '포도원 품꾼의 비유'에서도 일찍 와서 종일 수고한 일꾼이 아니라 제일 마지막에 와서 한 시간밖에 일하지 않았지만 똑같은 품삯을 받은 일꾼을 강조하고 있다.

예수님의 비유의 특징인 삼요소적 구성과 마지막에 강조점을 둔 형식은 고대 랍비들의 이야기에 나타나고 있다. 랍비의 이야기 가운데 이런 이야기가 있다. "한 여행자가 길을 가다가 늑대를 만났다. 늑대를 만나서 놀랐지만, 그는 늑대를 물리쳤고 늑대는 멀리 도망하였다. 늑대가 이미 도망갔지만, 여행자의 머릿속에는 늑대에 관한 생각밖에 없었다. 한참을 가다가 이번에는 늑대보다 더 사나운 사자를 만났다. 사자를 만난 여행자는 늑대는 까마득하게 잊어버리고 사자만 생각하고, 사자와 힘겹게 싸움을 했다. 한참 싸움을 하다가 사자도 도망을 가 버렸다. 다시 한참을 가다가 뱀을 만났다. 뱀을 만나 놀란 여행자는 늑대와 사자는 잊어버리고 뱀만 생각하게 되었다." 랍비는 이 이야기의 마지막에 이렇게 말했다. "이전 두 짐승에 대해서는 까마득하게 잊어버리고 뱀만 생각하며 떨고 있는 것이 이스라엘의 모습이다." 이스라엘 사람들이 이전 것은 다 잊어버리고 마지막의 어려움만 생각하고 두려워하고 있다는 것을 비유로 말한 것이다. 이전의 고난이 아니라 현재의 고난이 가장 큰 고통인 것을 의미한다.

일반적으로 랍비들의 비유는 율법의 설명을 강조하려는 의도였지만, 예수님의 비유 주제는 하나님 나라이다. 실제로 당시 사람들뿐만 아니라 현재 사람들에게도 하나님 나라는 이성과 합리로는 이해하기 힘든 주제이다. 그렇기에 예수님이 비유를 통하여 하나님 나라를 설명하신 것이다.

예수님의 비유에는 다양한 목적이 있었다. 첫째, 예수님의 관심이 인간의 다양한 삶에 있다는 것을 보여 주기 위하여 비유로 말씀하셨다. 예수님의 비유에는 당시 보통 사람들의 일상에 관한 이야기가 많이 등장한다. 농부 이야기, 포도원 이야기, 씨 뿌리는 이야기, 세리 이야기 등 당시 사람들의 삶을 비유로 삼아 복음을 전하려 하셨다. 예수님은 당시 사람들의 삶에 대하여 자세히 알고 계셨고 관심을 보이셨다. 사람들은 자기 삶에 대한 이런 관심을 말씀하시는 예수님의 비유를 통해 쉽게 마음에 와닿는 핵심 내용을 받아들였을 것이다.

둘째, 예수님의 비유 목적은 구원의 메시지를 명확하고 간결하게 전하기 위함이었다. 예수님이 성육신하셔서 인간의 시간 속에 들어오신 목적과 동일하다. 예수님은 '탕자의 비유', '두 채무자의 비유', '큰 잔치의 비유' 등을 통하여 구원의 메시지를 전달하셨다. 특히 '탕자의 비유'는 돌아온 자에게 돌아온 이유를 묻지 않고 기쁘게 받아 주시며 잔치에 참여하게 하시는 하나님의 구원을 설명하고 있다. 구원의 메시지를 쉽고 간결하게 설명하기 위하여 예수님은 비유라는 장르를 사용하신 것이다.

셋째, 예수님의 비유는 예수님이 가르치시는 소중한 교훈을 이방인에게 은폐하시려는 목적이 있다. 예수님은 값진 하늘의 메시지를 이해하지 못하는 자들에게 전해지는 것을 원하지 않으셨다. 그래서 예수님은 "이는 그들로 보기는 보아도 알지 못하며 듣기는 들어도 깨닫지 못하게 하여 돌이켜 죄 사함을 얻지 못하게 하려 함이라"(막 4:12)라고 하셨다. '이는'이란 말은 헬라어로 '히나'라는 단어인데 결과로도 해석할 수 있고, 목적으로도 해석할 수 있다. 예수님이 말씀하신 '히나'는 목적이 아니라 결과라고 볼 수 있다. 예수님이 비유로 말씀하신 것은 처음부터 알아듣지 못하게 하자는 것이 아니라 결과적으로 알아듣지 못하게 하려는 것이다. 산상보훈에서도 "거룩한 것을 개에게 주지 말며 너희 진주를 돼지 앞에

던지지 말라 그들이 그것을 발로 밟고 돌이켜 너희를 찢어 상하게 할까 염려하라"(마 7 : 6)라고 하셨는데, 이는 귀한 복음을 값싼 것으로 만들지 말라는 말씀이다. 예수님의 비유는 꼭 알아야 할 사람에게는 쉽고 확실하게 알게 하시고, 그렇지 않은 사람에게는 은폐하시려는 목적이 있다. 그러나 분명한 것은 비유의 뜻을 은폐하는 게 예수님의 목적이 아니라는 사실이며, 하나님 나라의 진리가 훼손되어서는 안 된다는 뜻이다.

　예수님의 비유는 구체적인 하나의 그림을 통하여 보는 이마다 다르게 해석할 수 있도록 하였고, 듣는 이마다 다른 느낌을 받을 수 있도록 하였다. 이것은 우회적으로 진리를 설명하려는 전형적인 동양의 지혜이다. 예수님의 비유에는 이런 예들이 많이 나타난다. "예수께서 이르시되 여우도 굴이 있고 공중의 새도 거처가 있으되 인자는 머리 둘 곳이 없다 하시더라"(마 8 : 20)라는 말씀에서 여우의 굴, 새의 거처라는 앞의 두 그림은 머리 둘 곳도 없다는 마지막 말씀을 설명하기 위한 것이다. 그러므로 비유의 그림과 문학적 분석을 통하여 예수님의 말씀이 갖는 의도와 교훈을 분명하게 할 수 있게 된다.

　마태복음은 "이사야의 예언이 그들에게 이루어졌으니 일렀으되 너희가 듣기는 들어도 깨닫지 못할 것이요 보기는 보아도 알지 못하리라"(마 13 : 14)라고 이사야의 예언(사 6 : 9)을 인용한다. 이사야의 예언도 마찬가지로 하나님의 말씀을 들어도 깨닫지 못하게 하고, 말씀의 진의를 은폐하려는 의도가 아니다. 예수님은 당시의 교권자들인 제사장, 레위인, 바리새인, 사두개인, 서기관 등의 시기의 대상이었다. 그들은 틈만 있으면 예수님을 고소하고 죽이려고 모의하였다. 예수님이 율법을 거스르고, 유대 전통사회에 도전하시자, 그들은 예수님을 공공의 적이라고 생각하였다. 또 로마인들은 예수님이 정치적인 왕이 되려 한다고 착각하여 황제에게 도전하고 로마의 법을 어긴다고 생각하였다. 이런 사면초가의 위협에서 예수님은 오해받을 만한 메시지를 전하실 때 비유를 사용하셨다. 자신을 박해하고자 하는 이들에게 예수님은 비유로 말씀하심으로 그들의 고소를 피하신 것이다. 그래서 마가복음 12 : 12은 "그들이 예수의 이 비유가 자기들을 가리켜 말씀하심인 줄 알고 잡고자 하되 무리를 두려워하여 예수를 두고 가니라"라고 한다. 예수님이 비유를 사용하신 목적이 여기에 나타나 있다. 예수님은 말씀을 듣고 깨닫고 구원받을 만한 사람들에게 말씀의 뜻을 은폐하신 것이 아니라 그 말씀으로 예수님을 해하고자 하는 자들에게 그 뜻을 은폐할 목적으로 비유를 사용하신 것이다.

예수님의 비유는 많은 청중의 감정과 비난을 잠재우기 위한 목적도 있었다. 구약에도 이런 종류의 비유가 나온다. 다윗이 밧세바를 취하여 죄를 범하였을 때 "당신이 큰 죄를 지었소. 회개하시오."라고 책망하였다면, 아무리 하나님의 말씀이라고 하지만 왕이었던 다윗은 분노했을 것이며 돌이키지 못했을 것이다. 나단이 많은 양을 가진 부자가 한 마리 양을 가진 가난한 자의 양을 빼앗았다는 비유를 들려주었을 때 다윗은 분개하여 나단에게 "여호와의 살아 계심을 두고 맹세하노니 이 일을 행한 그 사람은 마땅히 죽을 자라 그가 불쌍히 여기지 아니하고 이런 일을 행하였으니 그 양 새끼를 네 배나 갚아 주어야 하리라"(삼하 12 : 5)라고 하였다. 그러나 나단이 다윗에게 "당신이 그 사람이라."라고 하였을 때 다윗은 "내가 여호와께 죄를 범하였노라"(삼하 12 : 13)라고 고백하였다. 비유를 통하여 하나님의 말씀이 다윗에게 바르게 전달되었고, 다윗은 나단에게 분개하지 않았으며, 하나님께 자신의 죄를 회개하게 되었다.

예수님도 군중의 비난과 고소거리를 누그러뜨리시려고 비유를 사용하셨다. 예수님이 바리새인 시몬의 집에 들어가셨을 때 한 여인이 들어와 옥합을 깨트려 예수님의 발에 향유를 붓고 자기 머리카락으로 예수님의 발을 닦았다. 이 광경을 본 무리는 "이 사람이 만일 선지자라면 자기를 만지는 이 여자가 누구며 어떠한 자 곧 죄인인 줄을 알았으리라"(눅 7 : 39)라고 비난하였다. 이에 대하여 예수님은 오백 데나리온과 오십 데나리온 빚진 자가 탕감받은 비유를 들어 "누가 그를 더 사랑하겠느냐?"라고 하셨다. 그리고 그 여인에게 "네 죄 사함을 받았느니라."라고 선포하셨다. 예수님은 비유를 통하여 무리의 감정을 누그러뜨리시고 구원의 참뜻을 전달하셨다. 이렇게 예수님의 가르침의 특징인 비유는 다양한 목적과 의미를 포함하고 있는 탁월한 교수법이었다.

## 2. 귀환의
   성경적 의미 ──── 。

　성경이 가르치는 중요한 주제는 '귀환'이다. 이와 더불어 성경은 '회복'을 가르치고 있다. 그리하여 성경은 떠나는 이야기와 함께 돌아오는 이야기를 들려준다. 성경은 하나님을 떠난 백성이 하나님께로 돌아오는 것을 구원이라고 하며, 떠난 백성의 귀환을 위하여 예수 그리스도가 이 땅에 오시고 십자가에서 죽으셨다고 한다. 구약성경은 오실 그리스도, 신약성경은 오신 그리스도, 요한계시록은 다시 오실 그리스도가 주제이다. 이런 성경적 관점에서 볼 때 창세기부터 요한계시록까지 성경 전체는 귀환의 이야기이다.

　근래에 '세계화'가 익숙한 개념이 되었다. 세계화란 세계가 하나의 공동체 즉 '지구촌'이며, 경제적으로는 '단일시장'을 의미한다. 세계화는 인종, 언어, 문화, 종교 등으로 특성지어지는 '지방화'와 동시적으로 발생하는 지구의 현상이다. 그래서 지방화라는 다양성과 세계화란 통일성이 함께 요구되는 세계에 살고 있는 것이다. 세계화는 흩어지게 하고, 지방화는 다시 모이게 한다.

성경 전체는 귀환을 노래한다. 창세기 1장은 "태초에"라고 시작하여 출발 신호를 한다. 홈(천국)을 출발하는 것이다. 그리고 요한계시록 22장은 모든 크리스천이 삶의 과정을 다 끝낸 다음 홈에 도착한다. 특별히 요한계시록 21~22장에는 우리가 다시 돌아갈 홈에 대한 이야기가 기록되어 있다. 창세기 12 : 1은 "여호와께서 아브람에게 이르시되 너는 너의 고향과 친척과 아버지의 집을 떠나 내가 네게 보여 줄 땅으로 가라"라고 한다. 하나님께서는 아브라함이 고향을 떠나 멀리 가게 하시지만, 가는 것으로 끝나게 하시지 않고 아브라함을 다시 조상의 땅으로 돌아오게 하리라는 귀환을 약속하셨다(창 15 : 15).

이삭도 고향을 떠나 블레셋 그랄로 내려갔다. 하나님께서는 애굽으로 가지 말고 내가 네게 지시하는 땅(그랄)으로 가라고 지시하셨다(창 26 : 2). 이삭은 다시 브엘세바로 자리를 옮겼고, 헤브론으로 돌아와서 세상을 떠났다(창 35 : 27-29). 야곱은 아버지와 형을 속이고 삼촌 라반의 집으로 야반도주하듯 떠났지만, 하나님께서는 그를 다시 아버지의 집으로 돌아가게 하실 것이라고 약속하셨다. 그때 하나님께서 주신 복은 창세기 28 : 15에 기록되어 있다. "내가 너와 함께 있어 네가 어디로 가든지 너를 지키며 너를 이끌어 이 땅으로 돌아오게 할지라 내가 네게 허락한 것을 다 이루기까지 너를 떠나지 아니하리라 하신지라"(창 28 : 15). 다시 가나안 땅으로 돌아오게 하는 '홈커밍'이 바로 하나님께서 주신 복이며, 야곱은 그

약속대로 돌아온 것이다. 기근으로 말미암아 70명의 식구와 함께 애굽으로 이주하였던 야곱의 후손들이 다시 가나안으로 귀환할 것을 하나님께서 약속하셨다. "네 자손은 사대 만에 이 땅으로 돌아오리니 이는 아모리 족속의 죄악이 아직 가득 차지 아니함이니라 하시더니"(창 15 : 16)라고 하시며 귀환의 약속과 함께 귀환의 시기까지 일러 주셨다. 야곱의 후손들은 야곱에게 주신 '이스라엘'이란 이름을 가지고 본래의 땅으로 귀환하였다(수 11 : 16-23). 하나님을 향한 믿음의 시작인 족장들의 이야기는 세계화와 이후의 귀환을 말하고 있다.

요셉은 완전한 세계화의 인물이다. 그는 고향을 떠나서 애굽으로 팔려 가서 종살이와 옥살이를 다 겪은 후 애굽의 총리가 되었지만, 그는 애굽에 묻히지 않았다. 창세기 50 : 25에서 요셉은 "당신들은 여기서 내 해골을 메고 올라가겠다 하라"라고 하며 본래의 고향으로 돌아갈 것이라고 한다. 창세기 50 : 26은 창세기의 마지막 부분으로, "그의 몸에 향 재료를 넣고 애굽에서 입관하였더라"라고 기록되어 있다. 세계화의 인물인 요셉은 애굽에 묻히지 않고 자신의 본향으로 돌아가기 위해 입관만 하였다. 그리고 출애굽기 13 : 19에 "모세가 요셉의 유골을 가졌으니"라고 되어 있는 것과 같이 모세는 출애굽할 때 요셉의 시체를 본향으로 모시고 갔다. 출애굽기는 홈으로 가는 이야기이다.

성경에는 믿음의 사람들을 본향을 찾는 자라고 한다. 과거에 믿음으로 산 그들뿐만 아니라 현재의 우리 또한 본향을 찾는 자들이다. 히브리서 11 : 13은 믿음의 사람들을 열거하면서 "또 땅에서는 외국인과 나그네임을 증언하였으니"라고 한다. 14절은 "그들이 이같이 말하는 것은 자기들이 본향 찾는 자임을 나타냄이라"라고 한다. 16절은 "그들이 이제는 더 나은 본향을 사모하니 곧 하늘에 있는 것이라"라고 한다. 본향은 본래의 고향이며 본래의 집이다. 내가 왔던 곳으로 돌아가는 것이다. 우리가 어디에서 왔는지 안다면 돌아갈 곳은 분명하다. 우리는 하나님 나라에서 왔기에 우리가 돌아갈 곳은 하나님 나라밖에 없다.

400년의 애굽 생활을 마친 이스라엘 백성들은 모세의 영도로 하나님께서 그들의 조상에게 약속하신 땅으로 돌아가게 된다. 출애굽기에 굽고 긴 출애굽의 역사가 기록되어 있지만, 가나안에 들어가는 귀환의 소식은 여호수아가 전하고 있다. 여호수아 3장은 광야 생활을 마친 이스라엘 백성들이 가나안에 들어가는 역사적 귀환의 장면을 적고 있다. 40년의 광야 생활을 마치고 약속의 땅 가나안으로 귀환하는 백성들의 마음은 감동 그 자체였을 것이다. 출애굽의 목적지는 광야가 아니라 가나안이다. 목적지인 가나안으로 귀환하기 위하여 이스라엘 백성들은 뼈아픈 시간을 겪어야만 했다. 수백 년의 기다림 끝에 조상 때부터 열망하던 가나안으로의 귀환은 그들에게 꿈이 현실이 되는 사건이었을 것이다. 그들 모두 이 사건의 주인공이 되고 싶었을 것이고, 한시라도 빨리 가나안 땅을 밟아 보고 싶은 열망이 이스라엘 백성들 누구에게나 있었을 것이다. 가나안을 향하여 가는 그들의 마음은 어느 때보다 바빴을 것이다.

그때 여호수아는 백성들에게 가나안에 들어갈 준비를 하라고 선포한다. 가나안으로의 귀환을 위해서는 분명한 준비와 과정이 필요했다. 먼저 여호수아는 "너희는 레위 사람 제사장들이 너희 하나님 여호와의 언약궤 메는 것을 보거든 너희가 있는 곳을 떠나 그 뒤를 따르라"(수 3 : 3)라고 한다. 가나안 귀환을 위하여 이스라엘 백성들에게 주신 첫 번째 준비는 언약궤를 뒤따라가는 것이었다. 언약궤는 '법궤'(레 16 : 2), '증거궤'(출

30 : 6), '여호와의 궤'(수 4 : 11), '하나님의 궤'(삼상 3 : 3), '주의 능력의 궤'(대하 6 : 41) 등으로 불리는 하나님의 임재의 상징이며, 하나님의 말씀의 상징이다.

 제사장들이 이 언약궤를 메고 가나안을 향해 들어가는데, 하나님께서는 제사장과 백성들 사이에 2,000규빗의 거리를 두라고 말씀하신다. 2,000규빗이란 약 1km로서 아무리 빨리 뛰어도 언약궤를 추월할 수 없는 거리이다. 가나안을 향해 귀환하는 백성들은 하나님의 말씀을 앞서가서는 안 된다는 뜻이다. 광야 생활 40년 동안 언제나 언약궤가 백성들을 앞서갔고 백성들은 그 뒤를 따라 행진하였다. 요단강을 건너 가나안에 들어갈 때도 하나님의 말씀이 그들을 인도하였고, 하나님께서는 그들에게 말씀을 따라 행진해 들어가라고 하셨다.

 두 번째로 가나안의 귀환자들이 해야 하는 것은 성결하게 하는 것이었다. "여호수아가 또 백성에게 이르되 너희는 자신을 성결하게 하라 여호와께서 내일 너희 가운데에 기이한 일들을 행하시리라"(수 3 : 5). 하나님께서 약속하신 거룩한 땅에 귀환하는 자들은 자신을 거룩하게 해야 한다. 거룩한 땅에는 거룩한 자가 들어가게 될 것이다. 40년의 광야 생활은 가나안으로 귀환할 백성들에게 성결함을 훈련하는 기간이었다. 40년 성결의 훈련 없이는 가나안으로의 귀환도 없다.

 구약성경에서 세계화가 가장 뚜렷하게 나타난 역사는 바벨론 포로 생활이다. 북왕국 이스라엘이 앗수르에 멸망당한 후(B.C. 721), 남왕국 유다는 세 차례에 걸쳐 바벨론의 포로가 되었다(B.C. 586). 70년의 포로 생활이 끝난 후 고레스의 칙령으로 스룹바벨과 함께한 1차 귀환(B.C. 537), 에스라에 의한 2차 귀환(B.C. 457), 느헤미야와 함께한 3차 귀환(B.C.

444)까지 하나님께서는 포로 된 그들을 다시 약속의 땅으로 귀환하게 하셨다. 나라가 멸망하고 백성들이 포로가 되어 끝나는 역사가 아니라 그들을 다시 그 땅으로 귀환하게 하는 것이 하나님의 계획이었다. 하나님께서는 역사를 통하여 하나님의 백성들을 다시 돌아오게 하시는 하나님의 계획을 증명하신다.

이스라엘 백성들은 끊임없이 하나님을 버리고 떠나는 패륜적 습성을 버리지 못했다. 이런 탕자와 같은 습성은 죄를 지은 인간의 모습이기도 하다. 하나님께서 부르신 선지자들은 하나님의 말씀을 전언하기 위하여 부르심을 받은 자들이다. 성경에는 선지자들의 입을 통하여 하나님께로 돌아오라는 외침이 30회 이상 나타난다. "여호와께서 이르시되 이스라엘아 네가 돌아오려거든 내게로 돌아오라 네가 만일 나의 목전에서 가증한 것을 버리고 네가 흔들리지 아니하며"(렘 4 : 1). "처녀 이스라엘아 너의 이정표를 세우며 너의 푯말을 만들고 큰길 곧 네가 전에 가던 길을 마음에 두라 돌아오라 네 성읍들로 돌아오라"(렘 31 : 21). "악인은 그의 길을, 불의한 자는 그의 생각을 버리고 여호와께로 돌아오라 그리하면 그가 긍휼히 여기시리라 우리 하나님께로 돌아오라 그가 너그럽게 용서하시리라"(사 55 : 7). "이스라엘아 네 하나님 여호와께로 돌아오라 네가 불의함으로 말미암아 엎드러졌느니라"(호 14 : 1). "너희 조상들을 본받지 말라 옛적 선지자들이 그들에게 외쳐 이르되 만군의 여호와께서 이같이 말씀하시기를 너희가 악한 길, 악한 행위를 떠나서 돌아오라 하셨다 하나 그들이 듣지 아니하고 내게 귀를 기울이지 아니하였느니라 여호와의 말이니라"(슥 1 : 4). "그러므로 너는 그들에게 말하기를 만군의 여호와께서 이처럼 이르시되 너희는 내게로 돌아오라 만군의 여호와의 말이니라 그리하면 내가 너희에게로 돌아가리라 만군의 여호와의 말이니라"(슥 1 : 3). "여호와의 말씀에 너희는 이제라도 금식하고 울며 애통하고 마음을 다하여 내게로 돌아오라 하셨나니"(욜 2 : 12). "만군의 여호와가 이르노라 너희 조상들의 날로부터 너희가 나의 규례를 떠나 지키지 아니하였도다 그런즉 내게로 돌아오라 그리하면 나도 너희에게로 돌아가리라 하였더니 너희가 이르기를 우리가 어떻게 하여야 돌아가리이까 하는도다"(말 3 : 7). 이 외에도 돌아오라는 하나님의 애타는 소리는 선지자들을 통하여 수없이 외쳐졌다. 귀환은 하나님의 명령이고, 하나님의 백성은 이에 순종해야 한다.

신약에서도 세계화는 계속된다. 예수님의 지상 명령(the Great Commission)은 복음의 세계화를 지명하신 말씀이다. 예수님의 지상 명령은 문자 그대로 제안(suggestion)이나 권고(recommendation)가 아니라 강력한 명령이다. 복음의 세계화는 우리의 선택이 아니라 필수적인 예수님의 명령이며 반드시 수행해야 할 우리의 사명이다. "그러므로 너희는 가서 모든 민족을 제자로 삼아 아버지와 아들과 성령의 이름으로 세례를 베풀고 내가 너희에게 분부한 모든 것을 가르쳐 지키게 하라"(마 28 : 19-20상)라고 명령하셨다.

사도행전에도 예수님이 복음의 세계화를 명령하신 장면이 기록되어 있다. 예수님은 승천하시기 전 감람산에서 제자들과 마지막 모임을 가지셨다. 제자들은 "주께서 이스라엘 나라를 회복하심이 이때니이까"(행 1 : 6)라고 물었다. 제자들의 이 물음을 통해 아직도 제자들이 예수님이 세상에 오신 목적을 완전히 이해하지 못하고 있음을 알 수 있다. 제자들의 질문을 정확하게 해석하면 "이스라엘 땅에 나라를 회복하심이 이때입니까?"이다. 제자들이 꿈꾸는 하나님 나라는 이스라엘에 임할 완선한 나라였다. 그들은 편협한 유대주의를 극복하지 못했으며, 하나님 나라가 임한다면 예루살렘이 있는 이스라엘 땅에 임할 것이라고 생각했다.

그러나 예수님의 대답은 "때와 시기는 아버지께서 자기의 권한에 두셨으니 너희가 알 바 아니요 오직 성령이 너희에게 임하시면 너희가 권능을 받고 예루살렘과 온 유대와 사마리아와 땅끝까지 이르러 내 증인이 되리라"(행 1 : 7-8)라는 것이었다. 예수님의 대답은 동문서답과도 같지만 명확한 해답이었다. 예수님은 복음이 예루살렘에 제한되는 것이 아니라 유대와 사마리아와 땅끝까지 전파되어 복음이 세계화될 것을 예언하셨고, 복음이 땅끝까지 전파되는 것이 하나님 나라의 회복이라고 하셨다. 이런 예수님의 명령으로 사도들은 유럽, 중동, 아프리카, 아시아에 복음을 전파하였다. 바울은 당시에 지구의 끝이라고 여겨지던 이베리아반도의 스페인으로 가서 복음을 전하기를 간절히 사모하여 이렇게 말한다. "이제는 이 지방에 일할 곳이 없고 또 여러 해 전부터 언제든지 서바나로 갈 때에 너희에게 가기를 바라고 있었으니"(롬 15 : 23), "그러므로 내가 이 일을 마치고 이 열매를 그들에게 확증한 후에 너희에게 들렀다가 서바나로 가리라"(롬 15 : 28).

당시에 증인이 된다는 것은 목숨을 버리는 일이었다. 즉, 증인이 된다는 것은 순교자가 되는 것이었다. 증인이라는 헬라어 '마르튀스'는 영어의 순교자(martyr)라는 말의 어원이다. 복음을 증거하는 일은 목숨을 버리는 순교적 자세를 가져야 가능하며, 나의 생명을 버려야 남의 생명을 구할 수 있다. 예수님도 우리의 생명을 구하기 위하여 생명을 버리신 것이다. 그리하여 초대교회에는 복음을 위한 순교자가 많았고, 사도들은 요한을 빼고는 모두 순교를 당했다. 스데반은 돌에 맞아 순교하였다. 야고보는 제자 가운데 제일 먼저 헤롯에 의해 참수로 순교하였다. 사도들 가운데 베드로는 로마에서 거꾸로 십자가에 못 박혀 순교하였다. 안드레는 스코틀랜드에서 X 모양의 십자가에 못 박혀 순교하였다. 요한은 에베소에서 감독으로 복음을 전하다가 밧모섬에 유배되고 최후까지 순교 이상의 고난을 겪다가 죽었다. 빌립은 러시아 남부 스키티아에서 전도한 후에 튀르키예의 히에라폴리스에서 전도하다가 순교하였다. 바돌로매는 아르메니아에서 전도하다가 순교하였다. 도마는 인도에 가서 복음을 전하다가 창에 찔려 순교하였다. 마태는 카스피해 아래에서 전도한 후 이디오피아에서 순교하였다. 알패오의 아들 야고보는 시리아에서 복음을 전한 후 예루살렘에서 순교하였다. 다대오는 시리아, 아라비아, 페르시아에서 전도한 후 시리아에서 순교하였다. 시몬은 튀르키예, 북아프리카, 아르메니아, 영국 등지에서 복음을 전한 후 페르시아에서 톱으로 순교당하였다. 맛디아는 아르메니아에서 선교한 후 이디오피아에서 두 눈이 뽑혀 순교하였다. 바울은 세 차례의 선교여행을 마친 뒤, 로마에서 복음을 전하고 참수당하였다. 사도들의 순교에도 불구하고 복음은 살아서 세계화되어 엄청난 속도로 확산되었다. 그러나 복음의 세계화는 예루살렘으로의 귀환을 전제한다. 세계에 복음이 넓게 확산되어 "이 천국 복음이 모든 민족에게 증거되기 위하여 온 세상에 전파되리니 그제야 끝이 오리라"(마 24 : 14)라고 하셨다. 모든 민족에게 복음이 전하여지고 예루살렘이 다시 복음을 믿게 될 때 세상의 끝이 올 것이다. 복음은 세계화한다. 그리고 다시 예루살렘으로 귀환하게 된다.

히브리서 저자는 믿음장이라고 불리는 11장에서 믿음이 무엇인가를 실명한다. 저자는 아벨, 에녹, 노아, 아브라함 등 믿음의 사람들을 얼기하면서 믿음의 다양한 면들을 소개한다. 그리고 클라이맥스에서 믿음의 갈망이 무엇인가를 말한다. 믿음의 사람들은 "그들이 이같이 말하는 것은 자기들이 본향 찾는 자임을 나타냄이라"(히 11 : 14)라고 증언한다. 이 땅에서 믿음으로 살았던 사람들은 한결같이 "그들이 이제는 더 나은 본향을 사모하니 곧 하늘에 있는 것이라"(히 11 : 16)라고 한다. 하늘에 있는 더 나은 본향을 사모하는 것이 믿음이다. 믿음은 결국 하늘에 있는 본향으로 귀환하는 것이다.

성경은 우리의 죽음을 '돌아가다'라고 표현한다. 사람의 죽음을 '돌아가다'라고 하는 것은 성경적이며, 성경을 알기 전부터 인간의 몸으로 체험한 본능이라고 할 수 있다. 그래서 사람의 죽음을 '돌아가다'라고 표현하는 것은 인생의 출발점을 아는 지혜에서 비롯된 말일 것이다. 하나님께서는 아브라함에게 "너는 장수하다가 평안히 조상에게로 돌아가 장사될 것이요"(창 15 : 15)라고 하신다. 우리가 왔던 본향으로 다시 돌아가게 될 것을 성경은 "다 흙으로 말미암았으므로 다 흙으로 돌아가나니"(전 3 : 20상)라고 말한다. 또한 처음 왔던 곳을 알고 돌아갈 것을 소망했던 욥은 "내가 모태에서 알몸으로 나왔사온즉 또한 알몸이 그리로 돌아가올지라"(욥 1 : 21상)라고 하였다. 사람은 반드시 본래의 곳으로 돌아가야 하며, 돌아가는 것이야말로 가장 안전한 것이다. 그런 의미에서 죽음은 인간에게 가장 안전한 은총이다.

A.D. 70년에 이스라엘은 예루살렘의 멸망과 흩어지는 비극의 역사를 재현한다. 바벨론과 페르시아에서 간신히 귀환한 이스라엘은 그들의 범죄로 다시 로마의 티투스에 의해 예루살렘이 파괴되고 국가 자체를 상실

하게 된다. 국가가 존재하기 위해서는 국토와 국민 그리고 주권이 있어야 하는데 국토도 주권도 다 빼앗겨 버렸다. 예수님은 이미 성전을 보시고 눈물을 흘리시며 예루살렘의 멸망을 예언하셨다. "너희가 이 모든 것을 보지 못하느냐 내가 진실로 너희에게 이르노니 돌 하나도 돌 위에 남지 않고 다 무너뜨려지리라"(마 24 : 2)라고 하셨다. 예수님의 예언대로 예루살렘은 완전히 초토화되고 그들은 흩어졌다. 마치 이스라엘은 지구상에서 사라지는 듯 보였다. 그러나 20세기의 역사에서 이스라엘은 다시 국가로 살아났다. 이스라엘은 국가로서의 존재를 상실한 지 1,878년만인 1948년에 다시 옛 가나안 땅 팔레스타인에 이스라엘의 건국을 선포하였다. 100여 개국에 흩어져 있던 730만 디아스포라도 다시 팔레스타인으로 속속 귀환하기 시작하였다. 그들의 귀환은 팔레스타인 난민들뿐만 아니라 아랍 제국들과 끊임없는 갈등을 야기했지만, 유대인들은 자신들에게 팔레스타인은 하나님께서 아브라함에게 약속하신 땅이며, 가나안으로의 귀환은 그들의 본능이라고 여기며 한 치도 양보할 수 없는 영원한 그들의 주권인 것을 의심하지 않는다. 귀환은 이스라엘 민족의 운명이며, 본능적 삶이라고 할 수 있다.

## 3. 한국인이 이해하는
   귀환 ———。

한국인은 돌아옴이 무엇인지 잘 알고 있는 민족이다. 한국인에게 '탕자의 비유'가 특별한 이유는 이 비유의 핵심이 집을 나간 아들이 아니라 집으로 돌아온 아들이라는 점 때문이다. 특별히 탕자는 아버지의 집으로 돌아온다. 다시 말하면 아버지의 집은 본래의 집이며, 본향(本鄕)이라는 하나님 나라의 은유를 담고 있다. 그런 의미에서 다시 돌아오는 것은 본향을 향한 신앙적 의지를 의미하며 나아가서 인간의 본성적 욕구를 뜻한다.

'귀소본능'(歸巢本能, homing instinct)이란 동물들에게서 나타나는 본성적 성질이다. 동물이 자신의 서식 장소, 산란, 성장 등의 장소를 기억하고 돌아오는 본능으로 귀소성, 회귀성을 의미한다. 동물들은 후각이나 위치 기억 능력에 의한 감각적 본능이 있다. 인간에게도 귀소본능이 있는데 동물과는 달리 뇌에 저장된 자료에 의한 무의식적 귀소본능을 가지고 있다.

한국인은 귀소본능이 발달한 민족이라 한다. 위에서 밝힌 대로 설날이나 추석이 되면 반수 이상의 국민이 고향으로 향하는 대이동은 귀소본능의 현상이다. 세계화 시대를 맞아 한민족은 전 세계 가장 많은 나라로 뻗어 나간 세계 제일의 디아스포라가 되었다. 원조 디아스포라인 유대인은 100여 개국에 730만 명이 흩어져 있다. 화교는 130여 개국에 4,543만 명이 흩어져 있다. 숫자만 봐서는 화교가 단연 최고이다. 그러나 한인 디아스포라는 178개국에 726만 명이 흩어져 살고 있어 가장 넓게 퍼져 사는 민족이 되었다. 한국이 세계 제일의 디아스포라가 된 것은 우연한 일이 아니라 세계화에 가장 적합한 문화적 배경을 가지고 있기 때문이다. 미래학자 앨빈 토플러도 한민족은 세계화 시대에 가장 적합한 민족이라고 하였다. 우리 민족은 추위와 더위에 견딜 수 있는 사계절을 가지고 있으므로 세계 어디를 가든지 쉽게 적응할 수 있다. 동시에 수천 년 동안 역사적 수난에 단련되어 굉장히 강인한 민족적 성품을 가지고 있다. 이런 강인한 성품은 어디를 가든 생존하고, 성공하며, 공부를 잘하고, 뿌리를 내릴 수 있게 한다. 또한 한국인은 거의 모든 음식을 거부감이 없이 먹을 수 있다. 단지 없어서 못 먹을 뿐이다. 또 한 가지 강점은 한국인은 조금만 노력하면 세계 모든 언어를 원어민에 가까운 수준으로 구사할 수 있는 독특한 혀를 가졌다는 것이다. 이런 여러 가지 조건들이 세계화 시대에 강점으로 작용한 것이다.

그럼에도 불구하고 많은 한인 디아스포라의 꿈은 귀환이다. 성공하여 고향으로 돌아가리라는 금의환향(錦衣還鄕)의 꿈을 누구나 가지고 있다. 내가 미국에서 생활할 때도 많은 이민자가 말했다. 성공하면 한국으로 돌아갈 것이라고, 아이들이 대학교에 들어가면 돌아갈 것이라고 말이다. 그러나 귀환이란 말처럼 쉬운 것도 아니고 모두가 귀환한 것도 아니다. 최근의 정황은 40~50년 이전과는 상당한 차이가 있다고 한다. 이제는 세계화 시대의 그늘 아래 어르신 이민자들 중에도 한국으로 돌아오기보다 현지에서 영면하겠다는 분들이 늘고 있다. 그러나 이런 경향이 본향으로 돌아가리라는 귀소본능이 사라진 것을 의미하는 것은 아니다.

한국인의 귀소본능은 우리의 언어에서도 확실하게 나타난다. 서양인들의 언어에는 귀환이 없다. 그러나 우리의 말에는 독특한 귀환의 의미가 있다. 오래전 미국 샌프란시스코신학대학교의 후배인 미국장로교회의 린다 와이건트(Linda Wygant)라는 목사님이 선교사 자격으로 한국에 잠시 머물며 사역을 하였다. 내가 섬기던 교회에서 영어 성경반을 담당하며 총회와 여전도회 등 다양한 사역을 경험할 수 있도록 배려하였다. 한 번은 린다 목사님에게 물었다. "미국 사람들은 왜 올라가는 기계를 타고 내려갑니까?" 그녀는 아예 내 말의 뜻을 이해하지 못하였다. 그때 내가 이렇게 설명해 주었다. 엘리베이터(elevator)는 올라가는(elevating) 기계(machine)인데 내려갈 때도 타지 않느냐고 했더니 박장대소하였다. 서양인의 말에는 올라가는 것만 있지 내려오는 것은 없다. 그런데 우리말에는 한자로 조합된 말이지만 승강기(昇降機)란 말이 있다. 올라갔다(昇) 내려오는(降) 기계(機)이다. 우리말은 원래 자리로 돌아오는 귀소본능을 잘 표현하고 있다.

한국인들은 집 안 여러 곳에 수납장을 가지고 있다. 여러 가지 물건들을 흩어 놓지 않고 잘 정리하여 수납장에 넣어 두는 것이 우리의 문화이며 예의이다. 그런데 영어로는 그 수납장을 'drawer'라고 한다. 이 말은

'draw'라는 말에서 나온 단어로 '끌어당기다, 빼내다'라는 뜻을 가진다. 다시 말하면 서양인들은 수납장을 영어로 '빼내는 것'이라고 한다. 언어적 표현으로는 빼내고 닫지 않는다. 원래의 자리로 돌아가지 않는다. 그런데 우리말 방언으로는 수납장을 '빼닫이'라고 한다. '빼내고 다시 닫는 것'이라는 뜻을 가진 것이다. 이 말에도 원래의 자리로 돌아가는 귀소본능이 담겨 있다.

돌아간다는 것은 모든 인간에게 의미가 있지만, 한국인에게는 조금 더 특별하다. 한국인은 집으로 돌아간다는 사실이 가슴 벅찬 감격이고 다른 민족과는 다른 감정을 싣는 일이다. 특별히 농경사회를 배경으로 한 역사와 문화를 가진 민족에게 귀향은 중요한 의미가 있다. 농경사회에서 땅은 생명과 같은 삶의 뿌리이며, 농경사회는 씨족 공동체를 사회적 근거로 삼고 있다. 그래서 농경민족은 전통적으로 이사를 쉽게 하지 않고 한 집에서 몇 대를 사는 경우가 흔했다.

박사학위 수업 중 한 번은 아주 특별한 질문을 받고 당혹스러우면서도 재미있는 사실을 발견하였다. 교수님이 나에게 "이사를 몇 번이나 했느냐?"라는 질문을 하셨다. 같은 질문을 받은 미국인 학생은 2~3번을 했다고 답하였다. 우리나라 목회자 가정은 잦은 이사를 하게 되므로 나는 어릴 때의 기억을 살려 15번 정도는 한 것 같다고 하였다. 그랬더니 교수님이 깜짝 놀라면서 "그렇게 많이?"라고 하셨다. 교수님의 놀라는 모습에 순간 당황했지만, 설명을 듣고 나니 또 다른 문화의 차이를 알 수 있었다. 우리는 이 동네에서 저 동네로, 작은 아파트에서 큰 아파트로 옮기게 되면 이사라고 한다. 그러나 서양인들은 영국에서 미국으로, 미국에서 캐나다로, 미국 동부에서 서부로 거처를 옮기는 것을 이사라고 하였다. 요즘은 거처를 옮기는 일이 흔한 일이지만 수십 년 전까지만 해도 한 집에서 태어나 죽는 일이 많았고, 한 집에서 몇 대가 태어난 땅을 지키는 경우도 흔하였다.

예일대학교의 케네디(Paul Kennedy) 교수는 21세기에 한국이 세계 중심 국가가 될 수밖에 없는 다섯 가지 이유를 다음과 같이 설명하였다. 첫째, 한국의 고유문화이다. 한국인의 전통문화는 한(恨)에 기초하는 것으로 세계 어느 문화도 경쟁이 되지 않는 고유한 것이다. 그래서 한국인의 문화를 한을 푸는 문화, 즉 '해한문화'(解恨文化)라고 한다. 우리의 전통 탈춤은 탈을 쓰고 양반에 대한 응어리를 푸는 한풀이이다. 판소리는 한이 없이는 득음(得音)할 수 없는 한이 서린 음악이다. 한국의 며느리들은 마음에 한이 맺혀 가슴앓이를 하는 '화병'(火病)이라는 문화병을 가지고 있다. 한국인의 한은 세계 어느 나라의 말로도 표현할 수 없으므로 세계심리학회에서는 한을 'han'이라 표기하고, 세계의학계에서는 화병을 'hwapyung'이라 표기한다. 21세기는 문화의 세기인데 이런 고유한 한국의 문화가 우리나라를 세계 일류 국가가 되게 했고, 나아가 K-pop이나 K-culture의 근저를 이루었을 것이다. 둘째, 한국의 가정 중심주의이다. 흔히 가정 중심주의는 'cocooning'이라고 한다. 고치가 누에를 감싸고 있듯이 가정에서 벗어나지 못하는 것을 표현한 말이다. 지금은 이런 가정 중심주의가 많이 약화되었지만, 그래도 한국인은 가정 중심주의를 벗어나지 못하는 민족이다. 명절이면 귀성객으로 길을 메우고 가족을 만나는 문화는 세계인을 놀라게 한다. 한국의 가정 중심주의의 핵은 어머니이다. 이런 한국인의 가정 중심주의는 유대인의 가족관과 비슷한 점이 많이 있다. 셋째, 한국인의 교육열이다. 한국인은 세계에서 가장 뛰어난 교육열을 가진 민족이다. 아버지들은 아들이 농사를 짓게 하지 않으려고 논 팔고 소 팔아 공부를 시켰고, 아들이 화이트칼라가 되는 것이 꿈이었다. 이런 교육열은 미래에 대한 투자였고 기술과 문화 등 신세기에 필요한 의식을 뒷받침하여 오늘날 빛을 보게 하였다. 넷째, 젊은이들의 엘리트 정신이다. 한국 젊은이들의 엘리트 정신은 매우 뛰어나 세계 방방곡곡에서 한국 젊은이의 기백을 볼 수 있다. 세계 각처에서 각 분야에 도전하는 한국의 젊은이들을 볼 수 있는데 이런 젊은이들이 한국의 미래를 말하고 있다. 다섯째, 한국인의 창업 정신이다. '벤처'(venture)라는 말은 20세기 말 우리 사회에 유행처럼 번진 용어로, 젊은 기업인들이 한 번씩 두드려 보는 미래를 향한 문이었다. 최근의 보고에 의하면 한 달에 부도로 폐업하는 기업은 200여 개이지만 새롭게 창업되는 기업은 2,000여 개나 된다고 한다. 이러한 창업 정신은 세계를 이끌어 갈 수 있는 정신이라 할 수 있다.

그 가운데 가정 중심주의는 한국인을 고향으로, 아버지의 집으로, 어머니의 품으로, 추억으로 돌아가게 한다. 그래서 유난히 우리에게는 귀가(歸家), 귀향(歸鄕), 귀농(歸農), 귀촌(歸村)이란 말이 생소하지 않다. 젊을 때는 꿈을 찾아 도시로 향하던 사람들이 나이가 들게 되면 고향으로 다시 돌아오게 되는 것이다. 이것은 우리가 귀환이라는 정서의 뜻을 몸으로 알고 있는 것이다. 한국의 가정 중심주의는 고향으로의 귀환을 포함한다.

그리고 한국인의 귀환은 이 땅에서의 모든 삶을 마치고 하늘의 영원한 홈으로 돌아가는 것을 꿈꾼다. 한국인의 전승 속에 영원한 홈은 '천국' 혹은 '극락' 등을 말하며, 머릿속에 잠재하는 귀환은 하늘로 돌아가는 것이다. 하늘로의 귀환을 꿈꾼 그리스도인이었던 천상병 시인은 "귀천"(歸天)

을 이렇게 노래한다.

    나 하늘로 돌아가리라
    새벽빛 와 닿으면 스러지는
    이슬 더불어 손에 손을 잡고,

    나 하늘로 돌아가리라
    노을빛 함께 단둘이서
    기슭에서 놀다가 구름 손짓하면은,

    나 하늘로 돌아가리라
    아름다운 이 세상 소풍 끝내는 날,
    가서, 아름다웠다고 말하리라……

Ⅲ

탕자의
비유

## 1. '탕자의 비유'의 성경적 배경 ———。

'탕자의 비유'는 누가복음 15장에 기록된 '잃은 것을 다시 찾은 비유' 중의 하나이다. 잃은 양의 비유, 잃은 동전의 비유에 이은 잃은 아들의 비유는 하나님의 마음을 이해하지 못하던 당시의 바리새인과 서기관들에게 주신 말씀이다. 예수님이 전하려고 하신 비유의 핵심은 '잃은 것'이 아니라 '찾은 것'이다. 예수님은 비유를 통해 잃은 것을 끝까지 찾으시는 하나님의 마음을 가르치고, 찾은 다음에 기뻐하시는 하나님의 마음을 강조하고 계신다.

잃은 세 가지의 비유 중 세 번째 비유에는 앞선 두 비유와 상당히 다른 의미가 있다. 잃은 양과 잃은 동전은 자기의 의지로 돌아올 수 없다. 양은 자기 의지로 주인에게 돌아올 수 없으며, 동전도 스스로 주인의 손으로 돌아올 수 없다. 그래서 양을 잃은 목자는 양을 찾으러 간다. 동전의 주인인 여인은 동전을 찾기 위하여 집을 쓸고 닦는다. 그러나 탕자의 아버지는 아들이 돌아올 때까지 아무 일도 하지 않았다. 양과 동전은 자기가 선택하여 잃은 양, 잃은 동전이 된 것이 아니다. 그러나 탕자가 집을 나가서 잃은 아들이 된 것은 고의적 선택이며 자기의 책임이다. 또한 탕자가 아버지께로 돌아온 것도 자신의 의지로 가능한 일이었다. 아버지는 아들이 다시 아버지의 집으로 돌아오는 의지를 높이 보았고, 돌아올 때까지는 아무 일도 하지 않았지만 돌아온 다음에는 아들을 위하여 최고의 일을 하였다.

'탕자의 비유'는 복음서 가운데 누가복음에만 기록된 비유이며, 가장 많이 알려지고, 자주 인용되고, 교회학교에서 많이 가르치는 비유 중 하나이다. '탕자의 비유'는 잃은 양의 비유, 잃은 동전의 비유와 마찬가지로 잃은 자와 같은 죄인을 찾는 하나님의 사랑을 전하고 있다. '탕자의 비유'란 제목은 예수님이 비유를 말씀하실 때 지으신 것이 아니다. 예수님은 비유에 제목을 붙이신 적이 없다. '탕자'란 말의 어원은 '제멋대로', '다루기 힘든'(wayward)이란 뜻을 가진다. 지나친 것은 미치지 못한 것과 같다는 뜻의 '과유불급'(過猶不及)이란 말이 있듯이 '과도하거나 넘쳐흐르다'란 뜻을 가진 어근에서 유래한다. 성경이 말하는 탕자란 돈 씀씀이가 헤픈 사람을 가리키며, 자신에게 베푼 사랑을 귀하게 여기지 아니하고 헤프게 받은 사람을 말한다.

'탕자의 비유'에서 씀씀이가 헤픈 사람은 둘째 아들만이 아니다. 아버지는 둘째 아들이 유산을 물려받을 자격이 없는 아들임을 이미 알고 있었을 텐데도 자기 재물과 사랑, 관용과 친절을 낭비하는 탕자 아버지였다. 또한 아버지와 동생에 대하여 전혀 사랑과 배려 없이 아버지의 명을 어기지 않으면 맏아들로서의 책임을 다했다는 자신의 율법적 의를 낭비하는 탕자 맏아들의 이야기가 바로 '탕자의 비유'이다.

'탕자의 비유'에는 당시 유대 사회의 관습과 문화 그리고 법적 절차가 상당히 사실적으로 묘사되고 있어 매우 생생하게 비유의 의미를 알 수 있다. 이런 내용들이 하나님의 마음을 아는 감동으로 더해져서 우리의 이야기처럼 가슴에 와닿는다. '탕자의 비유'는 앞의 두 비유와 비교해 볼 때 상대적으로 긴 내용으로 구성되어 있으며, 크게 두 부분으로 나눌 수 있다. 첫 번째 부분(15 : 11-24)은 첫째 탕자인 둘째 아들의 이야기로, 잃어버린 아들을 다시 찾은 아버지의 기쁨을 말하고 있다. 다음 부분(15 : 25-32)은 두 번째 탕자인 맏아들의 이야기로, 아버지와 동생에 대한 맏아들의 냉혹한 태도를 말하고 있다. 둘째 아들은 아버지의 집을 떠나 방탕하게 살다가 아버지께로 돌아온 죄인이었고, 맏아들은 아버지의 집을 떠나지 않았지만 아버지께로 돌아오지 못한 죄인이었다.

첫째 부분은 인간에 대한 하나님의 근본적인 마음인 사랑을 말하고 있다. 인간은 자신의 의지로 끊임없이 하나님과의 분리를 원하지만 하나님의 사랑은 인간이 돌아오기를 기대하시며 죄를 용서하시기 원하신다는 것이다. 비유 속의 두 아들은 모두 아버지를 떠났다. 둘째 아들은 몸이 떠났고, 첫째 아들은 마음이 떠났다. 인간의 죄란 어떤 일을 저지른 것(commission)이나 말씀대로 하지 않은 것(omission)이 아니다. 근원적으로 하나님과 분리된 상태를 의미한다. 그래서 '죄는 분리다'(Sin is separation)라고 한다. 아담이 하나님께서 금하는 열매를 먹은 후에 하나님 보기를 두려워하여 숨어 있었다. 하나님께서 아담을 부르시며 "네가 이디 있느냐"(창 3 : 9)라고 하셨을 때, 아담은 "내가 동산에서 하나님의 소리를 듣고 내가 벗었으므로 두려워하여 숨었나이다"(창 3 : 10)라고 하였다. 이렇게 죄는 하나님과 분리된 상태를 의미하며, 그 결과 두려움을 가지게 된다.

죄를 해결하는 방법은 다시 하나님께로 돌아오는 것이다. 회개란 말의 히브리어 '테슈바'와 헬라어 '메타노이아'는 '돌아서다'라는 뜻을 가진다. 세상으로부터 돌아서서 하나님께로 향하는 것을 말하며, 원래의 자리인 영원한 홈으로 돌아가는 것을 의미한다. 둘째 아들은 다시 아버지의 집으로 돌아옴으로 아버지와의 분리된 죄를 해결하였다. 그러나 첫째 아들은 아버지의 집에 함께 살면서도 아버지께 돌아오지 못하였다. 하나님과 분리된 상태에 있던 인간을 구원하시기 위하여 예수님은 이 땅에 '임마누엘', 즉 "하나님이 우리와 함께 계시다"(마 1 : 23)라는 이름으로 오셨다. 분리된 상태인 인간과 하나님을 하나가 되게 하신 것이다.

이 비유의 클라이맥스는 둘째 아들이 다시 아버지의 집으로 돌아오는 귀환의 장면이다. 아버지의 유산 가운데 자신의 몫을 챙겨 집을 떠난 아들은 온갖 세상의 고난을 몸소 겪은 다음에야 비로소 아버지 집의 가치를 발견한다. 아버지의 집에는 양식이 풍족하고, 품꾼이 많다는 것이다. 그래서 그는 양식 걱정을 하지 않아도 되는 품꾼이 되기로 작정하고 아버지의 집으로 돌아간다. 아버지는 달려가 집으로 돌아오는 아들을 맞아 주며 목을 안고 입을 맞추었다. 그리고 돌아온 아들에게 좋은 옷을 입히고, 가락지를 끼우고, 신을 신긴 뒤, 살진 송아지를 잡아 잔치를 베풀었다. 돌아온 아들은 '품꾼'을 자처했지만, 아버지는 '이 내 아들'이라고 한다. 이 아들은 집을 나갈 때도 아들이었고, 방탕한 생활을 마치고 돌아왔을 때도 아들이었다. 아버지 앞에서 아들의 신분은 변하지 않는다. 자신의 욕망과 뜻대로 아버지의 집을 나간 둘째 아들은 아버지의 마음을 헤아려서가 아니라 자신의 필요에 따라 집으로 돌아왔다. 그러나 아버지는 어떤 이유에서 집으로 돌아왔는지 묻지 않고, 돌아온 사실에만 관심을 가진다. 이와 같이 우리가 어떤 동기와 이유에서 예수를 믿었는지 따지지 않고, 예수를 믿어 하나님의 자녀가 되었다는 사실에만 관심을 가지신 하나님께서는 우리를 영원한 집에 들어오게 하시고, 자녀의 지위를 완전하게 회복하게 하신다.

## 2. 당시의 가족 구조와
　　탕자의 집 ──────。

　성경의 전 역사에서 가정은 굉장히 높은 존중의 대상이었다. 그리고 가정을 지키려는 유대인의 전통과 노력이 이스라엘을 생존하게 하고 성공시켰다. 당시 유대인의 정상적인 가정은 아버지, 어머니 그리고 몇 명의 자녀들로 구성되었다. 그리하여 성경에는 가정 혹은 가문에 관한 이야기가 많이 등장한다. 심지어 가정의 구성이 얼마나 중요한지 족보가 수시로 기록되며, 고조(高祖)와 현조(玄祖)까지 기록할 정도로 가정과 가문은 중요한 사회 구조였다.

　바울은 가정의 중요성을 여러 번 강조하였다. 그는 "그러므로 우리는 기회 있는 대로 모든 이에게 착한 일을 하되 더욱 믿음의 가정들에게 할지니라"(갈 6 : 10)라고 할 만큼 믿음의 가정들을 존중하였고, 자신의 사랑과 신뢰의 대상으로 생각하였다. 바울은 스스로 혼인하지 않았지만, 아내와 남편에 대한 권면을 교회와 그리스도와의 관계로 설명하여 '복종'과 '사랑'이 가정에서의 아내와 남편의 자세라고 가르친다(엡 5 : 22-25).

또한 그리스도교 초기 교회의 내용과 외형은 모두 가정과 같았다. 예루살렘교회는 마가의 다락방이었고, 라오디게아교회는 눔바의 집이었고, 에베소교회는 아굴라와 브리스길라의 집이었고, 빌립보교회는 루디아의 집이었고, 골로새교회는 빌레몬의 집이었다. 그리고 고린도교회는 가이오의 집이었을 것이라고 추정된다. 기독교의 원형은 가정이었고, 가정과 같은 교회가 이상적 교회였다.

예수님의 아버지 요셉 역시 가정을 파괴하지 않고 지키려고 애쓴 흔적이 성경에 나타난다. 요셉은 약혼한 마리아가 잉태하여 해산할 날이 가까웠을 때, 주의 사자로부터 마리아가 성령으로 잉태된 사실을 들었다. 요셉이 이 사실을 알기 전에 이미 마리아가 잉태하였지만, 그는 율법대로 돌로 치지 않고 "그를 드러내지 아니하고 가만히 끊고자" 하였다(마 1 : 19). '탕자의 비유'에서도 아버지는 아들에 대한 실망, 갈등, 분노 등이 있었겠지만 아들에 대한 용서를 통하여 가정의 회복을 전해 주고 있다.

사가들은 1세기 유대인 가정의 전통의 변화를 밝히고 있다. 유대인 가정에서 전승되어 오던 가정의 규범과 예의가 헬라와 로마의 영향을 받아 변화되었다고 한다. 그리하여 가정에서 부모와 자녀 간에 의상, 화장품, 운동경기, 타 민족과의 교혼(交婚), 종교적 행사 등의 불일치와 의견 충돌이 있었다. 세대 간의 의식 차이는 예나 지금이나 가정의 갈등으로 이어질 수 있다. 당시에도 젊은 세대들은 헬라와 로마의 문화를 접하여 전통 유대인의 문화와 문화충격을 야기하곤 하였다. 따라서 이런 세대 간의 불일치가 탕자의 가정에도 있었다고 추측해 볼 수 있다. 맏아들은 가정의 전통과 아버지의 유업을 따라 농부의 길을 택하였을 것이다. 그러나 둘째 아들은 농부가 아니라 도시에서 새로운 일에 도전하려는 꿈을 가졌을 수도 있다.

그런 의미에서 성경의 역사 접근법은 가족을 기초로 한다. 교회는 사람들이 모인 공동체로 기구를 이루고 있지만, 성경적 교회는 기구가 아니라 가족과 같은 혈연적 관계이다. 그래서 교회에서는 하나님을 아버지로, 예수님을 신랑으로, 성도를 하나님의 자녀로, 성도들은 서로를 형제 혹은 자매로 그리고 교회를 하나님의 집이라 부른다. 어떤 종교도 그리스도교처럼 가정적 용어를 가지지 않는다.

유대인의 가정이 항상 이상적인 형태를 가진 것은 아니다. 성경에서 보는 대로 극단적인 가정의 문제들이 요즘과 똑같이 존재하였다. 일부다처, 부자의 별거, 형제간의 반목 등 극단적인 가정파괴 현상도 있지만, 그럼에도 불구하고 성경이 가르치는 가정의 규범을 폐기한 적은 없다. 가정의 중요성은 예나 지금이나 유대인의 전승에서 강조되고 있다.

## 3. 자신의 유산을 요구한 당돌한 아들 ———。

둘째 아들이 아버지에게 "아버지여 재산 중에서 내게 돌아올 분깃을 내게 주소서"(눅 15 : 12)라고 하였다. 탕자의 의미는 '제멋대로', '다루기 힘든'인데, 둘째 아들은 정말 문자 그대로 제멋대로 말하고, 제멋대로 행동하고, 제멋대로 집을 나가고, 제멋대로 다시 집에 돌아오고, 모든 것을 제멋대로 결정한 다루기 힘든 아들이었다.

둘째 아들은 당시의 법과 전통대로 자신의 분깃을 달라고 했다. 유대인들에게 율법은 삶이며 상식이었으므로 상속법대로 아들의 권리를 요구하였다. 그러나 당시의 법과 전통에 따르면 상속은 수임자인 아들이 요구하는 것이 아니라 수여자인 아버지가 주는 것이다. 당시의 상속은 일반적으로 아버지의 임종 직전 관행에 따라 행해졌으며, 특별한 경우에 아버지가 아들에게 선물로 재산을 주는 예가 있었다. 둘째 아들은 이런 당시의 관습과 법을 망각하고 있었다. 아버지는 은총으로 아들에게 주었으나 분깃을 달라고 하여 받은 아들은 엄청난 불손을 저지른 것이다.

'분깃'이란 구약에서 전승된 관습으로 '제비를 뽑아 나눠진 것', '몫으로 나누어진 부분'을 말한다. 분깃을 의미하는 히브리어는 여러 단어가 있다. '고랄'은 상속으로 받은 토지를 의미하고, '하라크'는 토지를 분배하여 나누어 주는 것을 의미하며, '헤벨'은 상속으로 받는 몫을 의미한다. 구약에서는 이스라엘이 가나안을 정복하여 12지파가 동맹을 맺을 때 각 지파가 제비를 뽑아 분할받은 땅을 분깃이라 했다. 11지파가 분깃으로 땅을 분할받았지만, 제사장과 레위 지파는 분깃으로 땅을 받지 못하였는데 이는 제사장과 레위 지파가 하는 일 자체가 분깃이었기 때문이다(민 18 : 20, 신 14 : 27). 12지파가 각각 토지를 분배받았는데, 여호수아와 함께 가나안 정복에 큰 공로가 있는 유다 지파의 족장 갈렙은 "이 산지를 지금 내게 주소서"(수 14 : 12)라고 하였고, 헤브론을 개인적인 분깃으로 받았다(수 14 : 13). 그리고 구약성경의 시편 기자는 내가 받은 것 가운데 가장 귀하고 모든 것이 되신다는 의미에서 "여호와가 나의 분깃이라"라고 고백하였다(시 73 : 26, 119 : 57).

분깃을 의미하는 헬라어는 '메로스'로, '재산을 분배하다'라는 의미의 '메이로마이'에서 파생된 단어이다. 이 단어는 부모로부터 상속받을 유산을 가리킨다. 당시의 전승에 의하면 '탕자의 비유'에서 둘째 아들의 몫은 9분의 2였을 것이라고 한다. '분깃'으로 번역된 단어는 신약성경에 두 번 기록되어 있다. 한 번은 '탕자의 비유'이고, 다른 한 번은 사마리아의 마술사 시몬이 성령을 돈으로 사려고 했을 때 베드로가 그를 책망하며 "하나님 앞에서 네 마음이 바르지 못하니 이 도에는 네가 관계도 없고 분깃될 것도 없느니라"(행 8 : 21)라고 한 말에서 나타난다. 구약에서 분깃은 분배와 연관하여 가나안 정복 이후 땅을 분할받은 것을 구체적으로 가리키지만, 신약에서는 분깃을 영적으로 해석하여 하나님의 자녀들인 상속자들이 상급으로 받을 하나님 나라의 복을 가리킨다(롬 8 : 17, 갈 4 : 7).

성경의 분깃은 정당한 몫을 가리킨다. 토지를 분할받든, 하나님께 드린 제물 가운데 제사장과 레위 지파에게 토지 대신 주어질 몫이든 모두 정당하게 분배된 것이 분깃이다. 모든 분깃은 정당하게 계산하고 측량줄로 정확하게 재어서 분배되었다. 구약과 신약 전체에서 분깃이란 정당하고 정확하게 분배한 적합한 부분을 의미하였다. 그런 의미에서 볼 때 둘째 아들이 아버지에게 분깃을 요구한 것은 정당하지도 않고, 정확하지도 않았다. 맏아들이 아버지의 명대로 열심히 집안의 일을 돌본 것과 비교하면 그는 집안일도 소홀히 하였고 아버지의 명대로 살지도 못했을 것이다. 그런데 자신의 분깃을 달라고 한 것은 결코 정당한 요구가 아니었다.

"아버지가 그 살림을 각각 나눠 주었더니"(눅 15 : 12하)라는 것은 둘째 아들에게 실제로 당시의 상속법에 따라 유산을 분배했음을 의미한다. 문자적으로 보면 맏아들도 유산을 받은 것 같지만, 그 후에 아버지가 "너는 항상 나와 함께 있으니 내 것이 다 네 것이로되"(눅 15 : 31하)라고 한 것으로 보아 아버지가 맏아들의 상속권을 인정하고 상속분을 챙겨 놓았을 뿐, 유산이 맏아들의 수중에 있는 것은 아니었다. 어쨌든 둘째 아들의 분깃은 도덕적이든 실제적이든 정당하지 못하고 당돌하고 무모한 요구였다.

4. 유산을 주어 보내는
　　아버지 _____ 。




　누가복음 15장에 있는 비유의 대상은 말씀을 들으러 온 세리와 죄인들이었다. 그런데 그 가운데 있던 바리새인과 서기관들이 예수님이 죄인을 영접하고 음식을 같이 먹는다고 하여 시비하였다. 이에 예수님이 그들에게 들려주신 이야기가 누가복음의 세 비유이다. 자신들의 율법적 삶을 자랑하던 바리새인과 서기관들은 세리와 죄인들보다 더 많은 죄가 있는 사람들이었다. 그리고 그들은 이기적 탐욕으로 죄인에 대한 하나님의 사랑을 비방하였다. 이에 대하여 예수님은 비유를 통하여 그들의 위선과 왜곡된 의를 지적하시면서 한 사람의 죄인이 돌아올 때도 기뻐하시는 하나님의 모습을 말씀하셨다.
　1세기 유대인의 가정이 늘 평온한 것만은 아니었지만, 일반적인 가정은 유대인 공동체의 기본적인 보호와 그늘 속에 있었다. 가정에서의 남편과 아버지의 위치는 절대적이었다. 그 가운데는 누구든지 고개를 숙여야 하는 지배적 권위를 가지고 있는 지도자도 있었다. 그러나 대부분의 유대인들은 남편과 아버지에 대하여 진심 어린 충성심을 가지고 있었다. 아버지에 대한 존경과 충성은 유대인들이 세상을 떠났을 때 아버지에게로 돌아간다는 말에서도 나타난다(왕상 2:10). 이런 유대인의 관습에서 볼 때 탕자도 아버지에 대한 존경과 충성심이 있었을 것이다.

유대인의 전통 가정에서 아버지는 가족들을 훈련하고 가족들의 존경을 받는 머리, 즉 수반의 역할을 한다. 남편이라는 단어의 히브리어는 '주'(lord)라는 뜻의 '바알'이며, 아버지는 가족들에게 절대적인 권위를 행사하였다. 남편은 모든 가족에게 절대 권위를 가지지만, 특히 아내에게 그러했다. "사람이 아내를 맞이하여 데려온 후에 그에게 수치되는 일이 있음을 발견하고 그를 기뻐하지 아니하면 이혼 증서를 써서 그의 손에 주고 그를 자기 집에서 내보낼 것이요"(신 24:1)라고 한다. 그럼에도 불구하고 당시의 관습은 아내에게는 이혼할 수 있는 법적 권한을 허락하지 않았다. 이렇게 절대적 권위를 남편에게 허락하였지만 남편이 가정에서 폭군처럼 구는 것은 금하였다. 그리고 자녀들에게도 폭군처럼 굴지 말라고 하였다. 바울은 "또 아비들아 너희 자녀를 노엽게 하지 말고 오직 주의 교훈과 훈계로 양육하라"(엡 6:4)라고 하였다. "노엽게 하지 말라"라는 말은 가혹하게 대하지 말라는 뜻이다.

성경은 아버지에게 자식을 바르게 양육해야 할 책임이 있음을 말하고 있다. "그것들에게 절하지 말며 그것들을 섬기지 말라 나 네 하나님 여호와는 질투하는 하나님인즉 나를 미워하는 자의 죄를 갚되 아버지로부터 아들에게로 삼사 대까지 이르게 하거니와 나를 사랑하고 내 계명을 지키는 자에게는 천 대까지 은혜를 베푸느니라"(출 20 : 5-6). 아버지가 잘못을 범하였을 경우에는 자녀에게까지 그 대가가 대물림되며, 아버지가 하나님의 말씀을 잘 준행하는 경우에는 그 은혜가 자녀에게 장구하다는 것을 가르치고 있다. 그러므로 자녀를 꾸준히 사랑으로 양육하는 것은 유대인 가정이 가진 성공의 열쇠이다. "마땅히 행할 길을 아이에게 가르치라 그리하면 늙어도 그것을 떠나지 아니하리라"(잠 22 : 6).

당시에 아들이 많다는 것은 아버지의 자랑이며 가문의 힘이었다. 우리의 전통에 '부귀다남'(富貴多男)이라는 말과 같다. "보라 자식들은 여호와의 기업이요 태의 열매는 그의 상급이로다 젊은 자의 자식은 장사의 수중의 화살 같으니 이것이 그의 화살통에 가득한 자는 복되도다 그들이 성문에서 그들의 원수와 담판할 때에 수치를 당하지 아니하리로다"(시 127 : 3-5)라는 말씀은 자식이 곧 힘인 것을 의미한다. 그러나 자식을 바르게 양육한다는 것은 그리 쉬운 일이 아니다. 가인과 아벨의 경우가 이를 잘 설명한다. 그래서 잠언은 아버지와 아들의 관계에서 많은 훈계를 주고 있다. '탕자의 비유'에서도 자녀 양육에 대한 아버지의 어려움을 그대로 표현한다. 이 비유에서는 아버지가 탕자인 둘째 아들과 맏아들 모두 자신의 뜻대로 양육하지 못했음이 드러난다.

성경 시대의 아버지는 가정의 머리로서 권위를 가지지만, 가족을 위한 헌신과 사랑의 훈계가 그 권위를 대신하였다. 탕자의 아버지는 탕자가 잘못된 판단을 하도록 허용하고 말았지만, 그가 돌아올 때 한 치의 주저함도 없이 돌아온 아들을 기쁘게 맞아 주는 사랑의 아버지였다. 성경을 통하여 알 수 있는 성경 시대의 아버지는 강포한 권위와 양보 없는 규범을 가진 아버지가 아니라 가족을 위하여 헌신하며, 간질에 걸려 불에 넘어지는 아들을 위하여 예수님에게 간절히 도움을 구했던 아버지와 같이 가족을 위하여 체면을 버리는 사랑의 아버지였다.

아버지는 둘째 아들이 유산을 달라고 할 때 아들의 몫을 주었다. 성경은 "아버지가 그 살림을 각각 나눠 주었더니"(눅 15 : 12하)라고 한다. 이 말은 두 가지 큰 의미를 담고 있다. 첫째, '살림'의 헬라어 '비오스'는 원래 '생명'이라는 뜻으로 흔히 사용되던 단어이다. 둘째 아들이 아버지에게 달라고 요구한 것은 아버지의 목숨을 요구한 것과 마찬가지였다. 이 단어가 중요한 뜻을 가지는 까닭은 아버지가 아들들에게 나누어 준 것을 생명이라고 해석할 수 있다는 점이다. 즉, 아버지는 아들의 생명 공급자인 것이다. 아버지가 아들에게 생명을 공급한다는 관념은 당시에 중동뿐만 아니라 발칸반도를 중심으로 한 동유럽의 것이었다. 그리하여 아들이 아버지에게 치명적 배반을 하였을 경우, 아버지는 아들에게 준 생명을 친히 빼앗기도 하였다.

니콜라이 고골의 소설을 영화화한 〈대장 부리바〉(Taras Bulba)에도 이런 장면이 등장한다. 코삭크의 족장 부리바는 아들을 낳아 "내가 네게 생명을 준다."라고 선포한다. 폴란드가 코삭크를 침범하자 폴란드를 알아야 이길 수 있다고 두 아들을 키이우신학교에 보냈는데 큰아들이 폴란드 여인을 사랑하게 되어 조국을 배반하였다. 이에 아버지 부리바는 아들과 마주했을 때 "내가 네게 준 생명을 이제 내가 다시 가지고 간다."라고 하며 아들을 죽인다. 아버지는 아들에게 생명을 주기도 하고, 빼앗을 권리도 가지고 있다는 것이 널리 알려진 사회적 관념이었다.

둘째로, 우리가 흔히 둘째 아들이 유산을 요구하였고, 아버지는 요구한 아들에게만 유산을 분배한 것으로 생각하시만, 아버지는 맏아들과 둘째 아들에게 '각각' 나눠 주었다. 둘째 아들만 유산을 받아 탕진한 것이 아니라 맏아들도 이미 자신의 유산을 가지고 있었다. 단지 둘째 아들은 자신의 유산을 가지고 나가서 탕진하였고, 맏아들은 자신의 유산을 아버지에게 맡겨 둔 채 마음대로 쓰지 않았다는 것이다.

아버지는 둘째 아들에게 자신의 목숨을 찢어 주는 것과 다름이 없는 유산을 주어 집을 나가 방탕한 삶을 살게 하였다. 아버지의 이런 행동은 둘째 아들이 탕자가 되게 한 것이나 다름이 없다. 아버지가 유산을 주지 않고 단호하게 거절하였다면 둘째 아들은 탕자가 되지 않을 수도 있었다. 아들에게 상속권이 있다면 아버지에게는 살아 있는 동안 상속하지 않을 권리도 있었다. 아버지는 그 권리를 포기하였고, 아들은 그 권리를 이용하여 스스로 탕자가 된 것이다. 아버지는 하지 않아도 될 일을 해서 아들이 돌아올 때까지 마음을 졸이며 살아야 했던 것이다. 그런 의미에서 아버지는 또 다른 탕자가 되었다. 아버지는 아들을 위해 스스로 탕자가 된 것이다. 혹자는 '탕자의 비유'에서 둘째 아들은 물론이고, 맏아들 그리고 아버지까지 모두 탕자라고 한다.

우리나라 민법에 의하면 상속권이란 '상속의 개시 이전 또는 이후에 상속인이 가지는 권리'라고 규정한다. 법적인 용어로서의 상속권은 두 가지의 의미로 사용된다. 첫째는 상속이 개시되면 상속재산을 취득할 수 있다고 하는 추정상속인의 지위를 말하며, 둘째는 상속재산을 지배하거나, 지배를 청구할 수 있는 상속 개시 후의 상속인의 지위를 말한다. 첫째 의미는 하나의 기대권이며 조건부 권리에 불과하므로 순위가 앞서는 상속인이 등장할 경우 소멸된다.

우리나라의 민법에는 상속에 있어서 다음 순위로 상속인이 된다고 규정하고 있다. (1) 피상속인의 직계비속, (2) 피상속인의 직계존속, (3) 피상속인의 형제자매, (4) 피상속인의 4촌 이내의 방계혈족이다. 상속권은 당연한 권리이지만 상속의 순위에 따라 갈등을 유발하는 경우를 흔히 볼 수 있다.

성경은 상속에 관한 법을 자세히 기록하고 있다. 장자가 반드시 장자권을 가질 수 있도록 하라는 것이 성경의 가르침이며, "자기의 소유를 그의 아들들에게 기업으로 나누는 날에 그 사랑을 받는 자의 아들을 장자로 삼아 참 장자 곧 미움을 받는 자의 아들보다 앞세우지 말고"(신 21 : 16)라고 엄격하게 명하고 있다. 그리고 "반드시 그 미움을 받는 자의 아들을 장자로 인정하여 자기의 소유에서 그에게는 두 몫을 줄 것이니 그는 자기의 기력의 시작이라 장자의 권리가 그에게 있음이니라"(신 21 : 17)라고 하였다. 재산을 상속할 때는 장자에게 전 재산의 3분의 2를 주게 하고, 차자에게는 3분의 1을 나누어 주게 규정하고 있다.

1984년 내가 샌프란시스코 신학대학원 박사과정을 막 시작할 즈음의 일이다. 나의 선친께서는 1944년 평양신학교를 졸업하시면서 목사 안수를 받으셨으므로 그 해는 선친께서 목사가 되신 지 40년이 되는 해였다. 선친께서는 성역 40년을 아주 귀하게 생각하시고 계셨다. 당시 선친께서 쓰신 『이상근 주해 성경』(기독교문사, 1986)은 상당히 많은 목회자와 신학생들이 좋아하고 소장하던 책이었고, 심지어 그 책이 없는 목회자가 없다고 할 정도로 대중적으로 보급되어 많이 팔렸다. 선친께서는 그 책의 수입으로 부동산을 매입하셔서 소유하고 계셨다. 그러던 어느 날 선친께로부터 편지가 왔다. 늘 편지가 오가는 편이었지만 이날의 편지는 좀 달났다. "내가 성역 40주년을 기념하여 내 모든 재산을 환원해야 할 것 같다. 내가 가진 재산은 모두 가난한 목회자, 신학생들의 돈이니 이제 그들에게 돌려줘야 할 때가 되었다. 내 재산을 모두 은퇴하신 목사님들을 위한 원로원을 건립하는 데 쓰려고 한다. 너는 아들로서 상속권이 있지만 포기하고 아버지 뜻을 따라 주기 바란다." 나와 우리 형제들은 상속권을 포기하고 선친의 뜻대로 은퇴한 목회자들을 위한 원로원을 건립하였다. 이 원로원이 '대구 기독교원로원'이다. 선친께서는 자녀인 우리에게 상속권이 있다는 것을 알고 계셨다. 우리 형제들이 기쁘게 동의했지만, 만약 동의하지 않았다면 원로원 건립은 어려웠을 것이다. 상속권이란 자녀를 낳은 것에 대한 아버지의 책임이며, 아버지에 대한 자녀의 권리이다. 자녀의 입장에서 보면 낳아 달라고 하지도 않았는데 낳았으니 아버지에 대한 본성적 권리가 있는 것이다.

둘째 아들이 아버지에게 자신의 유산을 달라고 한 것을 보면, 신명기의 상속법을 익히 알고 있었을 것이라는 추측이 가능하다. 그러나 둘째 아들은 자신의 권리만을 주장하고 있으며, 당시의 유대 관습은 외면하고 있었다. 당시에는 아버지의 임종이 임박할 때 상속이 행해지는 것이 관습이었다. 그는 사회적 관습, 통념 등이 법적인 효력이 있음을 간과했던 것이다. 그는 자신의 권리 외에 어떤 것도 개의치 않았다. 자신의 분깃을 가지고 타국에 가서 허랑방탕하게 낭비하기 전에 이미 둘째 아들은 탕자였다. 왜냐하면 그는 자신의 권리 외에 누구도 관심의 대상으로 삼지 않았기 때문이다. 그는 아버지의 마음을 헤아리지 못했고, 아버지에 대한 자신의 의무도 행하지 못하였으며, 아들로서의 책임을 시행하지 못하였고, 형과의 관계에서 아우로서의 자세도 바르지 못하였다. 그가 탕자가 된 것은 돈이 아니라 마음 때문이었다.

당시의 관습으로는 아버지가 임종 전에 상속을 하였더라도 아버지가 생존해 있는 동안은 재산의 사용권이 아버지에게 있었다. 그뿐만 아니라 자신의 상속금으로 이익금이 생겼다고 하더라도 그 이익금 또한 자신이 임의로 사용할 수 없는 아버지의 것이었다. 둘째 아들이 이런 당시의 관습법을 무시하고 자신의 분깃을 챙겨 타국으로 가서 탕진하였다는 것 자체가 율법과 사회 관습을 어기는 것이었다. 이런 아들의 패륜은 그가 아버지의 집에 있을 때부터 이미 탕자였다는 사실을 말해 준다.

'탕자의 비유'를 보면 아버지가 아들이 죄를 짓게 허용하는 것처럼 보인다. 이를 인용하여 하나님께서 인간의 모든 일들을 통치하신다고 한다. 이를 하나님의 섭리라 한다. 하나님의 섭리 교리는 하나님께서 피조물의 모든 일들을 완전하게 다스리신다는 것이다. 하나님께서는 왕권으로 만유를 다스리시며, 성경은 "여호와께서 그의 보좌를 하늘에 세우시고 그의 왕권으로 만유를 다스리시도다"(시 103 : 19)라고 한다. 하나님께서는 창조하신 물리적인 세상을 공평하게 다스리시며, 성경은 "이같이 한즉 하늘에 계신 너희 아버지의 아들이 되리니 이는 하나님이 그 해를 악인과 선인에게 비추시며 비를 의로운 자와 불의한 자에게 내려 주심이라"(마 5 : 45)라고 한다. 하나님께서는 나라들을 다스리시며, 성경은 "그가 그의 능력으로 영원히 다스리시며 그의 눈으로 나라들을 살피시나니 거역하는 자들은 교만하지 말지어다 (셀라)"(시 66 : 7)라고 한다. 하나님께서는 자기 백성을 안전하게 보호하시며, 성경은 "내가 평안히 눕고 자기도 하리니 나를 안전히 살게 하시는 이는 오직 여호와이시니이다"(시 4 : 8)라고 한다. 하나님께서는 인간의 운명을 택정하시며, 성경은 "그러나 내 어머니의 태로부터 나를 택정하시고 그의 은혜로 나를 부르신 이가"(갈 1 : 15)라고 한다. 하나님께서는 인간을 높이시고 낮추시며, 성경은 "권세 있는 자를 그 위에서 내리치셨으며 비천한 자를 높이셨고"(눅 1 : 52)라고 한다. 하나님의 섭리 교리는 우주가 우연히 생성되고 운명에 의해 운행된다는 사상과 반대되는 하나님의 창조와 통치를 높이는 교리이며 사상이다.

하나님의 섭리 교리는 인간의 모든 행위와 삶을 다스리신다는 하나님의 통치를 강조한다. 하나님께서는 섭리를 통해 당신의 뜻을 성취하시며, 영원한 목적을 이루시기 위하여 인간과 자연의 질서와 일을 다스리신다. 인간과 자연은 하나님께서 정하신 원리인 자연법칙에 의해 운행되는 것이다.

이런 하나님의 섭리 교리는 인간의 자유의지와 충돌하기도 한다. 하나님께서 인간에게 자유의지를 주신 것도 사실이지만 동시에 하나님께서는 주권자이시다. 인간이 자유의지로 죄를 범하기도 하고 하나님을 배반하기도 하며 예수님을 박해하기도 하지만, 개심 후에는 이 모든 것이 하나님의 주권 안에 있음을 고백하게 된다. 사울은 적극적으로 교회를 박해하였지만, 그는 다메섹에 가는 도중에 "사울아 사울아 네가 어찌하여 나를 박해하느냐 가시채를 뒷발질하기가 네게 고생이니라"(행 26 : 14하)라는 하늘의 음성을 듣게 되고 자신의 모든 삶이 하나님의 섭리에 의한 것임을 고백하게 되었다.

하나님의 섭리 교리를 극단적으로 해석하는 사람들은 하나님께서 인간의 죄까지도 주관하신다고 한다. 다시 말해 하나님께서 인간이 죄를 짓도록 주도하시고 허락하신다는 것이다. 그러나 하나님께서는 죄의 기원자가 아니시며, 죄를 미워하시고 심판하시며, 모든 사람이 죄를 짓도록 유혹하지 않으신다. 그래서 성경은 "사람이 시험을 받을 때에 내가 하나님께 시험을 받는다 하지 말지니 하나님은 악에게 시험을 받지도 아니하시고 친히 아무도 시험하지 아니하시느니라"(약 1 : 13)라고 한다.

사람들은 흔히 하나님께서 에덴동산에 선악과를 두지 않으셨다면 인간이 죄를 범하지 않았을 것이라고 하나님의 뜻을 오해한다. 하나님께서는 선악과를 두지 않음으로 인간이 죄를 범할 가능성의 근원을 없애는 것이 아니라 인간이 자유의지로 선악과를 선택하지 않고 죄를 짓지 않기를 바라셨다. 그러나 인간은 뱀의 꼬임에 빠져 악을 선택하게 되고 하나님과 분리되었다. 하나님께서 악의 조성자가 아니라 인간이 악의 선택자이다.

성경에는 하나님께서 인간의 자유의지를 용납하시고 죄를 허용하시는 것이 기록되어 있다. 그리스도의 모형으로 등장하는 요셉의 삶은 하나님의 섭리를 강하게 드러내고 있다. 요셉의 형들이 요셉을 이스마엘 상인에게 팔아 넘김으로 인해 요셉은 아무 잘못도 없이 노예로 살았고, 억울한 누명을 써 죄수로 살았다. 하나님께서는 이 모든 과정에서 형들의 악을 용납하셨고, 요셉의 억울한 삶을 방관하듯이 버려두셨다. 그러나 요셉은 애굽의 총리가 되어 7년의 풍년 동안 지혜롭게 곳간을 채우고, 7년의 흉년 동안 과감하게 곳간을 비웠다. 곳간을 채우게 하신 것은 하나님의 섭리였다. 이후 흉년을 맞아 아버지 야곱과 그의 가족들이 애굽으로 이주하게 되었고, 400년이 지난 다음 출애굽의 과정을 거쳐 약속의 땅 가나안에 들어가게 되었다. 이 모든 이야기는 하나님의 섭리이다. 야곱이 세상을 떠났을 때 요셉의 형들은 "당신 아버지의 하나님의 종들인 우리 죄를 이제 용서하소서"(창 50 : 17)라고 하였지만, 요셉은 형들에게 "당신들은 나를 해하려 하였으나 하나님은 그것을 선으로 바꾸사 오늘과 같이 많은 백성의 생명을 구원하게 하시려 하셨나니 당신들은 두려워하지 마소서"(창 50 : 20-21상)라고 하였다. 요셉의 이야기에서 하나님께서 형들의 죄를 용납하신 것은 요셉의 꿈을 이루실 뿐만 아니라 온 백성을 구원하려는 하나님의 원대한 섭리를 이루게 하심이었다.

가룟 유다를 통해서도 또 다른 하나님의 섭리를 발견할 수 있다. 그리스도께서 가룟 유다를 제자로 선택하신 순간부터 그가 자신을 배반하기까지 그의 모든 죄를 하나님께서 용납하신 것은 하나님의 구원 섭리 때문이었다. 하나님께서는 가룟 유다의 죄를 통하여 구약에 예언된 인류 구원이라는 하나님의 섭리를 이루셨다. 예수님은 가룟 유다에게 "인자는 자기에 대하여 기록된 대로 가거니와 인자를 파는 그 사람에게는 화가 있으리로다 그 사람은 차라리 태어나지 아니하였더라면 제게 좋을 뻔하였느니라"(마 26 : 24)라고 하셨다. 이는 제자에게 배반을 당하고 팔려 가는 것은 하나님의 주권에 의한 일이지만, 가룟 유다가 그 일을 한 것은 불행한 일이라는 것이다. 하나님께서는 인간을 구원하려는 하나님의 섭리를 이루시려고 가룟 유다가 악한 일을 할 자유의지를 허락하신 것이다. 가룟 유다의 배반은 그리스도의 구원에 반드시 필요한 악이었다. 하나님께서는 가룟 유다를 잠시 죄에 버려두셨다. 그러나 그가 죄를 짓게 하려는 것이 아니라 죄에서 구원하려는 것이 하나님의 섭리이다.

하나님께서는 인간의 죄를 인지하지 못하시는 것이 아니라 묵과하시는 것이다. 여기에는 하나님의 뜻이 숨어 있다. 첫째는 죄를 묵과하심으로 인간이 스스로 뉘우치고 돌아오기를 기대하신다. 둘째는 죄를 묵과하심으로 장차 심판하실 것을 알게 하신다. 그래서 성경은 "그러므로 하나님께서 그들을 마음의 정욕대로 더러움에 내버려 두사 그들의 몸을 서로 욕되게 하게 하셨으니"(롬 1 : 24)라고 하여 돌아오기를 기다리시는 마음을 표현한다. 그리고 "또한 그들이 마음에 하나님 두기를 싫어하매 하나님께서 그들을 그 상실한 마음대로 내버려 두사 합당하지 못한 일을 하게 하셨으니"(롬 1 : 28)라고 하여 악을 행하게 조장하시는 것이 아니라 장차 심판하실 것을 말씀하신다.

헬라어 '페이라조'라는 단어는 묘한 뜻을 가지고 있다. 이 단어에는 서로 다른 의미를 가진 뜻이 있다. 하나는 '유혹하다'(tempt)라는 뜻이고, 다른 하나는 '시험하다'(test)라는 뜻이다. "그때에 예수께서 성령에게 이끌리어 마귀에게 시험을 받으러 광야로 가사"(마 4 : 1)라는 말씀은 예수님이 마귀에게 '페이라조' 당하셨다는 것이다. 반면에 "사람이 감당할 시험 밖에는 너희가 당한 것이 없나니 오직 하나님은 미쁘사 너희가 감당하지 못할 시험 당함을 허락하지 아니하시고 시험 당할 즈음에 또한 피할 길을 내사 너희로 능히 감당하게 하시느니라"(고전 10 : 13)라는 말씀은 하나님께서 우리를 유혹에 빠지게 하시는 것이 아니라 강하게 하시려고 '페이라조' 하신다는 것이다. 그러므로 하나님의 섭리 교리의 넓은 의미에서 보면 하나님께서는 인간이 죄를 짓게 조장하시는 것이 아니라 구원과 선을 이루기 위해 죄를 용납하신다는 것이다. 그리고 인간의 죄에 대한 하나님의 섭리는 오히려 마귀에게 유혹당하지 않고 강하게 하시려고 시험하시는 것이다.

그리고 하나님의 섭리 교리는 하나님의 속성인 선을 이루시려는 것이다. 하나님께서 죄를 용납하시고 악의 세력이 지배하는 것을 허락하시는 것 같지만 결국은 하나님의 선이 승리한다. 하나님께서는 잠시 공중의 권세 잡은 자(엡 2 : 2)인 악의 세력으로 죄가 사망 안에서 왕 노릇을 하게(롬 5 : 14, 17, 21, 고전 15 : 25) 허락하시지만, 마침내 그리스도께서 영원한 왕이 되시어 왕 노릇을 하실 것이다(계 11 : 15). 잠시 마귀의 권세가 죄와 사망으로 세상을 지배할지라도 하나님께서는 새 생명으로 마귀를 멸하시고 친히 왕이 되신다. 하나님의 섭리는 항상 선하시고 악을 선으로 이루신다. 그래서 바울은 "우리가 알거니와 하나님을 사랑하는 자 곧 그의 뜻대로 부르심을 입은 자들에게는 모든 것이 합력하여 선을 이루느니라"(롬 8 : 28)라고 하나님의 섭리를 찬양한다.

하나님의 섭리 교리는 그분의 뜻을 성취하시기 위한 하나님의 역사이다. 하나님께서는 천지를 창조하시기 전, 자기 뜻의 경륜에 따라 일어날 모든 일을 정하셨다. 그러나 하나님께서는 죄를 창조하시거나 악을 조장하지 않으신다. 죄를 지은 인간은 자신이 행한 악에 대하여 책임이 없는 것이 아니다. 그리고 하나님께서는 세우신 경륜에 따라 뜻을 이루시며, 그 뜻은 선이다. 하나님의 섭리는 항상 악이 아니라 선을 이루는 것이다.

하나님께서는 만유를 창조하시고 다스리시는 주관자이시다. 하나님의 통제를 벗어난 우연이란 없다. 세상에 발생하는 모든 일들이 우연이라고 한다면 이는 하나님의 주권을 부정하는 결과가 된다. 하나님께서는 인간에게 부여하신 자유를 빼앗거나 파괴하지 않으신다. 하나님께서는 인간에게 주신 자유의지를 하나님의 선하신 목적대로 사용하기를 기대하신다. 자유의지를 하나님의 섭리대로 사용하는 자가 바로 하나님의 사람이다.

하나님께서 악을 허용하시고 둘째 아들이 탕자가 되게 하신 것은 자신의 의지로 돌아오기를 기다리시는 하나님의 인내 때문이다. 악이 선을 이기고, 악한 자가 선한 자를 지배하고 세상에서 더 득세하는 것 같지만, 하나님의 주권은 선이 승리하는 것이다. 이런 하나님의 주권은 하나님의 선하신 속성 때문이다. 하나님께서는 악이 전혀 없으신 분이다. 그러므로 악을 행하지 않으시며, 악을 행하고 죄를 짓게 하지도 않으신다.

하박국은 이런 하나님의 주권에 대하여 악한 자가 잘 되는 것을, 악한 자를 통하여 하나님의 사람을 벌하시는 것을 이해하지 못하여 불평하였다. 그때 하나님께서는 "보라 그의 마음은 교만하며 그 속에서 정직하지 못하나 의인은 그의 믿음으로 말미암아 살리라"(합 2 : 4)라는 답을 주신다. 하나님의 주권은 악한 자가 아니라 믿음의 사람이 궁극적으로 승리하게 하신다. 그 승리는 믿음으로 말미암는다.

'탕자의 비유'에서도 이런 하나님의 주권이 나타난다. 아버지는 둘째 아들이 탕자가 되게 하려고 악을 부추긴 것이 아니다. 아버지는 아들의 상속권과 자유의지를 인정하고 스스로 돌아올 때까지 인내하며 기다렸다. 하나님께서는 우리에게 주신 권리를 인정하시며, 우리가 하나님을 떠나 죄의 자리에 있더라도 억지로 체포하여 압송하지 않고 돌아올 때까지 기다리신다. 하나님의 인내가 집을 떠난 아들이 다시 돌아오게 하는 것이다. 이런 하나님의 인내가 아니면 살아남을 사람이 없다(롬 3 : 25).

하나님의 사랑과 자비는 언제나 하나님 스스로 모순에 빠지게 한다. 인간이 죄를 짓지 않았다면 하나님께서 모순에 빠지실 이유가 없는데, 인간의 죄가 하나님을 모순에 빠트린 것이다. 하나님께서는 사랑이시다. 하나님께서는 사랑이 많은 분이 아니라 사랑 그 자체이시다. 많다는 것은 적다는 것의 상대적 의미이다. 하지만 하나님의 사랑은 적은 것에 비교하여 상대적으로 많은 것이 아니라 하나님 자체가 사랑이시다. 하나님께서는 상대적 존재가 아니라 절대적 존재이시다. 그래서 성경은 "하나님은 사랑이심이라"(요일 4 : 8하)라고 한다. 사랑이신 하나님께서는 "내가 영원한 사랑으로 너를 사랑하기에 인자함으로 너를 이끌었다"(렘 31 : 3)라고 하신다. 하나님께서는 사랑이시며 영원한 사랑으로 모든 것을 용서해 주신다. 또한 하나님께서는 의로우신 분이다. 하나님께서는 "인자를 천대까지 베풀며 악과 과실과 죄를 용서하리라 그러나 벌을 면제하지는 아니하고 아버지의 악행을 자손 삼사 대까지 보응하리라"(출 34 : 7)라고 하신다.

고대 이스라엘의 주택은 일반적으로 아주 단순하였다. 빈부의 격차도 요즘과 다를 바 없이 커서 서민들은 종일 밖에서 일을 해야 했으므로 그들에게 집은 식사와 수면을 위한 보호처(shelter) 정도의 용도로 사용되었다. 예수님 시대 서민들의 주택은 주로 한 칸의 방이 있는 작은 집으로, 평평한 지붕이 있는 형태였다. 지붕은 작은 운동장 겸 가족이 함께 모이는 거실로 사용되었다. 베드로는 지붕에서 기도하였고(행 10 : 9), 동네 사람들에게 큰 소리로 중요한 광고를 외쳤다(마 10 : 27). 이같이 지붕은 사람들이 많이 사용하는 장소이므로, 모세는 위험하지 않게 만들라고 권하고 있다(신 22 : 8). 그리고 집들이 다닥다닥 붙어 있어 지붕은 편리한 도로로 사용되었다. 이런 당시의 상황에 비추어 볼 때 '탕자의 비유'에 등장하는 아버지의 집은 일반 서민의 작은 집이 아닌 집안일을 돌보는 종들을 거느린 상당한 부잣집이었을 것이다. 그래서 아버지는 아들에게 유산을 줄 수 있을 만큼 재산을 소유하고 있었고, 아들은 아버지에게 유산을 요구할 수 있었던 것이다.

또한 예수님 당시의 경제 상황은 매우 열악하였다. '포도원 품꾼의 비유'에서 보듯이 품팔이를 위하여 하루 종일 장터에서 기다리는 사람들이 줄을 지었다. 비유에서는 그들의 품삯을 한 데나리온이라고 한다. 한 데나리온은 하루 벌어서 하루를 근근이 먹고살 정도의 최소 수입이었다. 그래서 당시 서민들 대부분이 손으로 벌어 입으로 들어가는(from hand to mouth) 하루살이를 하는 경제 수준을 면치 못하였다. 하루의 품삯을 벌지 못하면 하루를 굶어야 하는 사람들이 즐비하였다. 이런 경제적 상황에서 보면 '탕자의 비유'에 등장하는 아버지의 집은 부잣집이었을 것이다. 탕자의 "내 아버지에게는 양식이 풍족한 품꾼이 얼마나 많은가"(눅 15：17)라는 탄식에서 아버지 집의 부를 알 수 있고, "나를 품꾼의 하나로 보소서"라는 말에서도 집에 종들이 많이 있었음을 알 수 있다. 이런 여러 가지 맥락에서 볼 때 비유에 나오는 아버지의 집은 아주 부유한 집이었다는 것을 알 수 있다.

위에서 말한 대로 좋은 가정이란 아버지와 어머니 그리고 자녀들이 함께 가족을 이룬 가정이다. 그런데 이 비유에서는 어머니가 등장하지 않는다. 비유를 사실적으로 살펴보면 탕자라는 둘째 아들뿐만 아니라 첫째 아들도 아버지의 뜻을 헤아리지 못했다. 어떤 이는 아들들이 탕자가 되고 아버지에게 패륜적 행동을 한 것은 어머니가 없기 때문이라고 하였다. 예나 지금이나 가정에서 어머니의 역할이 자녀들에게 절대적인 것은 사실이다. 그러나 어머니가 없어서 탕자가 되었다는 것은 비유의 내용이나 예수님의 의도와는 전혀 맞지 않는 말이다.

유대인들의 관습에서 보는 아버지의 개념은 하나님을 의미하기도 한다. 유대인들에게 하나님은 엄격하고 무서운 아버지뿐만 아니라 자상하고 인자한 아버지이시다. 그래서 예수님도 하나님을 '아빠 아버지'(막

14 : 36)라고 부르셨다. 이같이 유대인들은 하나님을 친근한 사랑과 신뢰의 아버지로 생각했고, 이는 바울의 서신에서도 나타나고 있다(롬 8 : 15, 갈 4 : 6). 유대인의 사고 속 하나님은 엄격한 아버지이며 동시에 친근한 어머니의 형상을 가지고 있는 분이었다는 것이다.

'탕자의 비유'는 한국인의 전통 사유로 보면 훨씬 더 생생하게 느낄 수 있다. 한국적 사유에서 탕자의 비유에 설정된 아버지는 '하나님 어머니'라고 할 수 있다. 즉, 하나님의 모성을 자세하게 설명하는 것이다. 아버지가 세상을 떠나기 전에 아들이 자신에게 돌아갈 유산의 몫을 달라고 하는 것은 있을 수 없는 일이다. 아버지는 절대로 그렇게 해 주지 않는다. 한국의 2천 년 전 고전적 상황에서 만일에 아들이 아버지에게 유산을 달라고 한다면 그것은 아버지에게 빨리 돌아가시라고 말하는 것과 다름없다. 그리고 유산을 줄 만한 재산을 가진 집안이라면 사대부 가문일 텐데 그런 가정에서는 절대로 그렇게 할 수 없었을 것이다. 그러나 어머니는 다르다. 아들의 몫을 뒤로 챙기는 것은 어머니의 몫이다. 우리 주위에서 어머니가 자녀에게 과한 용돈이나 재산을 주어 자녀가 망가졌거나 가정 파탄을 야기한 경우를 볼 수 있다. 어머니가 자녀를 망치려고 돈을 주는 것이 아니라 그렇게 하는 것이 어머니이기 때문이다. 만약 아버지와 어머니가 모두 엄하기만 하면 자녀는 그 슬하에서 견디지 못할 것이다. 반대로 아버지와 어머니가 모두 자비롭기만 하면 자녀는 비뚤어지고 자기 고집에 사로잡혀 살게 될 것이다. 그래서 아버지를 엄친(嚴親)이라 하고, 어머니는 자친(慈親)이라 한다.

5. 탕자가 간
   먼 나라 ———。

　　고대사회의 구조에서는 단독 마을보다 집단 마을이 흔하였다. 마을(village)이나 소도시(town) 대부분은 우물이나 샘 곁에 있었다. 예수님 당시 갈릴리에는 240개의 소도시가 있었다고 한다. 마을은 아주 작은 단위의 집단 거주지였고 대부분의 이런 마을은 회당이나 법정, 재판관이 없었다. 나사렛이나 나인은 이런 소도시였고, 반면에 베들레헴이나 엠마오는 마을이었다. 마을은 신선한 공기와 정원 그리고 개인의 사생활을 보호받을 수 있었기에 당시 사람들은 소도시보다 마을을 선호하기도 하였다. 남편이 마을에서 소도시로 이사를 할 경우, 부인들이 함께 가지 않아도 될 권리까지 부여하기도 하였다.
　　고대사회는 정치, 경제, 문화 등 생활의 중심지로 독립된 정치 체계의 도시국가늘을 형성하였다. 하나의 도시가 시도사의 정치릭을 행사하면서 독립된 국가의 형태를 갖춘 것이다. 특히 고대 그리스, 페니키아, 이탈리아의 도시들이 이런 형태를 가졌다. 도시국가의 이름인 '폴리스'(polis)는 행정 중심지를 뜻하는 성채(acropolis)에서 유래되었으며, 작은 도시에 불과하였으므로 영토가 좁아 시민들이 서로 씨족이나 부족을 이룰 정도로 서로 잘 알고 있었다. 폴리스는 대부분 높은 언덕에 위치하였는데, 이는 적의 침범을 쉽게 방어하기 위함이었다. 그리하여 성벽을 쌓았고, 폴리스를 지켜 줄 수호신을 모시기 위한 신전을 세웠으며, 시민들의 경제활동을 위하여 시장인 '아고라'를 만들었다. 아고라는 시민들이 함께 토론하고 정치 활동을 하던 시민 광장으로도 활용되었다. 이러한 도시국가는 그리스를 중심으로 고대에서 중세까지 지속되었다. 그 외의 지역에서도 제도적 형태를 갖추지 못했지만 작은 도시국가들이 존재하였다.

탕자인 둘째 아들은 아버지의 유산을 챙긴 지 며칠이 안 되어 먼 나라로 갔다. "그 후 며칠이 안 되어"라고 하신 예수님의 말씀을 보면 이 아들의 가출은 다분히 계획적이었다는 것을 알 수 있다. 둘째 아들의 패륜이 우발적, 충동적 행동이 아니라는 점에서 그는 이미 탕자였다. 그가 잠시 옆 동네(village)나 조금 더 먼 소도시(town)로 간 것이 아니라 '먼 나라'로 간 것을 보면 그에게 아버지의 간섭이나 그늘에서 완전히 벗어나려는 의도가 있었던 것이 확실하다.

"먼 나라로 갔다."라는 말의 헬라어 '아포데메오'를 부정 과거형으로 쓴 것으로 보아 비유는 탕자가 멀리 아버지를 떠나 다시 돌아올 생각이 없었던 것을 표현하고 있다. 아버지의 손과 눈을 떠나 먼 나라로 가려는 의도 자체가 큰 잘못이었다. 신학적으로 죄는 무엇을 했다, 하지 않았다는 행위가 아니라 하나님을 멀리 떠난 상태를 의미한다. 하나님께서 아담에게 "네가 어디 있느냐"라고 하셨을 때 "내가 동산에서 하나님의 소리를 듣고 내가 벗었으므로 두려워하여 숨었나이다"(창 3 : 10)라고 하였다. 하나님을 피하여 숨은 것은 죄의 결과이며, 죄는 하나님과 분리되려는 인간의 의도이다. 죄는 분리이다(Sin is separation). 탕자가 아버지의 슬하를 벗어나 멀리 가려고 시도한 것은 아버지의 집을 떠나기 전에 이미 그가 아버지께 죄를 짓고 있었다는 것을 의미한다. 아버지 안에 참 자유가 있다. 아버지를 떠나는 것은 죄의 근원이며, 아버지를 떠난 자유는 방종이 되는 것이다.

일반적으로 디아스포라라고 하면 유대인을 떠올리지만, 한인 디아스포라는 세계에서 가장 넓게 퍼져 있다. 1902년 12월 22일 제물포 항구를 통하여 개신교 신자를 비롯한 121명의 조선인이 하와이로 이민을 떠났다. 이들은 1903년 1월 13일 하와이에 도착했는데 질병 검사 등을 거쳐 최종 상륙 허가를 받은 사람은 86명이었다. 대한제국이 추진한 첫 공식 이민이 성사되는 순간이었다.

이보다 앞선 1800년대 조선에서는 세도 정치가들의 폭정으로 인해 농민들이 토지를 버리고 만주와 연해주로 이주하게 되었다. 당시 청나라는 아편전쟁(1860)에 패하면서 베이징 조약에 의해 연해주의 땅을 잃었다. 이때 연해주로 이주한 한국인들은 러시아인으로 살기 시작하였다. 제정 러시아가 시베리아 철도를 건설하기 전까지 만주와 연해주에는 이주한 조선인들이 러시아인보다 더 많았다. 이후 러시아는 조선인들의 귀화 정책을 실시하였고 당시 대부분의 연해주 이주자들이 러시아에 귀화하게 되었다.

1863년 가을, 함경도 무산 일대에 살던 농민 최운보와 경흥 지역에 살던 양응범이 농민 13가구를 이끌고 두만강을 건너 러시아 영토 연해주에 정착하였다. 이들은 영구적 이주의 개척자들이 되었고, 그의 후손들은 러시아에 귀화한 최초의 한민족으로 보인다.

1907년 러일전쟁이 종료되면서 일본은 연해주의 조선인들의 농장을 몰수하고 노동자들을 공장에서 해고하여 조선인들의 세력을 약화시키려 했다. 그러나 1910년 한일합방 선언 후 일본에 합병된 조선의 독립을 위하여 많은 조선인이 만주와 연해주로 몰려와 이 지역은 항일투쟁의 근거지로 변하였다.

1917년 제정 러시아는 볼셰비키 혁명에 의해 무너졌고, 혁명 세력은 적군과 백군으로 양분되어 러시아 내전(1917-1922)이 발발하게 되는데, 내전에서 패한 백군들은 대거 시베리아로 이주하여 전열을 정비하며 후일을 도모하였다. 시베리아로 후퇴한 백군이 모스크바의 적군들로부터 방어하기 위해 요충지에 군사전략도시를 건설하게 되는데 이르쿠츠크, 울란바토르, 하얼빈이었다. 당시 일본은 적군파와 대항하기 위하여 백군파를 측면에서 지원하였다.

1931년 일본은 만주사변을 일으켜 만주 지역을 장악하면서 백군파의 활동 지역을 일본의 영토로 확보하였다. 일본은 만주에서 조선 독립군과 전쟁을 치르며 연해주에 있던 조선인들과 만주의 독립군들이 힘을 합쳐 일본의 관동군에 저항하는 것을 막기 위해 스탈린에게 연해주의 조선인들을 소거할 것을 요청하였다. 이로 인해 1937년부터 1939년까지 이태 동안 스탈린은 조선인 5백만 명을 체포하여 독립운동가, 지도층 인사, 선생 등 지식인층을 숙청하였는데 당시에 처형된 조선인의 수가

40~50만 명에 달했다. 조선인들이 중앙아시아로 강제 이주를 당하는 동안 러시아는 조선인들에게 식량을 주지 않아 추위와 굶주림에 많은 사람이 죽었고, 살아남은 자들은 중앙아시아에 정착하게 되었다. 카자흐스탄, 우즈베키스탄 등 중앙아시아로 이주한 조선인은 현재 카자흐스탄에 10만 명, 우즈베키스탄에 16만 명이 고려인으로 살고 있으며, 높은 교육열과 근면성으로 중앙아시아 발전의 별이 되었다고 한다.

1988년 이후 대한민국과 러시아의 관계가 개선되면서 사할린의 고려인에 대한 고향 방문과 귀환이 성사되어 3,500명이 대한민국에 귀환하였고, 북한에 1,000명이 귀환하였다. 아직도 고려인 2~3세 3만 명이 사할린에 살고 있다. 그 외 연해주 지역에 약 5만 명의 한인이 살고 있다. 연해주의 한인들을 위로하고 정체성을 심어 줄 수 있는 길을 찾아서 그들의 민족 정체성을 심어 주어야 한다. 한민족이 현재 지구촌에 가장 넓게 퍼져 있는 민족이 된 것은 세계화 시대의 장점인 동시에 근대 민족사의 슬픔이 서려 있는 역사의 산물이다.

1960년대 미국 이민법의 개정으로 이민자들에 대한 문이 열려 미국 이민 물결이 시작되었다. 당시 우리나라에서는 미국으로의 직접 이민이 불가하여 브라질과 아르헨티나로 몰려갔다. 남미의 한인 이민자들의 최종 목표는 미국이었고, 실제로 엄청난 이민자들이 목적지인 미국에 가기 위해 남미를 택하였다. 당시에 브라질이나 아르헨티나는 한국과는 비교할 수 없는 경제력을 가지고 있었고 흔히 남미의 'ABC'라고 하여 아르헨티나, 브라질, 칠레는 선진국으로 인정받던 나라였다. 외국 여행이 어려웠던 그 당시에는 미국뿐만 아니라 아르헨티나, 브라질, 칠레로 떠나는 사람들은 선망의 대상이었고, 실제로 이민자들 가운데 성공적 삶을 산 자들이 상당히 많았다.

　이런 이민 러시는 그 후에도 계속되었고, 한반도의 정치, 안보, 경제의 불안정은 이민을 꿈꾸게 하였다. 그래서 떠나는 사람은 부러움의 대상이었고 선택된 사람으로 분류되었다. 그러나 한국의 경제가 성장하고 정치와 안보가 안정되자 고국을 떠났던 이민자들의 역이민이 시작되었다. 더 이상 타국에 사는 것이 복이 아니고, 이민이 최고의 선택이 아니기 때문이었다.

　아마 탕자도 먼 나라로 떠나는 것을 꿈꾸었을 것이다. 그리고 동네 젊은이들은 제법 큰 돈을 챙겨 다른 나라로 떠나는 그를 부러워했을 것이다. 그래서 탕자는 남들이 부러움의 눈으로 자신을 바라보는 것을 느끼고 으스대면서 먼 나라로 떠났을 것이다. 떠날 때 그의 발걸음은 한없이 가벼웠을 것이며, 한순간이라도 빨리 아버지의 그림자를 벗어나 먼 나라에 다다르기를 기대했을 것이다.

　앞서 말한 대로 고대사회에서는 작은 독립국가들이 흔히 있었으므로 탕자가 갔다는 먼 나라도 요즘과 같은 타국은 아니었을 것이다. 당시 유대 민족은 팔레스타인에 50만 명 정도가 있었고, 4백만 명 정도는 디아스포라였다. 팔레스타인 변방에도 많은 유대인이 살고 있었으므로 어디론가 갔을 것이다. 어떤 이는 탕자가 갔다는 먼 나라를 애굽이나 이디오피아 등으로 추정하지만, 예수님의 비유는 실제 사건이 아니므로 역사적으로 추적할 필요는 없을 것이다. 단지 당시 사람들이 느끼기에 상당히 먼 곳으로 갔다고 하신 것이다. 도시국가를 전제로 생각한다면 탕자가 간 먼 나라도 마음만 먹으면 쉽게 돌아올 수 있는 거리였을 것이다. 그래서 그는 굶주린 배를 움켜쥐고 아버지의 집까지 죽지 않고 돌아올 수 있었다.

　탕자는 아버지의 손에서 벗어나려고 먼 나라로 갔지만, 결국 아버지의 손에서 벗어나지 못하였다. 아버지는 더 적극적으로 둘째 아들을 집에서 못 나가게 할 수도 있었을 것이고, 먼 나라로 간 둘째 아들을 맏아들이나 신하들을 보내어 억지로라도 다시 집으로 데려올 수 있었을 것이다. 그러나 아버지는 둘째 아들을 억지로 데리고 오지 않았다. 탕자에게는 먼 나라였지만, 아버지에게는 결코 먼 나라가 아니었을 것이다. 마음만 먹으면 얼마든지 강제로 집으로 소환할 수 있는 거리였지만, 아버지는 잠시나마 아들의 방탕을 허용한 것이다. 돈을 가지고 나간 아들은 돈이 떨어지면 돌아오기 마련이다. 돈으로 세상을 사는 아들은 돈이 떨어져야 비로소 세상을 알게 된다. 탕자는 아버지로부터 멀어졌지만, 아버지에게는 그가 아무리 멀리 가더라도 먼 곳에 있지 않았다. 그래서 탕자가 간 나라는 탕자에게는 먼 나라였지만 아버지에게는 먼 나라가 아니었던 것이다. 억지로라도 데리고 올 수 있는 거리였고, 다시 돌아올 수 있는 거리였기 때문이다.

　탕자는 아버지의 유산을 허랑방탕하게 다 써 버렸고, 설상가상으로 그 나라에 흉년이 들어 궁핍해졌다. '그 나라에'라는 말은 '그 지방 전체에'라는 뜻이다. 어느 한 곳에만 흉년이 들었다면 다른 곳으로 이주할 수 있지만, 그 지방 전체에 흉년이 들었으므로 그는 아버지의 집 외에는 갈 곳이 없었다. 성경 시대의 지역은 그리 넓지 않아 그 지방 전체에 흉년이 들기도 하였다. 요셉은 애굽의 총리로, 흉년을 대비하여 풍년의 때에 곡식을 저장하여 흉년의 때에 곳간을 열었다. 당시 흉년은 애굽뿐만 아니라 야곱과 그 식구들이 살고 있던 팔레스타인에도 찾아왔다. 어느 한 나라,

어느 한 시역이 아니라 모든 나라, 모든 지역이 함께 고통을 당하는 것은 예나 지금이나 다를 것이 없다. 고대사회의 세계화이다.

## 6. 유산을 탕진한
　　아들 ———— 。

둘째 아들은 당당하게 아버지에게 자신의 상속권을 요구하였고, 아버지는 아들의 상속권을 인정해 주었다. 한 사람이 어떤 이의 아들이 되었다면 그는 아들이라는 이유로 지켜야 할 의무가 있으며 동시에 권리도 누리게 된다. 그 가운데 가장 중요한 것이 상속권이다. 상속권은 자녀라면 누구나 출생과 더불어 가지는 권리이다. 그런데 탕자는 자신의 권리만 주장하였을 뿐 아들의 의무는 심중에도 없었다. 권리와 의무는 누구에게나 동시에 주어진다. 권리란 의무에 충실할 때 빛나고, 의무는 권리를 힘 있게 한다. 권리 없는 의무나 의무 없는 권리는 무의미하다. 그런데 둘째 아들은 아버지와 가정에 대한 의무에는 전혀 무관심하고 자신의 권리에만 집착하였다.

당시의 상속법에 따르면 두 아들이 있는 경우에는 장자에게는 3분의 2를 상속하고, 둘째 아들에게는 3분의 1을 상속하였다. 그리고 아버지가 살아 계실 때 상속을 요구하면 안 되지만, 부득이한 경우에는 상속 지분의 9분의 2 정도를 주었다고 한다. 둘째 아들이 아버지에게 받은 유산이 자신의 몫의 전체였는지 9분의 2였는지는 모르지만, 그가 먼 나라로 떠나서 즐기기에는 충분한 양이었을 것이다.

둘째 아들은 아버지가 준 재산을 다 모아서 먼 나라로 떠났다. '모으다'의 헬라어 '쉬나고'는 '거두어들이다' 또는 '현금으로 바꾸다'라는 뜻을 가진 단어이다. 그는 미리 계획한 대로 자신의 것을 알뜰하게 거두어 남기지 않고 다 가지고 떠났다. 그리고 먼 나라에 가서 쓸 수 있게 자신의 물건을 현금화한 돈을 가지고 떠났다. 탕자가 아버지에게서 부동산을 유산으로 받았다면 돈을 받고 그 부동산을 매각하여 돈을 가지고 떠났을 것이다. 탕자의 집은 농경사회인 당시의 상황에서 볼 때 농사를 짓는 부농(富農)의 집이었던 것 같다. 좋은 의미로 해석하면 탕자는 형과 달리 농사에는 관심이 없고 도시에 진출하여 장사하는 일에 꿈이 있었을지도 모른다. 그러나 돈을 가지고 먼 나라로 간 탕자는 열심히 살기보다는 즐기고 놀았을 것이다.

"거기서 허랑방탕하여 그 재산을 낭비하더니 다 없앤 후"라는 말에서 그의 태도를 알 수 있다(눅 15 : 13-14). '허랑방탕한 삶'은 '소란스런 삶'(riotous living) 혹은 '거친 삶'(wild living)이라고 표현하기도 한다. 그가 먼 나라로 간 것은 자기 멋대로 소란하고 거친 삶을 살기 위한 것이었다. 탕자의 쾌락은 이미 계획된 욕망이었다. 그가 집을 나간 것도, 많은 돈을 탕진한 것도 다 육체적 쾌락 때문이었다. 탕자는 자신의 계획된 욕구를 충족하기 위하여 모든 도리를 망각하고 제멋대로 산 것이다. 어떤 이는 이를 '도덕적 부도'(moral bankruptcy)라고 해석한다. 탕자가 먼 나라로 떠난 순간 그의 도덕성은 붕괴되고 부도가 난 것이나 다름이 없었다. 이런 도덕적 부도는 '물질의 부도'(financial bankruptcy)를 불러일으키게 된다.

'낭비하다'라고 번역된 헬라어는 농부가 씨를 뿌리는 행동을 뜻하는 단어와 같은 단어이다. 농부는 씨를 뿌릴 때 넓게 뿌려 작은 씨가 땅 어디에 뿌려졌는지 알지 못한다. 낭비한다는 말이 이런 행동을 의미한다는 것은 둘째 아들이 아버지에게서 물려받은 재산을 먼 나라의 상인들 또는 그의 호주머니를 탐하는 사람들에게 던져 주는 광경을 묘사한 것이다. 주머니 가득 돈을 가지고 먼 나라로 간 탕자는 온갖 호리는 소리에 돈을 마구 던져 주었을 것이다. 그러나 그 많은 돈은 순식간에 어디로 뿌려졌는지 모르게 사라지고 말았을 것이다.

누구나 자기 수고의 땀이 배어 있지 않은 돈은 쉽게 잃는다. 수고하여 먹는 빵이 맛이 있으며, 수고하여 번 돈이 가치가 있는 법이다. 디트리히 본회퍼는 반 히틀러 운동에 적극 가담하여 행동하는 신학자, 몸으로 설교하는 목사로 살았다. 그는 독일 교회의 다수가 히틀러를 추종하고 정의를 말하지 못하는 것에 반기를 들었다. 그리고 히틀러 암살에 가담하게 되었다. 결국 그는 체포되어 나치가 항복하기 직전 사형을 당했다. 본회퍼는 '십자가 없는 구원'을 값싼 은혜라고 했다. 고난과 주님이 없는 구원은 값싼 은혜라는 것이다. 값싼 은혜가 탕자와 같은 그리스도인을 만드는 것이다. 시편의 기자는 "네가 네 손이 수고한 대로 먹을 것이라"(시 128 : 2상)라고 하였다. 바울은 "누구에게서든지 음식을 값없이 먹지 않고 오직 수고하고 애써 수야로 일함은 너희 아무에게도 폐를 끼치지 아니하려 함이니"(살후 3 : 8)라고 하여 값없이 먹지 않기 위해 애써 수고하였다고 한다. 탕자는 손이 수고하지 않아도 많은 재물을 가질 수 있었으므로 그야말로 값싼 은혜였다. 아무 대가 없이 수중에 많은 돈을 쥘 수 있었으므로 돈 귀한 줄 모르고 펑펑 써 버리고 말았을 것이다.

탕자가 먼 나라로 가서 재산을 탕진한 것은 허랑방탕한 생활 때문이었다. 그가 아버지를 떠나 먼 나라로 가고 싶었던 것은 바로 이런 삶을 살고자 했기 때문이었다. 젊은 혈기를 가진 아들이 아버지를 떠나 재산을 탕진했다면 육체적 쾌락을 위하여 소비했을 것이다. 많은 돈을 가진 그에게 온갖 유혹이 찾아왔을 것이다. 이런 정황은 그의 형인 맏아들의 입에서도 증거되고 있다. 맏아들이 "아버지의 살림을 창녀들과 함께 삼켜 버린 이 아들이 돌아오매 이를 위하여 살진 송아지를 잡으셨나이다"(눅 15 : 30)라고 한 말에도 잘 나타나 있다.

## 7. 탕자의 귀환

둘째 아들은 먼 나라로 가서 아버지께 받은 유산을 탕진한 다음에 다시 아버지의 집으로 돌아온다. 그는 제법 많은 돈을 가지고 갔겠지만, 그 돈을 탕진하는 데는 그리 많은 날이 걸리지는 않았을 것이다. 비유에는 그가 얼마나 오래 집을 떠나 있었는지 나오지 않지만, 단지 그의 형이 "여러 해"(눅 15 : 29)라고 한 말에서 추론할 수 있다. 맏아들의 이 말은 여러 해 만에 둘째 아들이 돌아온 것을 암시하고 있다.

둘째 아들이 탕자인 것은 자신의 몫을 가지고 집을 떠났다는 행위가 아니라 아버지와 가정과 형에 대한 그의 마음 때문이다. 그가 집을 나간 것은 자신의 의지에 따른 행동이었다. 그가 아버지나 가정 그리고 형을 생각했더라면 그런 생각이 행동으로 옮겨지지는 않았을 것이다. 그가 여러 해 만에 다시 집으로 돌아온 것도 자신의 의지에 따른 행동이었다. 하지만 그가 아버지나 가정 그리고 형을 생각해서 돌아온 것은 아니었다. 집으로 돌아올 때까지 그에게는 아버지를 생각하거나 가정을 배려하는 마음이 전혀 없었다. 그는 자신의 필요에 따라 집을 나갔고, 자신의 필요에 따라 다시 집으로 돌아왔다. 이런 그의 마음은 철저하게 자기중심으로 사고하게 하였고, 탕자라고 불리기에 충분한 자세를 가지고 있었다.

그러나 탕자는 돌아올 줄 아는 아들이었다. 우리는 더 이상 돌아온 아들을 탕자라고 하지 않는다. 집을 떠날 때는 탕자였지만, 집으로 돌아올 때는 아들이었다. 돌아올 줄 아는 것은 지혜이다. 파울로 코엘료의 『연금술사』(문학동네, 2001)에는 "사람들은 떠나는 것보다 돌아오는 것을 더 많이 꿈꿉니다."라고 한다. 그런 의미에서 볼 때 여행은 떠나는 것이 아니라 돌아오는 것이다. 실제로 여행 경험을 떠올려 보면 떠날 때보다 돌아올 때가 더 즐겁다. 탕자가 집을 떠나 먼 나라로 갈 때는 잠깐의 즐거움이 있었겠지만, 다시 집으로 돌아왔을 때는 떠날 때와는 비교할 수 없는 즐거움이 있었을 것이다.

그가 궁핍하게 되었을 때 그 나라 백성 중 한 사람에게 붙어살게 되었다. "붙어살게 되었다"라는 말의 헬라어 단어 '콜라오'는 딱 붙어살게 하였다(glue)는 뜻으로 탕자가 먼 나라 어느 집에 머슴살이를 하도록 강제로 시민이 되게 하였다는 것이다. 부잣집 아들이 자유를 위하여 가정과 아버지를 떠나 먼 나라로 갔다가 그 나라 사람에게 붙어사는 더부살이 종의 신세가 되어 버린 것이다. 그는 자유를 원했지만, 자유를 빼앗기고 말았다. 더구나 부잣집 아들로 자라 온 그가 머슴이 된다는 것은 처절한 슬픔이며 굴욕이었다. 그는 아버지의 집으로 돌아오면서 아버지 집의 품꾼 중 하나가 되겠다고 하였지만, 이미 자신이 선택했던 먼 나라에서 품꾼이 되고 만 것이다. 그는 아버지의 집을 떠나기만 하면 무한한 자유가 기다리고 있을 줄 알았지만, 오히려 모든 자유를 다 빼앗겨 버리고 말았다. 아버지 집을 떠난 결과는 자유가 아니라 결박이고, 구속이며, 종살이였다.

성경이 가르치는 유대인의 전승에 따르면 유대인들은 자기 형제나 동족을 종으로 부리지 않는다(레 25 : 39). 부득이한 경우에 동족이 빚을 졌거나 형벌로 종이 되었다고 하더라도 희년의 규례로 정한 법에 따라 50년이 되면 아무런 조건 없이 자유하게 하였다(레 25 : 54). 동시에 아브라함의 자손인 유대인이 다른 민족의 종이 된다는 것은 굴욕이며 수치였다. 탕자가 먼 나라에 가서 그 나라 백성 중 한 사람에게 붙어사는 종이 되었다는 것은 수치스러운 일이었으며, 자기 재산을 탕진한 다음에 그 사람에게 빚을 졌을 가능성이 있음을 말해 준다.

1세기에는 '노예', '종'이란 개념이 당시 사람들에게 매우 친숙한 용어였다. 특히 로마와 헬라에서 노예제도란 오랜 역사를 가지고 있는 사회제도였다. 당시 노예는 물건이나 상품으로 취급되었으며 인격적 대우는 상상할 수도 없었다. 노예를 팔고 사는 광경은 흔한 일이었고, 전쟁 포로들이 노예로 전락하는 것은 전쟁 때마다 발생하는 일이었다. 부모가 빚을 지고 갚을 능력이 없을 경우에 채무자의 자녀가 종이 되는 것도 당시의 관습이었다. 이런 당시의 관습으로 볼 때 탕자는 자기 재산을 탕진한 정도가 아니라 '그 나라 백성 중 한 사람'에게 빚을 졌거나 그 사람의 호의에 의해 노동의 대가로 끼니를 해결하고 있었을 것이다.

또한 그 집의 주인은 탕자를 들로 보내어 돼지를 치게 하였다. '보내어'

라는 단어 '펨포'를 부정 과거형으로 쓴 것을 보면 그 집의 주인은 탕자를 들로 보내어 다시 오지 못하게 하려는 의도를 가지고 있었던 것 같다. 탕자가 아버지를 떠난 대가는 상상할 수 없이 컸다. 다른 나라에서 종살이하는 것만으로도 큰 굴욕인데, 돼지를 치게 된 것은 굴욕이 가중된 것이다. 하나님께서 부정한 짐승으로 지정해 주셨으므로 유대인에게 돼지는 혐오하는 존재였다(레 11 : 7, 신 14 : 8). 유대인은 돼지고기를 먹지 못하는 식품으로 여길 뿐만 아니라 돼지를 치는 일도 천한 것으로 여겼다. 당시 랍비들의 전승에 따르면 돼지를 치는 일은 옳지 않은 일이며, 돼지를 사육하는 자에게 저주가 있을 것이라고 하였다. 이런 돼지에 대한 유대인의 사고와 관습은 예수님이 귀신 들린 자의 귀신을 돼지 이천 마리에게 들어가게 하여 돼지를 몰사시킨 사건에서도 잘 나타난다(막 5 : 1-13). 돼지는 천한 짐승이므로 한 사람의 영혼을 구원하기 위하여 돼지 이천 마리를 버릴 수 있다는 것이다.

팔레스타인 유대인들의 관심 중 하나는 청결한 것과 불결한 것의 개념이다. 성경은 하나님께서 청결한 것과 불결한 것에 대하여 상세한 지침을 주셨다. 특히 레위기 11장은 구체적으로 깨끗한 것과 더러운 것, 먹을 것과 먹지 말아야 할 것을 열거하였다. 깨끗하고 더러운 것을 구분하여 엄하게 명령하신 이유는 하나님의 거룩하심을 따라 하나님의 백성을 거룩하게 하시려는 뜻이다. 하나님께서는 레위기 11장의 결론에서 "나는 너희의 하나님이 되려고 너희를 애굽 땅에서 인도하여 낸 여호와라 내가 거룩하니 너희도 거룩할지어다"라고 말씀하셨다(레 11 : 45). 나아가서 선지자에게 "내 백성에게 거룩한 것과 속된 것의 구별을 가르치며 부정한 것과 정한 것을 분별하게 할 것이며"라고 말씀하셨다(겔 44 : 23). 이런 엄격한 청결법 가운데 "돼지는 굽이 갈라져 쪽발이로되 새김질을 못하므로 너희에게 부정하니"(레 11 : 7)라고 하여 돼지를 대표적인 부정한 짐승으로 단정하였고, 돼지고기를 먹는 자는 망하리라고 하였다(사 66 : 17). 그뿐만 아니라 "너희는 이러한 고기를 먹지 말고 그 주검도 만지지 말라 이것들은 너희에게 부정하니라"(레 11 : 8)라고 하였다. 이런 당시의 전통은 "개가 그 토하였던 것에 돌아가고 돼지가 씻었다가 더러운 구덩이에 도로 누웠다."라는 속담이 있을 정도로 상식이 된 관습이었다(벧후 2 : 22). 탕자는 당시의 보편적 지식인 돼지에 대한 관습을 모를 리 없었을 것이다. 돼지고기는 먹지도 말고 돼지의 주검은 만지지도 말라고 했는데 탕자는 돼지고기가 아니라 돼지가 먹는 쥐엄 열매를 먹었고, 돼지를 치다 보면 돼지가 죽을 수도 있을 텐데 그때 죽은 돼지의 주검을 만지지 않을 수 없었을 것이다. 그가 자초한 방종은 첫째는 하나님의 율례를 어기는 큰 죄를 범하게 하였고, 둘째는 아버지의 마음에도 씻을 수 없는 상처를 주었다. 그래서 그는 "내가 하늘과 아버지께 죄를 지었사오니"라고 한 것이다(눅 15 : 18).

탕자는 먼 나라에서 아버지가 아닌 다른 사람의 종이 되어 돼지를 치는 비참한 처지에 빠지게 되었다. 일반적으로 유대인의 전승에는 돼지뿐만 아니라 짐승을 치는 일을 천한 일로 보았고 그 가운데 돼지를 치는 일은 가장 천한 직업이었다. 가인과 아벨이 하나님께 제사를 드리는 장면에서도 이 사실이 드러난다. 가인은 땅의 소산으로 하나님께 제사를 드렸고, 아벨은 양의 첫 새끼와 기름으로 제사를 드렸다. 하나님께서는 아벨의 제사만 받으시고 가인의 제사를 받지 않으셨다. 이에 가인은 하나님에 대한 불만을 아우에게 화풀이하여 쳐 죽였다. 하나님께서 가인에게 "네 아우 아벨이 어디 있느냐?"라고 물으셨을 때 그는 "내가 알지 못하나이다. 내가 내 아우를 지키는 자니이까?"라고 반항하듯 대답한다(창 4 : 9). "내가 내 아우를 지키는 자니이까?"라는 말을 영어 성경의 한 사역(私譯)은 저항하는 뜻으로 "Am I a shepherd of my brother?"라고 번역하였다.

고대사회에서 목자는 천한 직업이었다. 이런 관념은 야곱과 칠십 명의 식구들이 애굽에 갔을 때도 분명히 드러난다. 요셉은 애굽으로 온 아버지와 가족들에게 "애굽 사람은 다 목축을 가증히 여기나니 당신들이 고센 땅에 살게 되리이다"(창 46 : 34하)라고 하였다. 야곱과 그의 가족들은 애굽 사람들이 사는 곳에서 떨어진 고센 땅에서 살도록 바로의 허락을 받았고(창 47 : 6), 출애굽할 때까지 고센은 이스라엘의 땅이었다.

돼지를 치는 일도 천한 일이지만 그가 먹은 것은 쥐엄 열매였다. 쥐엄 열매는 작은 뿔같이 생긴 달콤한 열매로 소나 돼지의 사료로 사용하던 것이었다. 쥐엄 열매는 '요한의 떡'이라고도 부르는데 이는 세례 요한이 광야에서 메뚜기와 석청 외에 쥐엄 열매를 먹었다는 전승 때문이다. 이 열매의 맛은 달콤하고, 주로 가축의 사료로 사용되며, 때로는 기근 시에 가난한 사람들의 식량으로 대용되기도 했다. 탕자는 가축의 사료를 먹고 살았다. 그에게 먹을 것을 주는 사람이 없었기 때문이다. 탕자가 돈이 있는 동안은 그의 곁에 사람들이 있었을 것이다. 돈 때문에 사람들이 모인 것이지 탕자 때문에 모인 사람들이 아니었다. 그러다 그가 구걸하는 신세가 되자 그의 곁에 있어 줄 사람도, 먹을 것을 주는 자도 없었다. 돈은 사람을 모으기도 하고 흩어지게도 하는데, 돈과 함께 곁에 있는 사람들이 흩어졌으니 가족도 없이 완전히 소외된 것이다.

그가 집으로 돌아온 가장 큰 이유는 그가 즐기던 먼 나라에 흉년이 들었기 때문이었다. 그가 그렇게 동경하고 즐기던 나라에서 기근을 만난 것이다. 재산을 탕진하였다는 것도 고통이었지만, 기근까지 들어 고통이 가중된 것이다. 흉년이 든 것은 생각하지 않았던 돈이 많이 든다는 것을 암시한다. 흉년은 그에게 경제적 어려움을 줄 뿐만 아니라 그에게서 즐거움을 빼앗아 갔을 것이다. 돈이 떨어지니 친구들이 떠났을 것이다. 타향에서 돈이 떨어지면 모든 것을 잃은 것과 같다. 아버지의 집에서는 기근을 생각조차 해 본 적이 없는 아들이 기근을 만나게 되고 생존의 위협을 느끼게 된 것이다.

성경 시대의 기근은 백성 대부분이 겪어야 했던 일이었다. 생계 수준 이하의 수입으로 살아가는 사람이 많았으며, 경제적 양극화는 심각했다. 더구나 당시의 부자는 정당한 방법으로 부를 획득한 것이 아니라 대부분 부당한 이득으로 부를 창출하였으므로 경제 윤리를 찾아볼 수 없었다. 그래서 예수님은 부자가 천국에 들어가기 어렵다고 하셨던 것이다. 하나님께서는 가난한 자들에 대한 가진 자의 의무를 자세히 말씀하셨다. 가진 자들에게 3년마다 소출의 십일조로 가난한 자들을 도와주라고 하셨다(신 14 : 28). 7년마다 빚진 자들이 다시 재기할 수 있도록 모든 빚을 탕감해 주라고 하셨다(신 15 : 1). 레위인과 객과 고아와 과부에게 소산의 십일조를 나누어 주라고 하셨다(신 26 : 12). 밭에서 곡식을 벨 때 다 베지 말고 고아와 과부를 위하여 남겨 두라고 하셨다(신 24 : 19). 감람나무의 열매와 포도 열매를 다 따지 말고 객과 고아와 과부를 위하여 남겨 두라고 하셨다(신 24 : 20-21). 이것이 성경 시대의 가난이며, 가난한 자들을 향한 하나님의 사랑이다. 당시 이런 정황으로 볼 때 탕자는 재산을 탕진한 다음에 엎친 데 덮친 격으로 최악의 궁핍을 경험한 것이다. 부잣집에서 자란 탕자가 다른 나라에 와서 겪는 궁핍은 다른 사람이 겪는 것보다 더 힘들었을 것이다.

사람의 제일 욕구는 식욕이며, 식욕이 해결되지 않으면 다른 어떤 욕구도 충족될 수 없다. 더구나 당시의 팔레스타인에서 기근은 일상이었다. 성경에도 아브라함, 이삭, 야곱, 요셉 모두 기근을 경험하였는데 성경은 아브라함이 기근을 만난 이유를 설명한다. "그가 또 그 땅에 기근이 들게 하사 그들이 의지하고 있는 양식을 다 끊으셨도다"(시 105 : 16). 하나님의 말씀을 듣고 우르를 떠났던 아브라함이 하나님을 의지하지 않고 양식을 의지하고 살았기 때문에 하나님께서는 양식을 끊어 기근을 만나게 하셨다. 이런 인간의 약한 모습은 누구에게나 있으며 탕자도 예외가 아니었다. 탕자는 돈을 의지하여 먼 나라로 갔고, 돈이 그를 가장 든든하게 해 주었다. 돈이 떨어지기 전에는 아버지의 집으로 돌아갈 생각조차 하지 않았지만, 의지하던 돈이 떨어지자 아버지의 집으로 돌아갈 생각을 하게 된 것이다. 하나님의 사람에게 고난은 또 다른 복이다. 그래서 시편의 기자는 "고난당한 것이 내게 유익이라 이로 말미암아 내가 주의 율례들을 배우게 되었나이다"(시 119 : 71)라고 했다.

시편 106 : 15에는 이런 말씀이 있다. "그러므로 여호와께서는 그들이 요구한 것을 그들에게 주셨을지라도 그들의 영혼은 쇠약하게 하셨도다" 아무리 많은 재물을 준다 하더라도 그 재물이 영혼을 든든하게 할 수는 없다. 오히려 요구한 것 때문에 영혼이 쇠약해지고, 심지어 영혼이 죽는 것을 볼 수 있다. 탕자가 아버지께 자신의 유산을 요구하였고, 아버지는 요구대로 그에게 유산을 주었지만, 탕자는 자신이 수고하여 땀 흘려 얻은 재물이 아니므로 그 가치를 지키지 못했다. 그리고 재물의 소진과 더불어 자신의 영혼도 소진하고 쇠약해졌다. 영혼의 풍성함은 재물의 풍요함과 반비례할 때가 많이 있다. 아버지께 돌아오는 동기는 빈곤함 때문이며, 하나님께 돌아오는 동기는 영혼의 주림 때문이다.

예수님은 "그러므로 염려하여 이르기를 무엇을 먹을까 무엇을 마실까 무엇을 입을까 하지 말라"(마 6 : 31)라고 하셨다. 먹는 것과 마시는 것과 입는 것은 유대인의 생존에 필요한 세 가지 요소였다. 우리가 인간생활의 세 가지 기본 요소를 '의식주'(衣食住)라고 하듯이, 유대인에게 세 가지 기본 요소는 '식음의'(食飮衣)이다. 그래서 예수님이 보리떡 다섯 개와 물고기 두 마리를 가지고 오천 명을 먹이신 기적은 어떤 기적보다 그들이 대망하던 메시야로서의 예수님의 모습을 보여 준다. 유대인들은 메시야가 오시면 배불리 먹게 될 것이라고 기대하였다. 그런 의미에서 이 기적은 사복음서가 모두 기록하고 있는 유일한 기적이며, '메시야적 기적'이라고 한다.

탕자의 배고픔은 그가 다시 돌아오는 계기를 제공해 주었다. 그에게 당장 배고픔을 채우는 일보다 더 긴급한 일은 없었다. 그래서 그는 "내 아버지에게는 양식이 풍족한 품꾼이 얼마나 많은가 나는 여기서 주려 죽는구나"(눅 15 : 17하)라고 하였다. 성경은 그가 스스로 돌이켰다고 하지만 아버지의 집으로 돌아가려는 그의 의도는 완전히 돌이켰다고 보기에는 미흡하다. '돌이켰다'는 것은 '자신에게로 돌아오다'라는 뜻으로, 회개에 대한 히브리적 사고를 표현하는 숙어이다. 그가 아버지의 집으로 돌아가려고 했던 것은 아버지를 위한 것도 아니고, 완전한 돌이킴도 아니며, 단지 배고픔을 해결하려는 그의 이기적인 생각이었다.

그러나 그는 현재의 고난을 피하기 위하여 중요한 생각을 하였다. 첫째는 다시 돌아가려는 생각이며, 둘째는 돌아가되 아버지의 집으로 돌아 가려는 생각이다. 아버지의 집을 떠난 탕자는 아버지의 집으로 돌아갈 명분과 체면이 없으므로 또다시 다른 나라로, 더 악한 곳으로 가기 쉬웠지만 결국 아버지의 집으로 돌아가기로 한 것이다.

전쟁은 그 자체가 비극이다. 전쟁은 승자도 패자도 없는 모두의 고난이다. 한국전쟁은 많은 인명피해를 낳았다. 더구나 참전한 유엔군 가운데 미군에 가장 많은 전사자와 포로와 실종자가 있었다. 아직도 생사가 확인되지 않은 미군이 7,556명이다. 휴전협정이 한창일 때 대한민국은 반공포로 석방을 결정하여 많은 포로가 대한민국의 품으로 돌아왔다. 한국전쟁이 정전된 다음 미군과 공산군 사이에 포로 교환이 있었다. 당국은 본인의 의사에 따라 선택권을 주어 가게 하였다. 미군 대부분이 자신의 고향인 미국으로 돌아갔다. 그러나 그 가운데 21명의 미국인은 자신의 고국인 미국 대신 중립국 혹은 공산국가를 선택하였다. 21명의 가정환경을 조사해 본 결과 그중 19명이 부모가 이혼했거나 가정환경이 불안정한 결손가정이라는 사실을 알게 되었다. 자기 집으로 돌아갈 수 있다는 것은 행복한 일이다. 가정이란 언제나 돌아갈 수 있는 곳이어야 한다. 패륜을 저질렀다고 하더라도 아들이 돌아온다면 받아 주는 곳이 가정이다. 탕자가 먼 나라로 갔다가 또 다른 나라로 가지 않고 다시 아버지의 집으로 돌아오는 것만으로도 그에게는 아들의 지위를 회복할 희망이 있었고, 아버지는 그 사실만으로도 아들을 반겨 준 것이다.

탕자는 자신의 욕심대로 아버지를 떠났다가 자신의 욕심을 채우기 위하여 아버지에게로 돌아왔다. 아버지는 그에게 집으로 돌아온 이유를 묻지 않고 아들로 받아 준다. 탕자는 돌아올 때 아들의 자격을 가지고 온 것이 아니다. 아들의 자격이 아니라 아버지의 사랑이 그를 아들로 인정한 것이다. 탕자는 자기의 의지로 아버지께 돌아와 아들이 된 것이 아니라 아버지의 의로 아들이 된 것이다. 아들은 자격으로 되는 것이 아니라 본성적 존재로 되는 것이다. 아들이 되는 자격은 아버지가 그를 낳았다는 것 외에 아무것도 없다.

1979년 2월 영국 BBC는 칼 융을 초청하여 2시간 동안 대담을 진행하였다. 융은 정신의학자로서 우울증 환자를 많이 보았다. 그는 그 대담에서 공통적인 병의 원인을 '신과의 관계가 어긋남'이라고 하였다. 대담 마지막에 사회자가 "병의 원인이 신과의 관계의 어긋남이라고 하셨는데 예외도 있겠지요?"라고 하자 융은 "난 지금까지 한 번도 예외를 본 적이 없습니다."라고 대답하였다. 신과의 관계가 바르면 모든 사람이 본래의 정상적인 모습으로 돌아온다는 뜻이다. 탕자가 아버지의 집으로 돌아온 현실적 이유도 있지만, 사실은 아버지와의 관계가 바르게 되었기 때문이다. 아버지와의 관계가 바르지 않았다면 아무리 굶주리고 삶이 힘들더라도 아버지의 집으로 돌아가지 않았을 것이다.

탕자가 아버지의 집으로 돌아올 때는 자신의 필요를 충족하기 위한 이기적 동기가 있었지만 그가 실천에 옮기는 결단을 할 때는 진정한 회심의 모습으로 변화되었다. 그는 마음으로 아버지의 집을 동경할 뿐만 아니라 "일어나", "가서", "이르기를", "아버지 내가 하늘과 아버지께 죄를 지었사오니"라고 하였다. 그는 생각을 행동으로 옮겼고, 자신의 죄를 고백하였다. 이것이 돌아올 수 있는 조건이었는데, 무엇보다 아버지를 "아버지"라고 불렀다는 것이 탕자가 다시 아들로 인정받을 수 있는 조건이었다.

탕자는 "하늘과 아버지께 죄를 지었사오니"라고 고백한다. 유대인들에게 하늘은 하나님을 대신한다. 히브리석 사유에서 하늘은 하나님께서 계시는 곳일 뿐만 아니라 하나님 자신을 가리킬 때가 많이 있다. 하나님께서는 하늘에 계시고(시 123 : 1), 여호와의 보좌는 하늘에 있으며(시 11 : 4), 하늘은 여호와의 하늘이시다(시 115 : 16). 그리하여 하늘이란 단어는 위엄의 복수를 사용하여 "하늘들의 하늘"이라고 표현한다(왕상 8 : 27, 시 68 : 33, 느 9 : 6 등). 사람이 하나님께서 지으신 순리대로 살지 못하고 역리로 사는 것은 하늘에 대하여 죄를 짓는 것이다. 탕자가 아버지를 거역하여 마음을 상하게 한 것이나, 허랑방탕하게 재산을 탕진하고 정욕으로 산 것이나, 율법이 금하고 있는 짐승을 치며 접촉한 사실 등 모든 것이 인간에게 주어진 하늘의 법칙인 천륜(天倫)에 어긋난 삶이었다.

한국인의 사고에도 하늘은 신을 대신한다. 한국인에게 하나님이란 신앙의 대상이 존재하지 않을 때도 사람들은 하늘을 신성하며, 지엄하며, 무한하며, 전능하다고 생각하였다. 이에서 발전한 것이 '천지인'(天地人)의 사상이다. '삼재'(三才)라 불리는 이 사상은 만물을 구성하는 요소를 하늘과 땅과 사람이라고 한다. 즉, 천지는 인간을 낳아 주셨고 하늘은 아버지, 땅은 어머니라는 사상이다. 하늘과 땅이 인간을 낳았다는 '천지인'이 동양철학의 주제이다. 한민족의 고유 사상은 천지부모 사상으로서 천지가 인간을 낳아 주셨으므로 하늘을 아버지로, 땅을 어머니로 모신 것이다. 이런 사상은 성경이 가르치는 하나님이나 하늘에 대한 개념과는 차이가 있지만 하늘을 아버지로 대신한 것은 공통된 사상이라고 할 수 있다.

탕자가 아버지의 집으로 돌아가기로 결단할 때 그는 "아버지 내가 하늘과 아버지께 죄를 지었사오니 지금부터는 아버지의 아들이라 일컬음을 감당하지 못하겠나이다 나를 품꾼의 하나로 보소서"(눅 15 : 18하-19)

라고 말하려고 생각했다. 집으로 돌아간 그는 아버지를 만났을 때 "아버지 내가 하늘과 아버지께 죄를 지었사오니 지금부터는 아버지의 아들이라 일컬음을 감당하지 못하겠나이다"(눅 15 : 21)라고 하였다. 그는 자신의 마음에 결심한 대로 아버지께 고하였고, 자신이 결심한 말 외에 어떤 변명도 하지 않았다. 그가 돌아오리라 결단할 때 가졌던 순수한 마음을 한 치도 변함없이 간직하고 있다가 그대로 아버지께 전한 것이다. 그는 아버지의 집으로 돌아올 때 다른 어떤 변명이나 자기합리화를 하거나 과거를 미화하려고 애쓰지 않았다. "아버지 내가 하늘과 아버지께 죄를 지었사오니"라는 이 말 속에 자신의 모든 회심이 포함되어 있으며 아버지께는 이 한마디로 충분하다는 것을 알고 있었다. 그가 죄를 지었다는 말에는 죄가 아직도 자신에게 있고, 그것은 제5계명을 어겨 하나님께 죄를 지은 것이며, 아버지의 재산을 탕진하고 아들로서 도의적 의무를 하지 못하여 아버지께 죄를 지었다는 의미를 가지고 있다.

탕자는 "아버지의 아들이라 일컬음을 감당하지 못하겠나이다"라고 하였다. '감당하지 못한다'라는 말은 '알맞지 않다', '합당하지 않다'라는 의미이다. 둘째 아들은 이미 아버지로부터 자신의 권리를 다 받았고 더 이상 남은 법적 권리가 없다는 사실을 잘 알고 있었다. 그리고 아들의 권리는 없지만 아버지 집에서 노동의 대가로 최소한의 인간 대접을 받는 품꾼의 삶을 알고 있었다. 그는 자신의 과거 행적으로 아버지와 부자의 관계가 상실되었지만, 주인과 품꾼의 관계는 아버지의 관용으로 가능하리라고 생각하였던 것이다. 그래서 그는 아버지와 아들의 관계에서의 권리가 아니라 주인과 품꾼의 관계에서의 배려를 아버지가 아닌 주인에게 요청하기로 한 것이다.

탕자는 이제 더 이상 아버지와 아들의 혈연관계가 아니라 주인과 품꾼의 계약관계를 희망하면서 아버지의 집으로 향했다. 그러나 부자의 관계는 어느 한쪽의 일방적 파기에 의하여 상실되는 것이 아니다. 흔히 하늘이 맺어 준 관계라고 한다. 우리말에 "호적에서 이름을 판다."라는 말이 있지만, 부자의 관계는 인위적, 물리적 강압에 의하여 깨어지는 것이 아니다. 탕자는 자기 잘못으로 인해 부자의 관계가 상실되었다고 생각했지만, 아버지의 마음은 달랐다. 아버지에게 탕자는 집을 나갈 때나 다시 돌아왔을 때나 여전히 아들이었다. 그는 아버지에게 자신의 유산을 달라고 할 때도, 아들이 아닌 품꾼으로 돌아가겠다고 할 때도 아버지의 마음을 알지 못하고 있었다. 그가 다시 집으로 돌아가 아버지의 품에 안기기 전까지는 아버지에 대한 오해가 계속되었다.

품꾼은 종과 다르다. 종은 어느 한 집에 장기적으로 고용되어 자신을 고용한 가정의 가족으로 대우받는 일꾼이었다. 반면에 품꾼은 노동과 대가가 안정되어 있는 종과는 다른 불안정한 지위였다. 탕자는 아버지 집의 한 식솔인 종이 아니라 일시적인 고용인에 불과한 품꾼이라도 되겠다는 마음으로 집으로 돌아가려고 한 것이다.

탕자는 아버지께로 돌아가리라는 결단을 하고 행동으로 옮겼다. "이에 일어나서 아버지께로 돌아가니라"(눅 15 : 20)라는 이 말이 그의 완전한 회심을 가리킨다. 회심이란 원래의 자리로 돌아가는 것을 의미한다. 먼 나라의 삶을 버리지 못한다면 결코 아버지께 돌아갈 수 없다. 아들이 아버지의 집으로 돌아가는 것이 온전한 회심이다.

'회개'를 뜻하는 히브리어 '테슈바'는 세상으로부터 돌아서서 원래의 자리인 하나님께로 향하는 것을 의미한다. '회개'를 뜻하는 헬라어 '메타노이아'(metanoia)도 막다른 골목에서 뒤를 돌아 원래의 자리로 돌아가는 것을 의미한다. 회개는 머리로 하는 것이 아니라 온몸으로 하는 행위이다. 회개는 내적 뉘우침이 외적 돌아섬으로 표현된 것이다. 회심(conversion)의 반대는 혐오(aversion)이다. 회심이란 연민을 느끼며 희망을 가지는 것을 의미한다. '메타노이아'의 다른 면은 '파라노이아'(paranoia), 즉 과대망상이다. 돌아서지 못하는 것은 과대망상에 빠져 있기 때문이다. 탕자가 회심하였다는 것은 아버지의 집에 대한 연민을 느끼며 희망을 가졌다는 것이다. 그가 아버지의 집을 떠나올 때와 다시 돌아갈 때 아버지의 집은 같은 집이었지만, 아버지의 집에 대한 그의 감정은 전혀 달랐을 것이다. 그가 아버지의 집을 버리고 먼 나라로 간 것은 과대망상이었다. 먼 나라에서 자신의 꿈을 이루고 만족을 얻으리라는 과대망상은 그가 아버지의 집을 떠나 먼 나라로 가게 했다. 그러나 그가 과대망상을 극복하고 아버지의 집으로 완전히 돌아온 것은 회복이며 희망이었다. 좀 더 확실하게 표현하면 탕자는 아버지의 집으로 돌아온 것이 아니라 아버지께 돌아왔다.

 탕자는 머리의 판단에 의지하여 아버지의 집을 떠나 먼 나라로 갔다. 그러나 그는 돌아가야 한다는 머리의 판단뿐만 아니라 가슴의 판단에 따라 아버지의 집으로 돌아왔다. 아우구스티누스는 "지식만으로는 우리를 구원할 수 없다."라고 하였다. 로널드 롤하이저는 "아우구스티누스는 두 번 회심했는데 한 번은 머리로 한 회심이고, 다른 한 번은 가슴으로 한 회심이다."라고 하였다. 탕자의 가슴으로 한 회심이 그를 아버지의 집으로 돌아가게 하였고, 아버지로 하여금 그를 다시 아들로 인정하게 한 것이다. 로버트 프로스트는 말한다. "집이란 우리가 그곳에 가야 할 때 우리를 받아 주어야만 하는 곳이다."

　야구는 경기의 규칙이나 용어 등을 볼 때 완전히 기독교적이다. 야구의 모든 규칙이 마치 크리스천인 순례자가 이 세상에서 하나님 나라로 가는 순례의 여정과 일치한다. 또한 야구는 탕자의 비유에 나타난 둘째 아들의 인생 여정과도 같다. 야구는 구기종목임에도 공이 아닌 선수가 홈에서 출발하여 홈으로 들어와야 점수를 얻는다. 탕자는 아버지의 집에서 출발하여 다시 아버지의 집으로 귀환한다. 야구는 홈에서 출발하여 1~3루를 지나 4각형 한 바퀴를 돌아 홈에 들어오는 경기이다. 신학적으로 4는 땅의 숫자이다. 세상 한 바퀴를 다 돌아야 홈에 들어가게 되는 것이다. 탕자는 모질고 험한 세상 한 바퀴를 다 돌았다. 야구는 선수 한 사람이 공격을 하지만, 그 선수가 홈으로 들어가지 못하게 하기 위해서 아홉 선수가 막고 있다. 그만큼 세상은 험하고 세상 한 바퀴를 다 도는 것은 예삿일이 아니다. 탕자는 돈이 떨어지면 인심도 떨어지는 험한 세상을 한 바퀴 돌고 다시 집으로 돌아온 것이다. 야구선수가 1~3루를 다 돌고 홈에 들어오게 되면 감독과 동료 선수들이 하이파이브를 하고 환호하며 기뻐한다. 탕자가 고해와 같은 세상을 다 돌아 마침내 집으로 돌아왔을 때 아버지는 기뻐하며 모든 집안 식구와 함께 즐거운 잔치를 벌였다. 야구는 홈에서 출발하여 홈으로 들어오는 귀환 경기이다. 탕자의 비유도 집에서 출발하여 집으로 돌아오는 귀환 드라마라고 할 수 있다.

8. 아들의 지위를
회복시키는 아버지 _____ 。

　유대인의 전승에서 아버지에게는 가족의 필요를 충족해야 할 의무가 있다. 아버지가 육체적인 장애 없이 가족을 부양하는 일을 게을리하면 이방인보다 더 악한 사람으로 간주하였다(딤전 5:8). 아버지는 자녀들의 교육에 대한 책임을 가지고 있었고, 아들에게 물건을 주고받으며 장사하는 법을 가르칠 의무가 있었다. 가정에서 아버지의 역할은 그의 종교적, 정치적, 사회적 가치를 자녀에게 전달하는 것이다. 아버지는 식탁에서 식사하면서, 들에서 일을 하면서, 함께 지붕을 수리하면서 아들과 소통하며 삶의 규범을 가르치는 것이 일반적이었다. 그런데 탕자의 아버지는 아들에게 신앙심, 사회성 등을 교육함에 부족함이 있었다.
　신약성경 시대의 문화는 명예를 상당히 존중하였다. 명예는 권력과 성적 지위, 종교의 세 가지 선에서 이루어지는 사회석 태노와 행동이라고 할 수 있다. 명예란 집단이 본 그 사람의 가치와 자기 자신에게 느끼는 가치가 일치할 때 가능하다. 명예는 가치에 대한 요구이며 그 가치에 대한 사회적 인정이다. 그러므로 명예는 부와 마찬가지로 획득될 수 있으며, 자신의 가치를 인정받음으로 얻을 수 있다. 당시의 명예는 요즘의 신용등급과 같이 사회가 그 사람을 대하는 태도라고 볼 수 있다. 그리하여 1세기 사람들은 명예 평가에 대하여 깊은 관심을 가졌고 그 평가에 따라 지위에 대한 권리를 가졌다.

    1세기의 아버지들은 자녀들에게 엄격한 모델이 되었고 아버지의 명령에 자녀가 순종하는 것으로 아버지는 명예를 지켰다. 반면 자녀가 아버지에게 불순종하는 것은 아버지의 불명예가 되는 것이다. 이런 명예는 교사와 제자와의 관계, 국가의 지도자와 추종자와의 관계에서도 똑같이 적용되었다. 당시의 관습과 문화에서 볼 때 탕자의 아버지는 불명예스러운 아버지였으며, 집안 사람들과 마을 사람들도 그렇게 생각했을 것이다. 그러나 아들이 돌아와 아버지의 명예가 회복되었고, 아버지는 아들을 사랑하고 인정함으로 아버지의 명예를 지킬 수 있었을 것이다.

    1세기 팔레스타인의 가정은 기계적이거나 사랑이 없는 제도적인 것만은 아니었다. 아버지는 엄격하였지만, 사랑으로 가정을 이끌어 갈 의무가 있었고, 부모와 자녀와의 관계에서도 사랑과 복종을 강조하였다. 바울도 자녀들에게는 부모에게 순종하고 공경하라고 하였고(엡 6 : 1-2), 아버지에게는 "자녀를 노엽게 하지 말고 오직 주의 교훈과 훈계로 양육하라"라고 했다(엡 6 : 4).

    탕자의 아버지도 유대인의 전통적인 관습과 관계에 따라 가정에 의무를 다했을 것이다. 아들에 대한 아버지의 사랑도 의심의 여지가 없다. 단지 교훈과 책망이 모자란 반쪽 사랑이 문제였다. 그러나 아버지가 아들을 사랑한 것이 분명한 이유는 탕자가 먼 나라에서 어려움을 당했을 때 그가 아버지의 집으로 돌아올 결단을 했다는 것이다. 만일 아들이 아버지의 사랑 없는 엄격함 때문에 먼 나라로 도망치듯 갔다면, 아무리 기근이 들고 어려워도 아버지의 집으로 돌아오지는 않았을 것이다.

우리는 둘째 아들을 탕자라고 부른다. 그러나 성경은 어느 곳에도 그를 탕자라고 하지 않는다. 헬라어 성경에는 '네오테로스'라고 하여 '더 젊은 사람'이라고 한다. 헬라어의 뜻은 둘째 아들도 아니고 탕자도 아닌 더 젊은 사람이다. 11절에서 "두 아들이 있는데"라고 하였으므로 더 젊은 아들은 두 아들 가운데 둘째 아들임이 분명하다. 젊음은 좋은 것이고, 희망이 있고, 미래가 있는 것이지만 반면에 항상 행실이 불안정하고(시 119 : 9), 유혹에 약하고(딤후 2 : 22), 삼가야 할 때이다(전 12 : 1). 둘째 아들은 이런 젊은 시절의 약함을 이기지 못하고 탕자가 되어 버린 것이다.

아들이 어려운 발걸음을 했다는 사실을 알고 있었던 아버지는 아들을 기쁘게 맞이한다. 이는 아버지의 주도적 사랑(initiative love)이며 흔히 우리가 말하는 '내리사랑'이다. 찰스 스펄전은 하나님의 주도적 사랑을 이렇게 표현하였다. "하나님의 자비와 긍휼의 눈은 사람의 회개의 눈보다 빠르다." 아버지의 화해와 긍휼 그리고 사랑이 훨씬 더 앞선다. 아버지는 아들이 돌아오기 전에 이미 화해를 갈망하였고, 아들이 회심하기 전에 이미 용서하였다. 이런 아버지의 사랑과 관용이 아니면 아들은 돌아올 수 없고, 돌아와도 품꾼으로 대접받지도 못했을 것이다. 자신의 선이나 의로는 집으로 돌아올 수 없었던 아들이 돌아올 담력을 얻은 것은 오직 아버지의 긍휼과 은혜 때문이었다. 아버지는 이런 긍휼로 돌아온 아들을 품꾼이 아니라 여전히 아들이라고 인정한 것이다. 아들은 자기 의로 아들이 된 것이 아니라 아버지의 의로 아들이 되었다. 아버지의 의는 돌아온 아들의 지위를 회복시킨 것이 아니라 한 번도 아들이 아닌 때가 없게 하였다. 이것이 바로 아버지의 의이다.

아들에 대한 아버지의 주도적 사랑은 몇 가지로 표현되었다. 첫째는 "아직도 거리가 먼데 아버지가 그를 보고"라는 표현이다. 아버지는 초라한 형색으로 돌아오는 이가 아들이라는 사실을 한눈에 알아보았다는 것이다. 아무리 아들이 남루한 차림으로 나타났다고 해도 아버지는 아들을 안다. 왜냐하면 아버지는 절대로 아들을 버리지 않을 뿐만 아니라 한시도 잊지 않고 다시 집으로 돌아오기를 기다리고 있었기 때문이다. 아버지의 주도적 사랑이란 아들이 아버지를 먼저 본 것이 아니라 아버지가 아들을 먼저 보고 있었다는 것이다.

둘째는 아들을 발견한 아버지가 "측은히 여겨" 달려갔다는 것이다. 자신의 유산을 챙겨 떠난 아들을 버릇이 없다고, 괘씸하다고 외면한 것이 아니라 오히려 초라하고 남루한 아들의 모습을 측은히 여긴 것이다. '측은히 여기다'라는 의미의 헬라어는 '스플랑크니조마이'(splanchnizomai)이다. 이 단어는 인간의 장기인 '창자'와 관련이 있다. 하나님께서는 외아들 예수님을 십자가에 달려 죽게 하는 단장(斷腸)의 아픔을 겪으시면서 인간을 구원하셨다. 인간을 구원한 것은 하나님의 사랑과 긍휼이다. 예수님은 하나님의 긍휼의 화신이다. 임마누엘 스베덴보리, 선다 싱과 더불어 기독교 3대 신비주의자로 불리는 13세기의 마이스터 에크하르트는 "하나님을 사랑이라 부를 수도 있고 선이라고 부를 수도 있지만, 하나님의 최고의 이름은 궁휼이다."라고 했다. 궁휼은 사랑, 자비, 용서, 관용을 연상하게 한다. 그러나 하나님의 궁휼은 징계, 책망, 용서하지 않음도 포함한다. 하나님께서는 호세아 1 : 6에서 "내가 다시는 이스라엘 족속을 궁휼히 여겨서 용서하지 않을 것임이니라"라고 하신다.

유대인들 사이에서 내려오는 이야기 가운데 재미있는 이야기가 있다. 하나님께서 천지를 창조하실 때 모든 것을 다 만드신 다음에 사람을 만들기로 작정하시고 천사와 의논하셨다는 것이다. 하나님께서는 먼저 의의 천사에게 "내가 사람을 만들려고 하는데 어떻게 생각하느냐?"라고 하셨다. 그때 의의 천사는 "하나님, 절대 안 됩니다. 사람을 만들면 사람들은 절대로 의롭게 살지 못하고 불의하게 살 것입니다. 그러면 사람을 만드신 것을 후회하게 되실 것입니다."라고 하였다. 이에 하나님께서는 거룩한 천사를 찾아가 "사람을 만들려고 하는데 어떻게 생각하느냐?"라고 하셨다. 그때 거룩한 천사는 "하나님, 절대로 사람을 만드시면 안 됩니다. 사람들을 만드시면 세상은 거룩한 모습을 찾아보기 힘들게 되고 점점 더 러워지게 될 것입니다."라고 하였다. 다음으로 하나님께서는 빛의 천사를 찾아가서 똑같이 물으셨다. 빛의 천사는 "하나님, 절대 사람을 만드시면 안 됩니다. 사람을 만드시면 이 세상은 아주 깜깜한 어두움으로 변하게 될 것입니다. 빛이 없는 세상이 될 것입니다."라고 하였다. 마지막으로 하나님께서는 궁휼의 천사를 찾아가 사람을 만들어야 하겠느냐고 물으셨다. 그때 궁휼의 천사는 "하나님, 사람을 꼭 만드셔야 합니다. 사람을 만드시면 당분간은 세상이 불의하게 될 것이고, 더럽혀질 것이며, 어두워지게 될 것입니다. 그렇지만 제가 사람들에게 가서 하나님의 사랑과 궁휼을 가르치겠습니다. 사람들을 꼭 만드십시오. 사람들에게는 당신의 궁휼이 필요합니다."라고 하였다. 이 이야기는 하나님께서는 긍휼의 하나님이시며, 사람에게 하나님의 긍휼이 필요하다는 것을 가르치는 이야기이다.

하나님의 긍휼이 아니면 살 수 없는 존재가 바로 죄를 지은 인간이다. 인간의 뿌리 깊은 죄성은 하나님의 긍휼을 필요로 한다. 긍휼이란 말은 '함께 아파한다'는 뜻을 가진다. 하나님께서는 죄를 지은 인간을 보시고 함께 아파하신다. 하나님의 긍휼하심이 인간이 하나님을 찾고 그리스도를 알게 한다. 아우구스티누스는 『고백록』에서 "만일 주님의 긍휼히 여기시거나 불쌍히 여기시지 않으신다면 하늘과 땅이 아무리 소리로 주님을 찬송하여도 사람들은 귀가 먹어서 그 소리를 들을 수 없습니다."라고 하였다.

유산을 탕진한 뒤 굶주린 배를 움켜쥐고 다시 아버지의 집으로 돌아온 아들에게 아버지는 무한한 긍휼을 베푼다. 하나님의 긍휼은 무조건 용서하고 수용하여 응석받이로 버릇없게 만드는 것이 아니라 참 아들이 되게 한다. 다시 말해 하나님의 긍휼은 자비만 베푸는 것이 아니라 책망하고 징계하여 다시 집을 떠나지 못하게 하는 것이다.

아들은 아버지에게 돌아가기를 부끄러워하며 아버지에게 지은 잘못을 기억하고 있다. 심지어 자기 발로 걸어 나와 다시 자기 발로 걸어 들어가기를 부끄러워하지만, 아버지는 아들의 무례함과 잘못을 기억하지 않는다. 아버지는 아들이 나갈 때부터 이미 돌아오는 아들을 맞을 마음의 준비를 하고 있었고, 아버지의 마음은 아들이 돌아올 때까지 결코 편안할 수 없었다.

맹자는 『공손추』(公孫丑)에서 '사단설'(四端說)을 말하였다. 그는 인간이 본성적으로 선한 마음을 가지고 있다는 성선설(性善說)을 주장하며,

심성을 선하게 하는 네 가지 단서를 말한다. 측은지심(惻隱之心), 수오지심(羞惡之心), 사양지심(辭讓之心), 시비지심(是非之心)으로 나누었다. 그리고 이 네 가지 선의 단서는 인(仁), 의(義), 예(禮), 지(智)의 근원을 이룬다. 첫째는 惻隱之心 仁之端也(측은지심 인지단야)로 불쌍히 여기는 마음은 어짊의 극치이며 無惻隱之心 非人也(무측은지심 비인야), 즉 불쌍히 여기는 마음이 없는 것은 사람이 아니다. 둘째는 羞惡之心 義之端也(수오지심 의지단야)로 부끄러움을 아는 마음은 옳음의 극치이며 無羞惡之心 非人也(무수오지심 비인야), 즉 부끄러운 마음이 없으면 사람이 아니다. 셋째는 辭讓之心 禮之端也(사양지심 예지단야)로 사양하는 마음은 예절의 극치이며 無辭讓之心 非人也(무사양지심 비인야), 즉 사양하는 마음이 없으면 사람이 아니다. 넷째는 是非之心 智之端也(시비지심 지지단야)로 옳고 그름을 아는 마음은 지혜의 극치이며 無是非之心 非人也(무시비지심 비인야), 즉 옳고 그름을 아는 마음이 없으면 사람이 아니다. 맹자가 가르치는 것은 인간의 선함과 인간을 선하게 만드는 근본 심성 네 가지이다. 그 가운데 측은히 여기는 마음이 인간을 선하게 만드는 요소라고 하였다. '선'이란 하나님의 성품이며 인간을 창조하실 때 주신 하나님의 형상으로 신학적으로는 하나님의 공유적 속성이라 한다. 성경에는 하나님의 백성들을 측은히 여기시는 하나님의 마음이 여러 번 기록되어 있다. 예수님도 세상에 계실 때 이 마음을 늘 드러내셨으며 치유의 기적에는 "불쌍히 여기시고"라는 말을 반복하고 있다. 예수님이 기적을 행하신 동기는 측은히 여기시는 마음이다. 하나님께 측은히 여기는 마음이 없다면 하나님께서는 하나님도, 아버지도 아니시다. 예수님에게 측은히 여기는 마음이 없다면 예수님은 그리스도도, 구원자도 아니시다.

에리히 프롬은 그의 책에서 자녀는 부모에게서 인생에서 필요한 모든 것을 다 배운다고 하였다. 특별히 자녀는 아버지에게서 정의, 용기, 진리, 공평, 인내 등을 배우며, 어머니에게서 사랑, 용서, 자비, 동정심 등을 배운다고 한다. 탕자의 아버지는 절대적 사랑과 측은히 여기는 동정심으로 아들이 돌아오기 전에 이미 아들을 용서한 것이다. 이런 탕자의 아버지는 어머니와 같은 마음으로 돌아오는 아들을 마음으로 맞아 주고 있다. 비유에서 아버지라고 말하는 하나님은 어머니와 같은 분이며, 탕자의 비유는 하나님의 극진한 모성을 설명하고 있다.

셋째는 아버지가 아들을 향해 "달려가" 그를 만났다. 아들이 아버지에게 달려간 것이 아니라 아버지가 아들에게 달려간 것이다. 여기에서도 아버지의 주도적 사랑이 나타난다. 아들에 대한 아버지의 사랑은 언제나 선수(先手)적이다. 아들이 아버지를 찾은 것이 아니라 아버지가 아들을 찾았다. 아들이 아버지를 사랑하는 것 같지만, 사실은 아버지가 아들을 사랑하는 것이다. 아들이 아버지를 아는 것이 아니라 아버지가 아들을 아는 것이다. 그래서 기독교의 진리는 언제나 하향적이다. 하나님의 인간 구원도 하향적이며, 하나님의 사랑도 하향적이다. 하나님께서는 하나님의 눈을 피해 숨은 아담을 부르며 달려가셨다. 여호와의 눈은 온 땅을 두루 감찰하사 전심으로 자기에게 향하는 자들을 위하여 능력을 베풀기 위해 달려가신다(대하 16 : 9). 그리고 은혜 베풀 자에게 은혜를 베풀고 긍휼히 여길 자에게 긍휼을 베풀기 위해 달려가신다(출 33 : 19). 탕자는 아버지의 곁을 떠나기 위해 자신의 몫을 챙겨 달려갔지만, 아버지는 다시 품으로 돌아오는 아들을 조금이라도 더 빨리 맞이하려고 달려갔다. 아들이 돌아오는 모습을 본 아버지는 조금도 지체할 수 없었다. 아버지가 아들을 용서하는 마음은 아들이 아버지께 돌아오려는 회심의 마음을 앞선다. 아들이 아버지께 돌아가려는 마음은 더디지만, 아버지가 아들을 맞이하려는 마음은 언제나 빠르다.

넷째는 "목을 안고 입을 맞추니"라고 한다. 이는 아버지의 극진한 애정을 표현하는 말이다. 입을 맞추었다는 단어 '카테필레센'은 부정 과거형으로, 아버지의 아들에 대한 입맞춤이 열렬했음을 의미한다. 입을 맞추는 것은 아들에 대한 용서를 뜻한다. 아버지는 아들이 와서 용서를 구하기 전에 이미 용서의 표로 입을 맞추었다. 입맞춤은 무조건적인 용서(삼하 14 : 33)와 극진한 애정을 의미한다(행 20 : 37). 탕자의 아버지가 아들의 목을 안고 입을 맞추었다는 것은 아들에 대한 용서와 사랑을 동시에 표현한 것이다.

성경은 "거룩한 입맞춤"(롬 16 : 16, 고전 16 : 20, 고후 13 : 11, 살전 5 : 26) 혹은 "사랑의 입맞춤"(벧전 5 : 14)을 권하고 있다. 입맞춤은 고대 근동 지방에 널리 퍼진 인사법이었고, 유대 전통에서도 오랜 관습이었기에 초대교회 공동체에서도 실행하였다. 초대교회의 입맞춤은 그리스도의 사랑의 실천과 형제애의 표현이었으므로 바울은 이를 '거룩한 입맞춤'이라고 하였다. 나아가 초대교회에서 이 의식은 성도들 사이에 그리스도를 통한 평화가 이루어졌다는 의미로 사용되었으며, 성도의 하나 됨을 의미하는 것으로 교회를 떠났다가 다시 돌아오는 성도에 대하여 다시 형제로 인정하는 허락의 표시였으며, 예수님의 부활을 상기하며 믿음을 굳게 지키자는 격려의 표시였다고 한다. 교회에서는 고대 근동 지방의 관습에 거룩한 의미를 부여하였고, 초대교회 이후에는 제의적 의미까지 부여하였다. 그리하여 '거룩한 입맞춤', '사랑의 입맞춤'이라 불렀다. '거룩한 입맞춤'은 성경 시대 이후 2~3세기경까지 교회에서 의미를 부여하여 통용되었으나 여러 가지 폐단으로 별도의 규정을 만들어 시행되다가 후에 폐지되었다. 언제까지 지속되었는지에 대해서는 정확한 기록이 없지만 대개 3세기 초에 폐지되었을 것으로 본다.

아버지는 돌아온 아들에 대한 기쁨을 가감 없이 표현한다. 아버지는 아들을 보낼 때도, 아들이 다시 돌아올 때도 아버지가 보여야 할 엄격한 모습을 보이지 않았다. 아버지는 체면과 품격에 개의치 않고 단지 아들의 귀환에 대한 기쁨만 표현한 것이다. 이런 아버지의 행동은 아들에 대한 용서가 선행되었기에 가능했고, 아들에 대한 용서는 아버지의 변함이 없는 사랑 때문에 가능했다.

탕자는 아버지의 집으로 돌아오기로 결단할 때 "나를 품꾼의 하나로 보소서 하리라"(눅 15 : 19)라고 하였다. 그러나 그는 아버지를 만났을 때 "아버지 내가 하늘과 아버지께 죄를 지었사오니 지금부터는 아버지의 아들이라 일컬음을 감당하지 못하겠나이다"(눅 15 : 21)라고만 하였다. 그는 "나를 품꾼의 하나로 보소서."라고 하지 않았다. 탕자가 아버지께 품꾼의 하나로 써 달라고 하기 전에 이미 아버지는 그를 용서하였고 아들로 인정한 것이다. 탕자가 용서해 달라고 입을 떼기도 전에 아버지는 아들에게 입을 맞추어 용서를 표현했다. 그리고 돌아온 아들을 집을 떠나기 이전의 아들로 회복시키는 아버지의 회복력을 종들에게 지시했다. 그래서 그는 품꾼으로 돌아오려고 했지만, 아들의 지위로 돌아온 것이다.

둘째 아들이 돌아올 때 "아직도 거리가 먼데 아버지가 그를 보고 측은히 여겨 달려가 목을 안고 입을 맞추니"(눅 15 : 20)라고 한다. 보통의 아버지들은 절대로 아들이 돌아온다고 해도 달려 나가지 않는다. 아들의 목을 안고 입을 맞추지 않는다. 아들이 돌아온다는 종의 기별을 듣고 반가워 마당에 나와 서성거리다가도 아들이 올 시간이면 다시 안방으로 들어가 자리에 앉아 기다릴 것이다. 아무리 아들이 돌아오기를 기다렸고, 돌아온 아들이 반가워도 아들에게 "뭐 하러 왔어?"라고 퉁명스럽게 대하는 것이 우리가 아는 아버지이다. 아버지의 "뭐 하러 왔어?"라는 말은 열렬히 환영한다는 표현이다. 그러나 어머니는 아버지와 다르다. 어머니는 아들이 돌아온다는 소식에 버선발로 달려가 목을 안고 입을 맞춘다. 어머니는 아버지와 같은 체면과 품위에 아랑곳하지 않는다. 이것이 우리의 눈으로 보는 탕자의 아버지이다. 그런 의미에서 볼 때 비유에 나타난 탕자의 아버지는 어머니의 모습이며, 이는 하나님의 모성을 의미한다.

## 9. 잔치를 베푸는 아버지 _____ 。

　전통 유대인의 중요한 전통 가운데 하나는 환대(hospitality)이다. 손님이 자신의 집을 방문할 경우 그들은 뜨겁게 맞이한다. 환대는 유대인들의 삶의 중심이며 기독교의 기본 정신으로 계승되었다. 모든 사람에게 관용을 베푸는 것은 타인에 대한 기본적인 자세였다. 구약과 신약에는 자신의 집에 방문한 손님을 극진한 태도로 대접하는 장면이 여러 번 등장한다. 유대인들은 손님들에게 친절히 대하고 자신의 방까지 내어 줄 만큼 관대하였다. 이런 유대인의 관대한 환대는 유대의 신앙과 예수님의 가르침에서 나타난다. 관대함을 뜻하는 헬라어는 낯선 사람에게 사랑을 베푸는 것을 의미한다(롬 12 : 13, 딛 1 : 8, 벧전 4 : 9). 심지어 관대함을 저버리는 것은 이방인의 행동이라고 하였다(눅 16 : 19-25).

오래전 유학 시절에 "도시 목회학"(Ministry in Urban Context)이란 과목을 이수한 적이 있었다. 그 과목은 한국으로 돌아와 목회하는 동안 많은 도움을 주었다. 당시 그 수업은 도시 목회 가운데 많은 것을 다루지 않고 미국 사회의 가장 큰 관심거리인 세 가지 주제를 집중적으로 다루었다. 그 세 가지는 '동성애'(homosexuality), '노숙'(homelessness), 그리고 '난민'(refugee) 문제였다. 강의 시간에는 동성애자들이 함께 참여하여 교회에 대한 그들의 요청을 듣고, 교회의 입장을 나누었다. 노숙자들의 상황은 단순한 주택문제가 아니라 마약이나 성적 학대 등 다양한 문제를 함께 논의해야 했다. 그리고 과테말라, 엘살바도르 등 중미에서 폭정으로 인해 미국으로 이주한 불법 체류자들과 함께 대화를 나누었다. 이 가운데 동성애자들과의 대화는 동성애가 얼마나 해결하기 힘든 사회적, 목회적 과제인가를 확실하게 알게 되었다.

수업을 듣는 내내 나는 동성애자 목회를 하는 동성애자 목회자와 사사건건 충돌하였다. 그는 나를 설득하려고 갖은 애를 썼다. 나에게 자신의 석사 논문을 주면서 이 책을 읽어보고 다음 날 다시 이야기하자고 하였다. 그 논문의 제목은 "Biblical Foundation for Homosexuality"(동성애의 성경적 근거)였다. 나는 다음 날 있을 그와의 논쟁을 위하여 밤새 그 책을 읽었다. 다 기억나지는 않지만 동성애에 대한 많은 성경적 근거들을 그들의 관점에서 풀어놓았다. 전통적으로 소돔과 고모라는 동성애에 의하여 멸망되었다고 말한다. 소돔의 롯의 집에 두 천사가 왔을 때 소돔 사람들은 "오늘 밤에 네게 온 사람들이 어디 있느냐 이끌어 내라 우리가 그들을 상관하리라"(창 19 : 5하)라고 한다. 이 말은 당시 소돔 사람들에게 동성애가 일반적이었다는 것을 말한다. 그래서 소돔의 동성애 죄악에서 남색을 뜻하는 영어 '소도미'(sodomy)가 파생되있다. 동성애 행위를 하는 사람을 '소도마이트'(sodomite)라고 하며, 동성애 금지법의 명칭을 '소도미법'(sodomy Law)이라고 한다. 그런데 그의 논문은 예수님이 열두 제자를 세우신 다음에 마을로 보내신 사실을 이렇게 해석하였다. 마을에 들어갔을 때 영접하지 아니하고 말을 듣지 아니하면 발에 먼지를 털어 버리라고 하시면서 "내가 진실로 너희에게 이르노니 심판 날에 소돔과 고모라 땅이 그 성보다 견디기 쉬우리라"(마 10 : 15)라고 하셨다. 이 말씀의 맥락은 소돔과 고모라가 동성애로 말미암아 멸망당한 것이 아니라, 동정심의 결여로(lack of hospitality) 멸망 당하였다는 것이다. 저자의 성경 해석은 지극히 자의적이며, 아전인수(我田引水)격의 해석이다.

그러나 제자들에게 말씀하신 예수님의 핵심 가치는 복음에 대한 수용성이며, 타인에 대한 동정심이다. 이렇듯 유대인에게 동정심이란 중요한 사회성이며 인간관계의 덕목이었다. 동정심이 없다는 것은 사회 일원으로서의 관계성을 상실했다는 의미이다. 이런 타인에 대한 동정심이나 환대는 성경의 교훈을 기반으로 한 유대인의 관습이라고 할 수 있다. 그런 당시의 관습으로 볼 때 탕자의 아버지가 돌아온 아들에게 손님 이상의 극진한 환대를 했음에는 의심의 여지가 없다.

돌아온 아들에 대한 아버지의 환대는 몇 가지로 나타난다. 그리고 이 모든 환대는 아버지가 돌아온 아들의 지위를 완벽하게 인정해 주는 것을 의미했다. 탕자는 아들의 지위를 회복한 것이 아니라 집을 떠났을 때부터 돌아올 때까지 한시도 아들의 지위를 잃은 적이 없었다. 그는 품꾼의 하나로 써 달라고 하리라고 했지만, 집에 왔을 때 이미 품꾼이 아니라 아들이었다. 그는 자신이 얼마나 아버지에게 부끄러운 일을 했는가를 잘 알고 있었다. 더구나 집안 식구들과 종들이 자신의 잘못을 뻔히 알고 있음에도 불구하고 아들로서 환대받는 뻔뻔함을 보였다. 하지만 이런 대접을 받을 자격이나 염치가 없다고 아버지의 환대를 거부하는 것은 또 다른 패륜이다. 염치없는 일이지만 아버지의 뜻에 따라 환대를 받는 것이 탕자의 오명을 벗는 길이었다.

아들의 지위를 회복한 아버지는 "종들에게 이르되" 아들에게 좋은 옷을 입히고, 가락지를 끼우고, 신을 신기라고 하였다. 돌아온 아들을 유난히 반겼던 아버지라면 직접 가장 좋은 옷을 골라 입히고, 가락지를 아들의 손에 끼워 주고, 발을 씻기고 신발을 신겨 줄 수 있었을 것이다. 그러나 아버지는 종들에게 이를 시켰다. 아버지는 그동안 먼 나라에 가서 유산을 탕진하고 돌아온 아들에 대한 종들의 마음을 헤아린 것이다. 종들은 둘째 아들을 곱지 않은 시선으로 보았을 것이고, 아들로서의 자격을 잃었다고 생각했을 것이다. 그러나 아버지는 돌아온 아들의 권위를 회복하였다는 사실을 모든 종에게 선언했다. 동시에 아들의 손에 가락지를 껴서 주인의 권리를 회복하고 아들이 종들의 주인이라는 사실을 깨닫게 하려는 아버지의 깊은 의도가 숨어 있었다. 돌아온 아들은 이렇게 종들의 주인이 되었다.

개인의 인격이란 자신을 인식하고 다른 사람이 자신에 대하여 피드백 하는 측면에서 자신의 이미지를 형성하는 것이다. 한 개인은 자신에 대한 이미지가 가족이나 마을, 더 나아가 국가와 같은 공동체가 자신에게 제공하는 이미지와 일치해야 하므로 사람들이 갖는 자신에 대한 이미지에 관심을 가졌다. 1세기 사람들은 많은 유사한 공동체 가운데 작은 범위의 조직에 속하였기에 더욱 자신의 인격과 이미지에 신경을 써야 했다. 당시의 정황으로 보면 탕자가 아버지의 유산을 가지고 집을 떠나 먼 나라에 가서 탕진하고 빈손으로 다시 아버지의 집으로 돌아온 것을 온 마을이 다 알고 있었을 것이고, 아들의 인격과 이미지는 완전히 추락했을 것이다. 아버지는 아들을 환대할 뿐만 아니라 여러 가지 방법과 단계로 아들의 인격과 이미지를 확실하게 회복하려고 하였다.

아들에 대한 아버지의 첫 번째 환대는 '제일 좋은 옷을 내어다가 입히는' 것이었다. 제일 좋은 옷이란 첫 번째 옷이라는 뜻이다. 먼 나라에서 돌아온 아들의 행색이 초라했기에 아버지는 제일 좋은 옷을 내어다가 입혔다. 고대 근동 사회에서 제일 좋은 옷을 입히는 것은 큰 영예를 주는 것을 말한다. 왕은 포상할 만한 공을 세운 신하에게 가장 귀한 옷을 하사하였다. 대제사장 여호수아가 더러운 옷을 입고 천사 앞에 서 있을 때 하나님께서 그 더러운 옷을 벗겨 아름다운 옷을 입히시고 정결한 관을 머리에 씌우신 일을 방불케 한다(슥 3 : 1-5).

옷의 헬라어는 '스톨레'로서 영어로는 'robe'라고 한다. 'robe'는 'gown'(가운)과는 다른 성직자의 예복으로, 예식을 위한 의상이다. 예전을 위한 성직자의 예복을 '가운'이라 하는 것은 엄밀한 의미에서는 옳지 않다. 아버지는 돌아온 아들에게 예식 때 입는 예복을 입혔는데 마치 예수님이 부활하셨을 때 무덤 우편에서 흰옷을 입으셨던 그 옷을 연상하게 한다(막 16 : 5). 그리고 구원함을 받은 성도들이 하나님 나라에서 입을 '흰 두루마기'(계 6 : 11)와 흰옷(계 7 : 9)과 같은 긴 예복을 의미한다. 당시의 '스톨레'는 개인적 자부심과 지위의 상징으로, 재정적 어려움을 당했을 때 담보로 잡힐 만큼 귀중한 재산이었다. 그리고 그 옷은 밤이면 이불로 사용되었으므로 해가 질 때까지 주인에게 돌려주어야 하는 것이 율법이었다. 또한 예수님이 예루살렘에 입성하실 때 사람들이 자기 옷을 길에 펼친 것은 최고의 예의를 표한 것으로 볼 수 있다. 그만큼 당시의 옷은 고품질이었고 명예의 상징이었다.

이러한 '스톨레'의 의미를 알면 탕자의 아버지가 아들에게 가장 좋은 옷을 입혔다는 것은 아들의 죄를 용서하고 아들의 지위를 인정하여 아들로서의 권리를 준 것임을 알 수 있다. 아버지는 자기 집의 품꾼들보다 더 남루한 아들의 옷을 자신과 동등한 품격의 옷으로 바꾸어 준 것이다. 이는 아담과 하와의 나뭇잎으로 엮은 옷을 가죽으로 지은 옷으로 바꾸신 하나님을 연상하게 한다.

아들에 대한 아버지의 두 번째 환대는 '손에 가락지를 끼우는' 것이었다. '가락지'의 헬라어 '다크툴리오스'는 가락지에 새겨진 인장을 뜻한다. 그런 의미에서 가락지는 '반지'라기보다 '인감'이라고 하는 것이 옳을 것이다. 우리가 인감도장을 소중히 여기고, 인감증명서를 상당히 중요한 문서로 여기는 것처럼 가락지는 권위와 가치를 상징하였다. 아버지가 아들에게 가락지를 끼워 주었다는 것은 둘째 아들에게 아버지 다음의 자리를 주었다는 것이며, 아버지가 없을 때 아버지의 대행할 권한을 위임했다는 것이다.

성경 시대에도 보석과 장신구가 상당히 발달하였다. 여자들은 머리를 꾸미고 금을 차고 아름다운 옷을 입었다(벧전 3 : 3). 귀걸이는 여성들이 주로 착용했으며(창 35 : 4), 경우에 따라 남성들도 착용하였다(삿 8 : 24). 유대인 여성들은 코걸이는 하지 않았지만, 발찌는 흔한 장신구였다. 또한 목걸이도 여성들이 선호하는 장신구였으며 애굽에서 탈출할 때 유대인들은 많은 금 장신구를 가지고 왔다. 그런데 유대 사회 랍비들은 사치

스러운 장신구의 사용을 비판하였다. 그럼에도 불구하고 많은 유대인 남자가 다양한 종류의 목걸이, 반지, 팔찌 등으로 몸을 장식하였다. 성경은 사울도 팔찌를 차고 다녔다고 전하고 있다(삼하 1 : 10). 탕자의 아버지가 돌아온 아들에게 끼워 주었다는 가락지는 이런 유대인 전통의 장신구가 아니라 아버지의 완전한 수용과 용서를 상징하는 것이었으며, 아들에게 집안의 권한, 즉 가정을 다스릴 권리를 위임하였음을 상징하는 것이었다. 마치 옛날 우리나라에서 시어머니가 가문의 모든 법도를 터득한 며느리에게 곳간의 열쇠를 넘겨주는 전통을 연상하게 한다.

아버지는 자신의 유산을 가불하여 다 탕진해 버린 아들에게 남아 있는 자신의 권한도 위임하겠다는 것이다. 아버지의 모든 권한을 위임한다면 이는 맏아들인 형에 대한 재산권도 이양하겠다는 의미일 수 있다. 아무리 아들이 돌아왔다고 하지만 둘째 아들은 이미 자신의 유산을 다 써 버렸으므로 아버지 집의 재산에 대해서는 어떤 권한도 남아 있지 않은 상태였는데, 오히려 아버지는 집의 모든 재산권을 맏아들이 아닌 탕자인 둘째 아들에게 주겠다고 한 것이다.

인장 반지에는 권한 위임의 의미가 있으므로 지위가 높을수록 반지의 권한은 커질 수밖에 없다. 요셉이 애굽의 총리가 되었을 때 바로는 요셉에게 "총리가 되게 하노라."라고 선포하고 자기의 인장 반지를 빼어 요셉의 손에 끼우고 그에게 세마포 옷을 입히고 금 사슬을 목에 걸었다(창 41 : 41-42). 권한 위임의 뜻으로 가락지를 끼우고 옷을 입히는 두 가지 일을 동시에 한 것이다.

성경에는 권한 위임의 의미로 반지를 끼워 주는 기록이 여러 번 나타난다. 바사의 아하수에로 왕은 유다인을 죽이려는 계략을 꾸민 하만의 생각을 좋게 여겨 자기 반지를 빼어 유다인의 대적 곧 아각 사람 함므다다의 아들 하만에게 주었다(에 3 : 10). 그러나 에스더의 지혜로 하만이 죽고, 왕은 하만에게서 거둔 반지를 빼서 모르드개에게 주었다(에 8 : 2). 하만이 가졌던 왕의 권위를 빼앗아 모르드개에게 주었다는 의미이다. 이렇게 반지에는 엄청난 힘이 있다. 이러한 반지를 둘째 아들에게 주었으니 맏아들의 분노는 당연한 것이었다.

인류 문화에서 반지는 고대 이집트와 로마에서 시작된 오랜 역사를 가진 문화적 가치이다. 반지라고 하면 결혼반지를 연상하게 된다. 인류학자들의 말에 의하면 결혼반지는 남성이 풀을 여성의 손가락에 묶어 둘이 하나가 되고 연결하는 의미로 시작되었다고 한다. 그리하여 영원성과 관계성을 상징하는 결합의 표시였다. 현대에 와서 반지는 고전적인 의미와 더불어 부와 멋의 상징이며 축하와 축복의 의미를 더하고 있다.

아들에 대한 아버지의 세 번째 환대는 '발에 신을 신기는' 것이다. 고대 사회에서 노예들은 신을 신을 수 없었다. 남의 집에서 돼지를 치는 노예의 신분이었던 아들은 집으로 돌아올 때도 아들의 지위, 자유인의 신분을 포기하고 품꾼이 되려고 하였다. 이런 상황을 볼 때 아들은 신을 신고 있지 않았을 것이며, 아버지는 그에게 신을 신겨 그가 자기 아들임을 증명하고 자유인임을 선포한 것이다.

성경 시대에 신이 얼마나 소중한 자유인의 소유인지 성경은 소상히 설명하고 있다. 종은 주인 앞에서 신을 벗어야 했고(출 3 : 5, 행 7 : 33), 주인의 신의 끈을 매고 풀어 주는 일을 했으며(마 3 : 11 참고), 종의 신분으로 먼 길을 떠날 때도 신을 가지지 못하였다(마 10 : 10). 또 당시 팔레스타인에는 두 종류의 신발이 있었는데 흔한 신발은 샌들이었다. 강우량이

적은 광야와 같은 팔레스타인에서 샌들을 신고 다니던 발이 너더워질 수 밖에 없을 것이다. 그리하여 좋은 주인이나 손님이 오게 되면 제일 먼저 그의 발을 씻겨 주어야 했다.

고대 유대인에게는 특이한 환대의 방법이 있었는데 방문객의 발을 씻겨 주는 것이었다. 부잣집에서는 주로 하인들이 이 일을 하였지만, 일반 서민 가정에서는 주부가 이 일을 하는 것이 관행이었다. 예수님은 발을 씻는 일을 통하여 영적인 의미를 일러 주셨다(요 13 : 3-16). 과부들이 성도들의 발을 씻겨 주는 것은 아주 특별하게 중요한 일로 여겨졌다(딤전 5 : 9-10). 유대인들은 집에 들어갈 때 샌들을 벗었다. 더러운 먼지를 털어 버리려는 목적도 있지만, 방문객일 경우에는 주인이 발을 씻기기 쉽도록 샌들을 벗었다. 발을 씻겨 주는 것은 고대 이스라엘의 오래되고 익숙한 전통이었다(눅 7 : 38, 44).

아버지가 돌아온 아들에게 옷을 갈아입히고, 가락지를 끼우고, 신을 신긴 것은 아들로 인정하며 아들의 신분을 회복하는 의미였다. 옷을 갈아입히고, 신을 신기는 것은 더러워진 것을 깨끗하게 하는 실재적 삶의 필요성의 의미가 있지만 가락지를 끼우는 것은 아들임을 알리는 신분의 필요성의 의미를 부여하였다.

어떤 이는 아버지가 아들에게 세 가지 환대를 통하여 다시 아들임을 증명한 것 같이 유대인들은 이 세 가지를 통하여 경제적 이익을 창출하는 이미지를 얻는다고 한다. 옷을 갈아입힌 것을 통해 유대인들은 의상, 즉 패션산업을 발전시켰다고 한다. 실제로 세계적인 패션 디자이너 가운데 유대인들이 많이 있다. 케네스 콜(Kenneth Cole), 랄프 로렌(Ralph Lauren), 캘빈 클라인(Calvin Klein) 그리고 헤어스타일리스트 비달

사순(Vidal Sassoon) 등이 유대인이다.

아버지가 아들에게 가락지를 끼운 것에 착안하여 유대인들은 보석 세공을 발전시켰다고 한다. 실제로 유대인들의 보석 세공은 세계적이며, 유대인이 세공한 다이아몬드를 세계 제일로 알아준다는 것이다. 세계에서 가장 좋은 다이아몬드를 사려면 예루살렘에 가야 한다는 말까지 있다. 현재 이스라엘에서 생산되는 '에일랏 스톤'(Eilat Stone)은 이스라엘의 에일랏 북부 지역에서 산출되는 보석으로 국제시장에서 제법 인기가 있는 보석이다.

그리고 아버지가 신을 신겨 준 것에서 제강(製鋼), 즉 아주 견고하며 얇은 철을 제조하는 기술을 발전시켰다고 한다. 유대인의 신발인 샌들은 가죽으로 만들지만, 그 바닥은 내구성을 위하여 아주 견고하고 가벼운 철로 만들었다고 한다. 위와 같은 이야기는 경제학적인 논리를 근거로 한 것이 아닐 수 있지만 유대인의 탁월한 기술 개발과 사업 수완을 말하고 있다고 본다.

그리고 아버지는 탕자의 귀환을 환영하기 위하여 살진 송아지를 끌어다가 잡으라고 하였다. 송아지 고기는 최고의 음식으로 가장 귀한 손님에게 제공하는 음식이었다. 그러므로 살진 송아지를 잡는 것은 최고의 환대를 의미한다. 아버지는 돌아온 아들에게 최고의 대접을 하기 원하였다.

오랜 이스라엘의 역사 속에서 유대인들은 많은 경우에 축제 혹은 잔치를 베풀었다. 어떤 축제는 한 주간 동안 지속될 만큼 그들에게 축제는 의미 있는 삶의 일부였다. 이스라엘의 축제는 귀한 목적을 가지며, 예배의 형식으로 치러지기도 했다. 죄인이 참회할 때 용서와 하나님의 복을 갈구하는 예식을 축제의 형식으로 진행하였고, 이런 축제는 영혼을 깨끗하게 하며, 새로운 삶을 시작하는 기회가 되기도 하였다. 그 외에도 많은 축제에서 예배의 형식을 취하여 감사의 제사를 드렸다. 풍년이 들었을 때, 가축이 건강하게 번성하였을 때 유대인들은 길거리에 나와 하나님께 감사를 표하였다. 노래를 부르고, 악기를 연주하는 것은 풍요를 허락하신 하나님께 드리는 예물로 여겨졌다. 어떤 축제에서는 손을 모으고 묵상하였지만, 대부분 노래하고 음식을 나누며 웃음이 넘치는 기쁜 마음으로 축제를 열었다. 그리고 이스라엘의 축제와 잔치에는 교육의 의미도 포함되어 있다. 7년 혹은 그 이상의 정기적으로 열리는 축제에서 그들의 역사와 승리, 희망과 좌절 등을 가르쳤다. 유대인의 축제는 놀라운 기적을 베푸시고, 곡식들을 풍성하게 하시는 사랑과 용서의 하나님을 경험하는 시간이었다. 그리하여 유대인들은 축제나 잔치를 통하여 책이나 학교에서 배우는 것 이상의 깊은 인상을 심어 주었고 교육의 도구가 되었다. 이런 유대인의 축제와 잔치에 대한 역사는 후에 초기 그리스도인들의 경험에 좋은 가르침이 되었다. 성찬 예식 또한 유월절 잔치의 교훈에 기초를 두고 있다고 할 수 있다. 이런 유대인의 축제에 대한 중요성과 관습으로 유대인들은 지금도 유월절 축제, 오순절 축제, 욤 키푸르(속죄일 축제), 하누카(빛의 축제), 부림절 축제 등을 잘 지키고 있다.

당시 서민들의 집은 앞에서 거론한 대로 방 한 칸 정도의 작은 집으로, 아이들이 뛰어놀고 잔치를 베풀 마당과 같은 공간이 없었다. 성경에는 '동산'(garden)이라 일컫는 마을의 공간이 있었다. 예수님이 잡히시기 전에 기도하시던 겟세마네 동산이었고, 제자에게 배반을 당한 뒤 잡히신 곳은 기드론 시내 건너편의 동산이었고(요 18 : 1), 예수님이 묻히신 무덤 곁에도 동산이 있어 막달라 마리아는 부활하신 예수님을 동산 지기로 착각했다(요 20 : 15).

그러나 부잣집에는 뜰(yard)이 있었는데, 거기에서 주로 잔치를 위한 음식을 장만하였다. 그리고 뜰에서 가족들의 축하 모임이 이루어졌고, 가족이나 친척 그리고 친구들이 악기를 연주하고, 노래를 부르며, 춤을 추면서 함께 먹고 즐겼다. 아버지는 아들이 돌아온 기쁨을 함께하기 위하여 가족과 친척 그리고 친구들과 동네 사람들을 모아 잔치를 베풀고 풍악을 울리며 춤을 췄을 것이다.

전통적 유대인의 축제와 잔치에는 양이나 염소를 잡는 것이 일반적이었다. 이스라엘에는 양이 많이 있었을 것이다. 모세가 미디안과의 전쟁에 승리하여 탈취한 전리품 가운데 양이 675,000마리이고, 소가 72,000마리이고, 나귀가 61,000마리라는 것만 보아도 그 수를 상상할 수 있다(민 31 : 32-34). 솔로몬이 성전 봉헌에 제물로 드린 소는 22,000마리이며, 양과 염소는 120,000마리였다(왕상 8 : 63). 당시 이스라엘의 짐승들 가운데 소는 성경에 자주 등장하지는 않지만, 가축 가운데 소도 있었다고 한다. 소는 굉장히 중요한 경제적 가치를 가진 짐승이었으며, 많은 가정에서 비싼 소 대신 값싼 나귀를 농사와 집안일에 사용하였다. 부자들은 소를 먹었지만, 일반인들은 이런 비싼 음식을 가까이할 수 없었다(삼상 14 : 31-34). 왕이 베푼 혼인 잔치의 비유에서 음식으로 소가 등장하며(마 22 : 4), 솔로몬이 궁에서 먹었던 음식 가운데도 살진 소가 있었다(왕상 4 : 23). 그 외에 유대인들은 소를 하나님께 드리는 제사의 제물로 드렸으며(레 3 : 1), 이방신인 제우스 신을 섬기던 자들이 소를 제물로 드렸다고 한다(행 14 : 13). 당시 부요한 농부들이 소를 소유하고 있었고, 힘이 센 소는 농사일에 투입되어 밭을 갈고, 곡물 등 물건을 옮기며, 물레방아를 돌리고, 수레를 끄는 일을 하였다. 소가 없는 농부는 농사일을 효과적으로 할 수 없었으며 번성하지 못하였다. 성경 시대에는 소 한 마리 이상을 가지고 있으면 부자였다. 그만큼 소는 유용한 농사 도구인 동시에 소중한 재산이었다.

탕자의 아버지는 돌아온 아들에게 살진 송아지를 잡게 하였다. 살진 송아지를 잡게 하였다는 것은 탕자의 아버지가 부자임을 암시하며, 가장 비싸고 맛있는 음식을 아들에게 제공하려는 아버지의 사랑과 용서를 나타낸다. 아버지는 제일 좋은 옷, 재산권을 위임하는 가락지, 노예가 아닌 자유인으로서의 신발과 더불어 최고의 식단으로 아들을 환대한 것이다. 더 이상의 환대가 없을 만큼 아버지로서 극진히 아들을 맞아 준 것이다.

아버지의 집으로 돌아온 아들은 돌아올 때와는 전혀 다른 사람이 되었다. 그는 "품꾼의 하나로 보소서."라고 하리라는 마음을 품고 돌아왔다. 아버지 집의 품꾼이 먼 나라에서 쥐엄 열매로 배를 채우는 아들보다 더 풍요롭고 평안하였기 때문이다. 그가 다시 돌아와 아버지가 베푸는 환대를 받는다는 것은 낯뜨거운 일이었다. 아버지에게 불평하는 형뿐만 아니라 불평은 못 하지만 속으로 비난하고 비웃는 품꾼들이 보는 가운데 좋은 옷으로 갈아입고, 손에 가락지를 끼고, 좋은 신을 신고, 살진 송아지를 잡은 잔칫상을 받는다는 것은 정말 어색하고 피하고 싶은 일이었을 것이다. 차라리 아버지가 혼을 내고 종아리를 때리는 것이 마음 편한 일이었겠지만, 그는 자신의 뜻이 아닌 아버지의 뜻을 받들어 이 어색한 잔칫상 앞에 앉아 있는 것이다. 자신의 권리가 아닌 아버지에 대한 의무를 앞세운 것이다.

고대 팔레스타인 사회에서 어머니는 아들과 친밀한 관계를 유지하고 있었다. 어머니의 역할은 주로 가정을 돌보는 일이었고, 가정을 잘 보살피는 어머니가 존경과 사랑을 받았다. 그래서 바울도 여성에게 권하기를 "집안일을 하며"라고 하였다(딛 2 : 5). 이런 당시의 상황은 예수님의 가나 혼인 잔치의 기적에서도 잘 나타난다. 예수님의 어머니가 잔칫집의 포도주가 모자란 것을 보고 예수님에게 부탁하였고, 예수님은 "여자여 나와 무슨 상관이 있나이까 내 때가 아직 이르지 아니하였나이다"(요 2 : 4)라고 하셨지만, 어머니 마리아는 "너희에게 무슨 말씀을 하시든지 그대로 하라"(요 2 : 5)라고 하였다. 예수님이 자신의 말을 어기고 실망시키지 않을 것이라는 사실을 알고 있었기 때문이다.

예수님 시대의 관습과 문화를 살펴보면 잔치의 독특한 특징이 있다. 팔레스타인 지방의 가장 큰 재산은 소, 낙타, 양, 염소, 나귀 등 짐승들이었다. 특히 성경의 족장들은 유목민이었으므로 짐승을 재산으로 사육하였던 것이다. 성경을 보면 아브라함은 많은 가축을 가진 부자였고, 욥은 엄청난 수의 짐승을 가진 당대의 부자였다. 성경 시대가 남성 중심 사회였던 것은 사실이다. 그러나 성경에 나타난 여성관이나 당시의 문화인류학적 전승에서 여성의 존재는 상당한 지위를 가지고 권익을 인정받았다. 일부다처의 전통에도 불구하고 남편은 부인에게 다른 종과는 완전히 다른 예우를 하였고, 적합한 이혼 사유가 아니면 절대로 이혼할 수 없었다.

부인들은 흔히 가정주부들이 하는 일들을 전담하여 수행하였다. 부엌일, 물을 긷는 일, 옷감을 짜고 의복을 만드는 일, 빵을 굽는 일, 집을 청소하는 일 등이 부인들의 일이었다. 심지어 당시 남자들이 모이는 모임에 남편과 함께 참여하기도 하였다. 남편이 재산권을 가지고 있다고 하지만 남편이 장기간 들에 나가 있거나, 다른 마을로 갔거나, 순례를 떠났을 때는 부인이 재산을 관리하는 책임자(financial administrator)의 역할을 하였다.

당시의 관습에 따르면 짐승의 소유는 아버지에게 있지만 짐승을 잡아 잔치를 베푸는 것은 어머니의 몫이었다. 짐승은 아버지의 재산이었지만 아버지는 잔치에 관여하지 않았다. 가나 혼인 잔치에서 예수님의 어머니가 예수님에게 잔치에 필요한 포도주를 주라고 한 것은 잔치가 여인들의 일이었고, 혼인 잔치를 연 어머니를 안타깝게 여겨 예수님에게 부탁한 것으로 보인다. 잔치가 아버지의 몫이 아닌 어머니의 몫이라면 '탕자의 비유'에서 잔치를 벌인 아버지는 아버지라기보다 어머니라고 보는 것이 옳다. 그런 의미에서 한국인의 눈에 비친 비유 속 아버지는 어머니이며, 이는 하나님의 모성을 설명하는 것이다.

근대 독일 사회에서 여성의 역할을 설명하는 세 가지 단어가 있다. 'Kinder', 'Küche', 'Kirche', 즉 어린이, 부엌, 교회이다. 현대 서구 사회에서는 시대의 흐름에 뒤떨어진 여성의 역할이라고 하지만 어떤 의미에서는 여성의 전통적 모델을 당시의 관습으로 표현한 것이다. 영국 빅토리아 시대에 "여성의 자리는 집에 있다."(A woman's place is in the home)라는 말이 있었고, 일본의 메이지 시대 당시 '좋은 아내, 현명한 어머니'라는 말이 있었듯이 어머니의 역할은 가정을 돌보는 것이 우선이었다. 현대 여성의 모습과는 다른 점이 있지만 부엌에서의 역할은 여성의 의무인 동시에 어머니의 특권이었음을 알 수 있다. 성경 시대에도 부엌은 어머니의 자리였다.

아버지는 돌아온 아들을 위하여 잔치를 베풀고 먹고 즐기는 이유를 이렇게 설명한다. "이 내 아들은 죽었다가 다시 살아났으며 내가 잃었다가 다시 얻었노라"(눅 15 : 24). 돌아온 아들은 죽었다가 다시 살아났으며, 아버지는 아들을 잃었다가 다시 얻었다. 죽은 것은 잃은 것이며, 살아난 것은 다시 얻은 것이라는 뜻이다. 다시 살아났다는 말의 헬라어 아나스타시스는 '다시 살아났다'(to live again)라는 뜻과 더불어 '살기 시작했다'(to begin to live)라는 뜻을 가지고 있다. 탕자의 이전 삶은 사는 것이 아니었다. 먼 나라로 떠나기 전 아버지의 집에 있었을 때나 먼 나라에 가서 허랑방탕하게 살았을 때도 사는 것이 아니었다. 그는 아버지의 집에 돌아와서야 비로소 삶을 살기 시작했다.

## 10. 또 다른 탕자인 맏아들 ———。

 '탕자의 비유'에는 세 사람이 등장하는데 아버지, 맏아들 그리고 둘째 아들이다. 주인공은 둘째 아들이며 맏아들은 주인공의 자리를 빼앗겼다. 맏아들이 주인공의 자리를 빼앗긴 것은 자신이 받은 특권을 지키지 못하고 배타적인 태도로 가족에 대한 사랑을 버렸기 때문이다. 그는 아버지에게 좋은 아들이 아니었으며, 동생에게도 좋은 형이 아니었다. 맏아들은 바리새인과 서기관 더 나아가 전 유대인을 상징한다. 그들은 외식하는 자들로서 겉으로는 하나님께 순종하고, 문자적으로 율법을 준수하며, 입술로는 하나님을 공경하였지만 마음은 하나님께로부터 먼 자들이었다(마 15:8). 이런 맏아들의 위선적 행동은 동생이 돌아오면서 드러났다. 동생이 돌아와 기뻐하는 아버지의 마음도, 집으로 돌아와서 안도하는 동생의 마음도 전혀 개의치 않은 것이 맏아들의 마음이었다.

헬라어 성경에서는 맏아들을 '프레스부테로스'라고 하는데, 이는 '더 나이 많은 사람'이라는 뜻이다. 아버지에게 두 아들이 있었으므로 더 나이 많은 사람은 맏아들이었다. '프레스부테로스'라는 단어는 '장로'(長老)의 어원으로 고대 공동체에서 공동체의 경륜과 덕을 겸비한 원로를 의미하였다. 이 단어는 초대교회에서 치리자의 직제로 발전하게 되었다. 구약에서는 장로를 히브리어로 '자켄'이라고 하는데 원어의 뜻은 '회색 수염'(greybeard)으로 역시 원로를 의미하였다. 이 비유에서 맏아들을 '프레스부테로스'라고 한 것은 단순히 둘째보다 나이가 많은 아들이 아니라 삶의 경륜과 집안을 다스릴 지혜를 가진 아들을 기대하였다는 암시가 아닌가 싶다.

맏아들은 아버지에게 자신의 유산을 달라고 하지도 않았고, 재산을 탕진하지도 않았고, 잠시라도 집을 떠난 적이 없었다. 동생이 집을 나가 재산을 탕진하였지만, 그는 집에서 밭을 열심히 가꾸고 재산을 잘 지켰다. 그러나 그의 마음은 먼 나라로 간 동생보다 더 멀리에 있었다. 아버지의 명을 어기지 않고 열심히 밭에 나가 일한 것은 아버지를 사랑하는 마음이 아니라 다른 마음을 가지고 있었기 때문일 것이다. 그것은 아버지가 죽은 이후에 자신에게 돌아올 유산을 지키기 위함이었다. 이런 마음으로 아버지의 집에서 열심히 일하고 명을 어기지 않았다면 맏아들은 둘째 아들보다 더 나쁜 탕자라고 할 수 있다.

'탕자의 비유'가 주는 이야기의 초점은 제멋대로 살아가는 율법적 죄인이 아니라 한 치의 흩어짐이 없이 율법의 가르침대로 행하는 종교적인 사람이다. "선생님이여 이것은 내가 어려서부터 다 지켰나이다"(막 10 :

20)라고 자신 있게 말하던 젊은 관리가 책망의 대상인 것이다. 이 비유가 타이르는 대상은 바리새인과 서기관들이었고, 가장 율법적인 사람들이 바로 하나님의 마음을 가장 아프게 하는 사람들이다. '바이블 벨트'(Bible Belt)라고 불리는 미국 남부 지역에는 근본주의적 신앙을 가진 그리스도 인들이 있다. 이들은 성경을 율법적, 문자적으로 따르고 있지만 이들 가운데에는 도덕적인 흠결로 화제를 불러일으킨 자들이 많이 있다. 이런 율법주의는 단지 미국의 '바이블 벨트'만의 이야기가 아니다. 이런 율법주의적 신앙 양태는 누구나 다 예외일 수 없다. 중요한 것은 예수님이 비유에서 책망하시는 대상은 부도덕한 외부인이 아니라 도덕적인 내부인이었다는 사실이다.

맏아들은 밭에서 일을 하다가 집으로 돌아왔다. 집 가까이 다다랐을 때 풍악과 춤추는 소리를 들었다. 유대인의 잔치에는 음식과 더불어 노래와 춤이 빠지지 않았다. 돌아온 탕자를 위한 잔치도 예외는 아니었다. 밭에서 돌아온 그는 집에서 흥겨운 잔치 소리가 들릴 거라고는 전혀 예측할 수 없었다. 한편 맏아들이 종과 나눈 대화에서 볼 수 있듯이 그는 가족과의 관계가 소원하여 가정에서 일어나는 일에는 무관심하고 단지 자기 일에만 관심을 보이는 폐쇄적 성품이었을 것이다.

성경 시대의 유대인들을 이해하려면 유대인의 음악 사랑을 알아야 한다. 유대인에게 음악은 삶의 한 부분이었다. 성경은 곳곳에 음악 이야기를 기록하고 있다. 라멕의 세 자녀는 각각 다른 직업을 가졌는데 목동, 음악가, 장인이었다(창 4:20-22). 그 가운데 유발은 "수금과 통소를 잡는 모든 자의 조상이 되었으며"(창 4:21)라고 한다. 다윗은 훌륭한 음악가였으며, '다윗의 시'로 알려진 시편은 시 자체가 노래였다. 그뿐만 아니라 구약성경은 율법서, 역사서, 성문서, 예언서로 구성되어 있는데 '케트빔'(성문서)은 문자 그대로 노래이다. 왕조 시대에도 찬송은 중요한 예전이며 삶이었다. 다윗은 신령한 노래를 부르는 자들을 택하여 찬양하게 하였고(대상 25 : 1-5), 당시의 악기들을 찬양의 도구로 사용하였다. 성경에서의 음악은 제의적 목적 외 축하와 행사에도 사용되었다. 홍해를 건넌 후에도 노래하였고, 법궤가 이스라엘로 돌아왔을 때도 찬양하였으며, 다윗이 블레셋을 물리치고 돌아올 때도 찬양하였다.

춤 또한 이스라엘 백성들의 삶의 표현이었다. 이스라엘의 춤은 리드미컬한 음악과 함께하였으므로 참여한 모든 사람은 어깨춤을 추며 즐겼다. 이스라엘 백성들의 춤은 즐거움과 기쁨 그리고 고뇌와 통곡까지 자유롭게 표현하는 것이었다. 다윗은 여호와 앞에서 춤을 추었고(삼하 6 : 14), 미리암과 모든 여인도 출애굽을 감사하며 춤을 추었다(출 15 : 20). 유대인들은 추수절이면 함께 춤을 추었다(삿 21 : 19이하).

신약성경에도 많은 노래가 기록되어 있다. 예수님이 탄생하실 때 천사들이 노래를 불렀고(눅 2 : 13-14), 재림하실 예수님은 천사들의 노래와 함께 오실 것이다(살전 4 : 16). 특히 누가복음에는 '마그니피카트'(Magnificat)라 불리는 '성모의 노래'를 비롯한 많은 노래가 수록되어 있다. 또한 아이들이 길거리에서 춤을 춘다고 하였다(눅 7 : 32).

함께 기뻐하며 축하할 일이 있을 때 동네 사람들을 초대하여 잔치를 베푼 당시의 관습으로 보면 아버지는 상당히 큰 잔치를 베풀었을 것이다. 더구나 이스라엘 사람들의 음악은 풍악과 춤이 함께했기에 온 마을을 떠들썩하게 하였을 것이다. 마을 사람들이 동네잔치에 와서 춤을 출 때는 특별한 양식이 있는 것이 아니라 함께 즐거워하며 덩실덩실 춤을 추었을 것이다. 탕자가 놀아와 열린 잔지에도 이런 수준의 음악과 춤이 있었을 것이다.

풍악과 춤이 곁들여진 잔치라면 순식간에 마을 전역에 알려졌을 텐데 맏아들이 이 일을 알지 못하고 집 가까이 와서 종들에게 물었다는 것은 밭에서 상당히 오랜 시간 일했다는 증거이다. 아버지가 둘째 아들이 돌아오는 것을 맞이하고, 옷을 갈아입히고, 가락지를 끼우고, 신발을 신기고 살진 송아지를 잡아 잔치를 벌이기까지 상당히 많은 시간이 필요했을 텐데 맏아들은 전혀 모르고 밭일에만 몰두하고 있었던 것이다. 맏아들의 분노는 자신은 오랜 시간 밭에서 일하고 돌아왔는데, 오랜 시간 방탕하게 살던 동생이 돌아온 것을 기뻐하여 잔치를 베푼 아버지의 마음을 이해할 수 없었기 때문이었다. 이런 가정에 대한 무관심과 아버지에 대한 불만, 돌아온 동생에 대한 적개심이 맏아들을 둘째 아들보다 더 나쁜 아들이 되게 한 것이다.

맏아들이 밭에서 열심히 일한 것은 아버지를 위한 일이 아니라 자신을 위한 일이었다. 누가복음 15 : 12에 "아버지가 그 살림을 각각 나눠 주었더니"라고 한 것으로 봐서 그는 맏아들로서 이미 아버지의 밭을 상속받은 것으로 보인다. 맏아들이 밭에서 열심히 일한 것은 단지 의무감 때문이었다. 의무감을 가지는 것은 좋은 일이지만 의무감만 가지는 것은 아들로서 바른 태도가 아니다. 그리고 이미 상속을 받았다면 아버지를 위한 일도 아니었고 자신을 위한 이기적인 일일 뿐이었다. 맏아들도 이미 자신의 유산을 다 받았다면 동생이 그가 받은 몫을 탕진한 것은 그렇게 못마땅할 일이 아니다. 어쩌면 맏아들은 동생이 자기의 것을 탐하거나 아버지가 자신의 것을 동생에게 나누어 주라고 할지도 모른다는 불안감이 있었을 것이다.

맏아들이 의무에 충실했던 것은 "내가 여러 해 아버지를 섬겨 명을 어김이 없거늘"이라는 그의 말에서도 표현되고 있다(눅 15 : 29). 실제로 그는 아버지의 명을 어기지 않았을 것이다. 아버지가 시키는 대로 아버지 밭의 농사일에 충실하였을 것이고, 아버지의 가축들을 정성 다해 돌보았을 것이다. 그러나 이 모든 일은 아버지를 사랑하는 마음으로 한 순종이 아니라 외형적이고, 의무적이며, 이기적인 자기 판단에 의한 것이었다.

집 안에서 들려오는 요란한 잔치 소리에 맏아들은 종에게 무슨 일인지 물었고 이런 대답을 들었다. "당신의 동생이 돌아왔으매 당신의 아버지가 건강한 그를 다시 맞아들이게 됨으로 인하여 살진 송아지를 잡았나이다"(눅 15 : 27). 종은 맏아들에게 "당신의"라는 말을 두 번씩이나 한다. 종은 맏아들에게 방탕하게 살다가 돌아온 아들이 맏아들의 동생이며, 이런 아들을 다시 맞아 주는 아버지가 맏아들의 아버지라는 사실을 주지하고 싶었던 것 같다. 이 종은 밭에서 돌아온 맏아들의 표정이나 태도에서 아버지와 동생에 대한 불만과 적개심을 이미 알고 있었을 것이다. 그리고 둘째 아들을 가리켜 "건강한 그를"이라고 한 것으로 보아 둘째 아들이 집을 나가기 전부터 아버지 집의 종으로 일하여 둘째 아들을 잘 알고 있었고, 아버지가 둘째 아들의 건강을 염려하였음을 알고 있었을 것이다. 맏아들은 아버지와 동생에게 종보다 못한 사람이었다.

밭에서 돌아온 맏아들은 동생을 위한 잔치에 불만을 가지고 노하여 집에 들어가기를 거절하였다. "노하여"라는 말은 일시적, 순간적으로 폭발한 감정이나 분노가 아니라 오랜 기간 가슴 깊이 쌓인 노여움을 의미한다. 충동적 분노가 아니라 잠재적 분노가 폭발한 것이다. 이런 맏아들의 분노는 이방인들도 구원받을 수 있다는 사실에 분노하는 유대인의 심성을 묘사하고 있다. 요나는 이스라엘에게 포학한 니느웨 사람들이 회개하고 구원을 받은 것을 매우 싫어하며 성내었다(욘 4 : 1). 바리새인은 죄 많은 여인이 예수님의 발에 향유를 붓고 머리털로 닦은 일에 대하여 예수님을 원망하였다(눅 7 : 36-50). 맏아들은 마치 이런 바리새인의 독선과 분노를 품고 스스로 의인이라고 자처하는 자였다.

　맏아들이 분노한 가장 큰 원인은 동생이 돌아왔다는 사실이다. 그 분노의 대상은 잔치를 베푼 아버지가 아니라 잔칫상을 받은 동생이었다. 그는 동생이 돌아와 화가 났지만, 아버지께 분노할 수 없었으므로 동생에게 분노하였다. 동생이 배고픔을 견디지 못하여 돌아온 것은 맏아들이 분노할 일이 아니다. 그렇다면 맏아들은 분노의 대상을 잘못 정한 것이다. 마치 제사를 받지 않은 하나님께 분노할 수 없으므로 동생에게 분노하여 동생을 돌로 쳐 죽인 가인의 잘못과 같은 것이다.

　정보사회라 불리는 우리 시대는 이전 시대인 산업사회와는 완전히 다른 사유(思惟)의 시대이다. 경쟁과 분리가 그 기조인 산업사회에서 세계는 크게 둘로 나누어져 '냉전 체제'를 이루었다. 생존경쟁이 치열했던 그 때는 상대방이 죽어야 내가 살고, 친구보다 경쟁자가 가득했다. 그래서 "사촌이 땅을 사면 배가 아프다."라는 말이 있었다. 그러나 정보사회는 세계가 하나의 지구촌 공동체인 세계화 시대이다. 함께 잘 되든 함께 망하든 둘 중의 하나인 것이다. 그래서 지구 반대편에서 발생한 재난을 나의 고통으로 여기고 그 고통을 함께 해결하는 것이 세계화 시대의 사유이다. 우리 시대는 사촌이 땅을 사면 칭찬하고 함께 기뻐해야 한다. 그래서 "사촌이 땅을 사면 밥을 사라."라는 말을 한다. 맏아들은 돌아온 동생에 대한 시기 때문에 배가 아팠다. 먼 나라에 가서 궁색하고 궁핍하게 살다가 돌아온 동생을 기쁘게 맞지 못한 형은 심한 배앓이를 하고 있다. 동생이 잔칫상을 받으면 함께 좋아하고 환영해야 하는데 맏아들인 형은 오히려 배를 앓고 있다. 세상에서 가장 못난 것이 동생에 대한 질투인데 형은 질투로 인하여 가장 못난 형이 된 것이다.

유대인의 사유는 동심원적이라고 한다. 한 가운데 원은 자신이며, 그 다음 원은 가족, 그다음 원은 친척, 그다음 원은 이웃, 그다음 원은 민족이다. 유대인이 그리는 원에 포함되지 않은 사람은 구원받을 자격조차 없다고 보는 것이 그들의 시각이다. 앞에서 말한 대로 예수님이 승천하시기 전, 제자들이 "주께서 이스라엘 나라를 회복하심이 이 때니이까"(행 1 : 6)라고 질문한 것은 이스라엘의 구원을 전제로 한 질문이다. 예수님과 3년의 공생애를 함께했던 제자들조차도 하나님의 구원이 이스라엘에 국한된다고 믿었다. 이런 그들의 질문에 예수님은 '예루살렘과 온 유대와 사마리아와 땅끝까지' 구원의 대상이라고 하셨다.

맏아들은 동생이 아버지의 아들이며 자신의 동생이라는 사실도 인정하기 싫었다. 그래서 맏아들은 아버지에게 "내 동생이 돌아왔습니다."라고 하지 않고, "당신의 아들이 돌아왔습니다."라고 하였다. 집을 떠났던 아버지의 아들은 돌아왔지만, 자신의 동생은 돌아오지 않았다는 것이다. 이것이 맏아들이 만든 가정의 비극이었다. 이 비극은 아버지의 마음을 아프게 하였다. 아버지는 아들을 잃었다가 얻었다고 했지만, 맏아들에게 둘째 아들은 영원히 잃은 동생이 되었다. 엄밀히 말하면 '잃은 동생'이 아니라 '동생을 잃은' 것이다.

형은 동생이 자신의 몫을 챙겨서 먼 나라로 간 후에 집안의 모든 일을 자기 혼자 해야 하는 것에 화가 났을 것이나. 거기에 더해 동생이 당진한 다음에 빈손으로 집으로 돌아왔다는 것이 그를 분개하게 했을 것이다. 그래서 맏아들은 모두가 즐거워하며 잔치를 벌이는 집으로 들어가기를 거절했고, 아버지가 친히 잔치에 함께하기를 권했지만 거절했으며, 자신의 행위로 자기 의를 주장함으로 동생의 부끄러운 약점을 들추어 자신의 옳음을 드러내었고, 자기 동생을 동생이라 하지 않고 아버지의 아들이라 부르는 패륜을 범하였다.

돌아온 둘째 아들을 문밖으로 뛰어나와 맞아 준 아버지는 잔치 자리에 함께 앉기를 거부한 맏아들을 위해 문밖으로 나와서 함께할 것을 권하였다. 맏아들은 아버지가 살진 송아지를 잡아 잔치를 베푼 것을 보고 둘째 아들에 대한 아버지의 사랑을 편애라고 생각했을 것이다. 그래서 그는 장황하게 아버지의 편애를 비판하며 불평을 쏟아내었다. "내가 여러 해 아버지를 섬겨 명을 어김이 없거늘 내게는 염소 새끼라도 주어 나와 내 벗으로 즐기게 하신 일이 없더니 아버지의 살림을 창녀들과 함께 삼켜 버린 이 아들이 돌아오매 이를 위하여 살진 송아지를 잡으셨나이다"(눅 15 : 29-30)라고 한 그의 말은 '탕자의 비유' 전체에서 가장 긴 구두어이다. 아버지에 대한 맏아들의 불평은 아들로서의 도를 넘었다. 그는 아버지와 동생에게 노하였다. 잔치에 참여하지 않아 아버지를 힘들게 하였다. 아버지에게 자신의 불만을 토로하면서 대꾸하며 대항하였다. 동생을 동생이라 하지 않고 아버지의 아들이라고 하여 이미 동생을 잃은 맏아들은 아버지께 대항하여 아버지도 잃게 되었다. 이 장면은 마치 자신의 제사를 받지 않는다고 동생 아벨을 죽이고, 하나님께서 "네 아우 아벨이 어디 있느냐?"라고 물으실 때 "내가 내 아우를 지키는 자니이까?"라고 대항하듯

대꾸한 가인이 동생과 하나님을 동시에 잃은 것을 떠오르게 한다.

맏아들은 아버지께 긴말로 불평하며 아버지의 권고에 항변한다. "내가 여러 해 아버지를 섬겨"라는 말의 '섬기다'는 헬라어의 '둘류오'로서 종이 주인에게 굴종하듯 섬겼다는 뜻이다. 그는 아버지가 자기를 종처럼 부렸다고 불평하는 것이다. 그의 말은 아버지와 자기를 부자의 관계가 아니라 주종의 관계로 표현하고 있으며, 평소 아버지에 대한 그의 태도가 드러난다. 아버지의 밭에서 일을 하고 짐승을 친 것은 아버지를 사랑하는 마음에서 우러나는 순종의 결과가 아니라 단지 종이 억지로 일을 해야 하는 상전에게 가지는 의무감이었다는 것이다. 아버지는 그를 아들로 여기며 상속자로 생각하고 있었지만, 그는 아들이 아닌 종으로서 아버지를 주인으로 섬기고 있었다는 것이다. 만약 맏아들이 아들이 아니라 종으로 자처했다면 아버지에 대해 항변하거나, 유산에 대해 요구하거나, 동생이 자신의 몫을 탕진했다고 불평할 이유도 없다. 둘째 아들은 먼 나라에서 돼지를 치던 종으로 살다가 아들로 회복되었지만, 맏아들은 아버지의 집에 아들로 남아 밭일을 하며 짐승을 돌보다가 스스로 종으로 전락해 버리고 말았기 때문이다.

맏아들은 이어 "명을 어김이 없거늘"이라고 한다. 이 말은 거짓이 아니었을 것이다. 맏아들은 아버지가 명하는 대로 기계적으로 따랐을 것이다. 맏아들은 아버지의 명을 어김없이 따르기만 하면 된다고 생각했을 것이다. 그리고 이렇게 하는 것이 가장 의롭다고 생각했을 것이다. 그러나 그는 아버지가 진정으로 원하는 것이 무엇인지를 알지 못하였다. 맏아들은 명을 문자적으로 지키는 율법주의자이다. 맏아들은 아버지를 마음에 모신 것이 아니라 머리에 가두었다.

율법주의자들은 항상 하나님의 말씀을 문자적으로만 지키면 된다는 잘못을 범한다. 율법의 정신보다 율법의 형식을 강조하고 따를 때 율법주의에 빠지는 오류를 범하게 된다. 예수님은 이런 율법주의자들의 잘못을 지적하셨다. "살인하지 말라."라는 율법은 사람을 죽이지 말라는 것뿐만 아니라 형제에게 노하고 '라가'라 하는 것이 살인하는 것이라고 하셨다. "간음하지 말라."라는 율법은 육체적 관계를 갖지 말라는 것뿐만 아니라 음욕을 품지 말라는 것이라고 하셨다. 율법의 문자 이면에 있는 하나님의 뜻을 헤아려야 한다. 그런데 맏아들은 율법의 의미를 알지 못하여 아버지의 명을 어긴 적이 없다고 하였다. 그러나 그는 아버지의 뜻을 헤아리지 못하는 율법주의적인 아들이었고, 이미 형제인 동생을 죽인 자가 되었다.

우리의 오랜 전통에서 호칭은 인간관계에서 상당히 중요한 요소이다. 남녀가 결혼하게 되면 남자에게는 아내의 가정이 내 가족이 되고, 여자에게는 남편의 가정이 내 가족이 된다. 그래서 장인, 장모, 처남, 처제라는 가족이 생기게 되고, 시아버지, 시어머니, 시숙, 시동생, 시누이라는 가족이 생기게 된다. 남자가 장인, 장모에게 아버지, 어머니라고 부르고 여자가 시아버지, 시어머니에게 아버지, 어머니라고 부르면 좋겠지만 그렇지 않은 경우가 많다. 나의 며느리는 나를 '아빠', 내 아내를 '엄마'라고 부른다. 그 호칭에서 오는 친근감과 사랑은 어떤 행동과도 비교할 수 없다. 그런데 우리와 전혀 다른 개인주의적 문화가 발달한 영어권에서는 시아버지나 장인을 'father-in-law'라 하고, 시어머니나 장모를 'mother-in-law'라 한다. 직역하면 '법적인 아버지', '법적인 어머니'이다. 그리고 남편과 아내의 형제, 자매들도 모두 '법적인 형제'(brother-in-law), '법적인 자매'(sister-in-law)가 되는 것이다. 인간이 공동체를 형성하고 사회를 이루게 되면 법이 필수적 규범이 되지만, 가정이 법적 공동체가 되면 가정의 원리는 깨어지게 된다. 맏아들은 아버지에게 자신의 법적 정당성과 권리를 아버지에게 주장하고 있다. 그는 아버지를 사랑과 공경의 대상이 아니라 법적 대상으로 여기고 있는 듯하다. 그는 아버지를 '법적인 아버지'로 대하고 있다.

대체로 율법주의자는 공동체의 화목과 조화를 저해하며, 잔치의 즐거움을 망친다. 그래서 율법의 속성은 사람들을 좌절하게 한다. 율법적인 그리스도인은 언제나 좌절을 경험하고 반복한다. 바울은 계명이 자신을 죽게 한다고 고백하며 좌절의 심연 속에서 고뇌하다가 그리스도의 사랑으로 극복했다(롬 7-8장).

미국에서 유학하며 이민 교회를 섬길 때의 일이다. 성도들의 친목을 위해 여러 가지 프로그램을 계획하는 중에 구역 탁구 대회를 하기로 했다. 성도들이 함께 식사를 한 다음에 구역 대항 경기를 시작하였다. 그런데 어느 장로님이 거룩한 주일에 교회에서 탁구를 친다고 불평하며 구역 성도들을 선동하기 시작하였다. 그 장로님은 주일예배를 거른 적이 없을 정도로 주일 성수를 잘 지키는 분이었다. 장로님의 불평에도 탁구 대회가 진행되었고, 장로님은 이에 반발하여 교회 출석을 거부하셨다. 이에 나는 장로님 댁을 심방하였는데 장로님은 완고하게 교회 출석을 하지 않겠다고 하셨다. 그 말에 성도의 교제가 중요한데, 분주한 이민 생활로 인해 주중에 시간이 없어서 주일에 하는 것이라고 말씀드렸다. 하지만 장로님은 완강하게 주일에 탁구 치는 것은 주일의 거룩성을 훼손하는 것이라고 하셨다. 나는 두 차례 심방한 다음 이렇게 물었다. "그럼, 장로님은 주일예배 후 댁에 오셔서 뭘 하십니까?" 장로님은 집으로 돌아와 마당 잔디를 깎고 불노 주며 필요하면 슈퍼마켓에 가서 쇼핑을 한다고 하셨다. 나는 장로님께 "잔디 깎고, 물 주고, 쇼핑하는 것보다 성도의 교제가 더 거룩한 일입니다."라고 하였다. 그럼에도 불구하고 장로님은 다른 교회로 가겠다고 하셨다. 나는 마지막으로 장로님께 이렇게 말했다. "장로님, 천국에 가서 저를 만나시면 미안해서 어떻게 하실 겁니까? 어느 교회에 가시든지 성도들의 교제의 즐거움을 뺏지 말고 교회에 잘 다니십시오." 나는 그때 교인 한 가정을 잃는 것 이상으로 잔치의 즐거움을 잃었다.

어떤 사람이 예수님에게 "내가 무엇을 하여야 영생을 얻으리이까"라고 하였다. 예수님은 그에게 계명을 어김없이 지키라고 하셨고, 그는 "이것은 내가 어려서부터 다 지켰나이다"라고 자신 있게 대답하였다(막 10 : 17-20). 그는 자신의 율법적 완전함을 과시하였다. 그러나 이웃에 대한 자신의 책임을 알지 못하고 문자적으로 율법을 준수한 것에 만족하였다. 율법적 의의 한계를 여실히 드러낸 것이다. 맏아들 또한 자신의 율법적 의를 드러내며, 아버지가 원하는 것이 무엇인지를 망각하고 있다. 아담 이후의 모든 인간은 죄와의 거리에서 볼 때 '오십보백보'이다. 하나님의 눈으로 볼 때 사람이 아무리 선과 의를 자처해도 상대적으로 악하고 불의한 자와의 차이는 거의 없을 것이다. 둘째 아들인 탕자는 아버지의 정면에서 도전하는 명백한 불순종을 저질렀고, 맏아들은 이면에서 율법적 의를 내세우며 위선적 순종으로 도전했다.

아버지에 대한 둘째 아들의 태도는 은혜를 수용하는 것이었다. 자신의 과거가 부끄럽지만, 아버지의 은혜를 거절하지 않고 아버지가 원하는 대로 받아들였다. 반면에 맏아들의 태도는 철저한 율법적 대응이었다. 둘째 아들은 아버지의 마음을 아프게 하고 집을 나가 아버지께 죄를 지었지만

"하늘과 아버지께 죄를 지었사오니"라고 하여 회개할 줄 알았고, 이 회개는 아버지의 은혜를 수용하게 하였다. 그러나 맏아들은 아버지의 마음을 아프게 하지도, 집을 나가지도 않았지만 아버지에 대한 사랑 없이 율법적 관계만 가지고 있었다. 또 그는 율법적 관계만 가지면 아버지께 최선을 다하는 것이라 여겼다. 이런 그의 태도에는 사랑이 없으므로 아버지의 은혜와 긍휼을 모르는 더 큰 죄를 짓고 있는 것이다.

아버지와 아들의 관계는 사랑과 은혜의 관계이다. 돌아온 둘째 아들은 아버지의 사랑과 은혜를 수용함으로 아버지와의 관계를 회복하였다. 그러나 맏아들은 아버지를 사랑과 은혜의 관계로 알지 못하고 율법적 관계로 알았기에 아버지도, 동생도 잃게 되었다. 율법이 불완전한 것은 사랑과 은혜가 부족하기 때문이다. 예수님은 "내가 율법이나 선지자를 폐하러 온 줄로 생각하지 말라 폐하러 온 것이 아니요 완전하게 하려 함이라"(마 5:17)라고 하셨다. 예수님은 율법에 사랑과 은혜를 채우심으로 완전하게 하셨다. 요즘 말로 말하자면, 율법주의자들은 2%가 부족하다. 맏아들은 2%의 부족으로 나머지 98%를 망치고 만 것이다. 신약의 바리새인들이나 현대의 율법주의자들과 하나님 사이를 가로막고 있는 담은 그들이 저지른 죄가 아니라 그들이 저지른 자기 의의 율법적 선행이다.

맏아들은 자신이 최고의 아들이라고 자처하지만, 아버지의 마음은 전혀 헤아리지 못하고 있다. 동생이 집을 나가 있는 동안 아버지가 가장 원했던 것은 밭에서 일을 하는 것이나 짐승을 돌보는 것이 아니라 동생이 돌아오는 것이었다. 이런 아버지의 마음을 알았더라면 한 번쯤은 "아버지, 제가 동생 찾으러 가서 데리고 올까요?"라고 해야 했다. 그러나 맏아들이 그런 말을 하지 않았던 이유는 은근히 동생이 돌아오는 것이 싫었기 때문일 것이다. 사기 몫을 챙겨 먼 나라로 가 버린 동생은 더 이상 자신에게 도움이 되지 않기 때문이다. 그래서 맏아들은 아버지가 즐거워하며 잔치를 벌인 것이 아니라 동생이 돌아왔다는 사실 그 자체로 화가 났을 것이다.

또한 맏아들은 "내게는 염소 새끼라도 주어 나와 내 벗으로 즐기게 하신 일이 없더니"(눅 15 : 29)라고 하였다. 맏아들의 불평은 자신의 노동에 상응하는 대가를 받지 못했다는 것이다. 가족에 대한 개념을 이미 상실한 것으로 보인다. 먼 나라에 가서 죽을 만큼 고통을 겪은 동생에 대한 연민과 동정을 찾아볼 수 없고, 돌아와서 아들로 대접을 받는 동생에 대한 질시가 컸으며, 동생을 편애하고 자신을 외면한 아버지의 불공정에 대한 원망과 불평이 가득했던 것이다.

'염소 새끼'는 가격이나 가치에 있어 살진 송아지와 비교가 되지 않는다. 맏아들은 동생을 위해 잡은 살진 송아지조차 아까웠고, 동생에게는 살진 송아지를 잡아 줄 가치가 없다고 생각했을 것이다. 이 말은 살진 송아지를 잡아 잔치를 벌이는 것은 맏아들인 자신에게 걸맞은 행위라는 것이다. 맏아들은 혼신을 바쳐 최선을 다해 일한 것에 대한 보상이 부족하다고 느끼는 것이다. 아버지의 아들이란 존재 가치보다 아들로서 받을 보상의 가치에만 관심이 있다는 것은 자기 의에 사로잡혀 자기중심적 배타심이 꽉 차 있다는 증거이다.

맏아들이 아버지 앞에서 이렇게 당당한 것은 아버지에 대한 자신의 율법적 의가 사랑을 받을 자격이 있고, 살진 송아지보다 더 나은 짐승을 잡아 보상받을 가치가 있다고 생각했기 때문이다. 자기의 율법적 의로 보상받을 자격이 있고, 복을 누릴 당연한 가치가 있다고 믿는 것이 율법주의자의 생각이다. 이들은 하나님을 자신의 관점에서 보았고, 하나님의 관점에서 자신을 보지 못하였다. 하나님의 눈은 사랑이었지만, 그들의 눈은 율법이었다. 이런 눈으로는 아버지와 동생을 사랑으로 볼 수 없다.

이어서 맏아들은 "나와 내 벗으로 즐기게 하신 일이 없더니"라고 하였다. 아버지가 자신에게 즐거움을 준 일이 없다고 불평하는 것이다. 맏아들은 아들 됨이 참 즐거움이라는 사실을 알지 못했다. 살진 송아지나 염소 새끼가 있어야 즐거울 수 있다는 생각 자체가 아들의 지위를 상실한 것이다. 아들의 참 즐거움은 아버지와 함께하는 것이다. 아버지를 떠나 아버지 없는 세상이 즐거울 것이라고 생각했던 둘째 아들은 오히려 먼 나라에서 즐거움을 다 빼앗기고 아버지의 집으로 돌아와 즐거움을 찾았다. 그러나 맏아들은 아버지와 함께 있는 것이 즐거움인 것을 알지 못했으므로 종살이 같은 삶을 살았고, 돌아온 동생을 위한 잔치와 동생에 대한 아버지의 환대가 즐겁지 않았던 것이다. 참 즐거움은 물질이 아니라 존재로 인해 얻을 수 있다.

계속해서 맏아들은 "아버지의 살림을 창녀들과 함께 삼켜 버린"이라고 하였다. "삼켜 버린"이란 헬라어 카타파곤은 현재 완료형으로 하나도 남김없이 다 써 버려 남은 것이 없는 상태를 말하며 걸신들린 듯 먹어 치운 모습을 묘사한다. 맏아들이 동생을 비난하며 한 이 말은 근거가 없는 말이다. 왜냐하면 둘째 아들이 탕진한 것은 아버지의 살림 전부가 아니라 둘째 아들에게 돌아갈 몫이었으므로 맏아들이 시비할 재산이 아니며 동시에 더 이상 아버지의 재산도 아니다. 그리고 동생이 탕진한 것에 대하여 시비할 이유가 없다. 자신의 몫인 3분의 2가 그대로 있기 때문이다. 단지 맏아들은 동생이 자신에게 돌아올 몫을 나누어 달라고 할지 모른다는 우려 때문에 화가 났을 것이다.

맏아들인 형은 동생을 적나라하게 비판하며 모욕하고 있다. 더구나 동생이 아닌 아버지께 이렇게 표현했다는 것은 아버지를 모욕하는 것이다. "아버지, 제가 동생 찾으러 가서 데리고 올까요?"라고 한 번도 말하지 않은 형은 "아버지, 동생을 한 번만 용서해 주세요. 제가 잘 가르치겠습니다."라고 하지 않았다. 도리어 그는 동생과 아버지를 동시에 최악의 말로 비난했다. 그는 아버지를 위로하고 즐거움에 함께 참여할 아들의 도리와 동생의 허물을 감싸 주며 함께 미래를 살아가야 할 형의 도리도 다 버리고, 존속살인에 버금가는 가족 유기(遺棄)라는 중대한 과오를 범하고 있다.

또한 맏아들은 율법적인 눈으로 모든 것을 판단하는 자기중심적 사고에 사로잡혀 있다. 율법적 눈으로는 아버지와 동생 모두 비판의 대상이며 이해와 용서가 없는 시각을 가지게 된다. 그래서 그는 동생에게 의롭지 않은 관용을 베푼 아버지를 자기 눈으로 비판하며, 나아가 창녀들과 함께 살림을 탕진해 버린 동생을 정죄하였다. 정죄는 사람이 할 일이 아니지만 율법주의자들은 율법의 잣대로 정죄를 예사로 생각했다.

맏아들의 말을 보면 둘째 아들은 먼 나라에 가서 돈을 물 쓰듯 써 버렸다. 그런 의미에서 볼 때 둘째 아들이 자신의 유산을 받아 그 돈을 다 써 버리는 데는 그리 오랜 시간이 걸리지 않았을 것이다. 돈을 쓰는 데 시간을 많이 소모한 것이 아니라 돈을 다 쓴 다음에 돼지를 치고, 걸식하며, 쥐엄 열매를 먹으면서 지낸 시간이 더 길었을지도 모른다. 재산을 다 탕진한 그는 하루하루가 견디기 힘들었을 것이다.

나아가서 맏아들은 "이 아들"이라고 한다. 그의 이 말은 문자적으로는

"당신의 아들"이다. 그는 아버지 앞에서 동생과의 형제 관계를 인정하지 않았다. 아버지가 아들들에게 원하는 것이 무엇인지를 전혀 알지 못한 것이다. 어떤 아버지든 아들들이 서로 사랑하며 좋은 관계로 살기를 원한다. 그런데 이런 아버지의 바람을 아버지 면전에서 무너뜨린 것이다. 다른 어떤 말보다 아버지를 가장 섭섭하게 한 것은 바로 이 말이었을 것이다. 맏아들은 외식하는 자의 전형적인 모습을 그대로 드러냈다. 그는 아버지의 뜻에 항거하여 동생과의 관계를 지워버림으로 아버지의 아들도, 동생의 형도 포기한 셈이다. 그가 자신의 의를 나타내면서 한 말은 예수님이 "외식하는 자들아 이사야가 너희에 관하여 잘 예언하였도다 일렀으되 이 백성이 입술로는 나를 공경하되 마음은 내게서 멀도다"(마 15 : 7-8)라고 하신 말씀에 딱 맞는 표본이다.

이렇게 말하는 맏아들에게 아버지는 "이 네 동생은"이라고 한다. 아버지는 어떻게든 맏아들에게 돌아온 둘째 아들이 그의 동생임을 주지시키려 애쓰고 있다. 형제 관계와 형제애를 회복하는 것이 최우선의 과제였다. 맏아들에게 있어 동생과의 관계 회복은 동생을 인정하는 것이 아니라 자신의 정체성을 회복하는 것이다. 맏아들이 동생과의 관계를 회복하지 못하는 것은 아버지와의 관계가 비정상적이기 때문일 것이다. 아버지는 맏아들과 가족 간의 관계를 회복하게 하려고 온갖 애를 썼지만, 맏아들은 가정과 가족을 이미 외면하고 말았다.

성경의 역사 접근법은 가족이다. 그래서 성경은 가족과 가족력(family history)을 꼼꼼히 적고 있다. 성경의 기록은 가족을 중심으로 하고 있으며, 교회도 가정을 연상하게 하는 가족 구조로 나타난다. 교회는 가정이며, 기독교는 다른 어떤 종교보다 가정적 용어를 많이 쓰고 있다. 교회를 하나님의 집이라 하고, 하나님을 아버지라고 부르며, 예수님을 신랑이라고 한다. 그리고 성도는 하나님의 자녀라고 하며, 서로 형제자매라고 부른다. 성경은 가족 중심의 역사를 기록하고 있으며, 이는 기독교가 가정적 종교라는 것을 의미한다. '탕자의 비유'에서도 가정과 가족 관계를 중요시하는 아버지의 모습이 역력하다.

족장 시대에는 딸보다 아들을 좋아하는 남아 선호 사상이 있었다. 그리고 당시 딸은 근친결혼이 허용되는 한 가장 가까운 친척과 혼인을 하게 하였다. 아들에게는 근친결혼을 요구하지 않았으나 혼인 후에는 배우자를 부계 공동체로 데려와야 했다. 이런 지중해 연안 국가의 전통은 성경에서도 익히 알 수 있는 제도였다. '탕자의 비유'는 아버지와 두 아들만을 등장시키고 있으며, 당시의 남아 선호 사상을 간접적으로 표현하고 있다고 볼 수 있다.

좋은 인간관계는 나와의 관계를 올바르게 세워 나가는 것이다. 시아버지나 장인을 '당신 아버지'라고, 시어머니나 장모를 '당신 어머니'라고 한다면 바람직한 가족 관계를 형성하고 있다고 할 수 없다. '당신'이 아니라 '나'와의 관계를 바르게 해야 좋은 관계를 맺을 수 있다.

이런 이야기가 있다. 재혼한 한 가정이 있는데 남편과 아내는 각각 전처, 전남편과의 관계에서 아이가 하나씩 있었고 둘 사이에서 태어난 아이가 하나 있었다. 어느 날 전처, 전남편 사이에서 태어난 아이가 두 사람 사이에서 태어난 아이를 괴롭히고 있었다. 이를 본 아내가 남편에게 "당신 아이와 내 아이가 우리 아이를 때려요."라고 했다는 것이다. 이는 얼마든지 있을 수 있는 이야기이다. 그러나 중요한 것은 두 사람이 가정을 이룬 다음에는 '당신 아이', '내 아이'가 아니라 모두 '우리 아이'가 되어야 한다는 것이다. 이런 '우리'라는 공동체성이 없으면 진정한 가정이라고 보기 어렵다. 맏아들의 마음이 아버지에게서 멀었고, 율법적 관계였다는 것은 '우리', '나'라는 관계가 아니라 '당신'이라는 관계를 생각하고 있었기 때문이다.

이에 대하여 아버지는 "얘 너는 항상 나와 함께 있으니"라고 하였다. 둘째 아들은 아버지를 떠나 먼 나라로 갔다가 다시 돌아왔지만, 맏아들은 아버지를 떠나지 않고 아버지와 함께 있었다. 하지만 그는 아버지가 아들에게 원하는 것이 무엇인지를 잘 알지 못했다. 아버지가 원한 것은 그가 아버지의 밭에서 열심히 농사를 짓고 짐승을 먹이는 것이 아니라 아버지의 집에서 함께 지내는 것이었다. 맏아들은 아버지가 가장 원하는 것을 하고 있으면서도 그것이 아버지의 기쁨이 되고, 아버지를 위한 일이라는 사실을 잊고 있었다. 맏아들은 아버지가 원하는 것이 행위가 아닌 존재라는 사실을 몰랐던 것이다.

그리고 아버지는 "내 것이 다 네 것이로되"라고 하였다. 맏아들은 아버지의 소유가 모두 자기의 소유라는 사실을 모르고 있었다. 1세기 세계에서 아들은 아버지의 집에서 멀리 떨어지지 않은 곳에서 살았고, 딸은 결혼하게 되면 떠나게 되었다. 당시의 관습에 따르면 맏아들은 아버지의 집을 물려받고, 재산의 3분의 2를 상속받을 수 있는 장자권을 가지고 있었다. 그리고 다른 아들들은 아버지의 집 근처에서 살았다. 당시 사회에서의 아들은 거의 아버지의 생업을 물려받거나 동일한 직업을 가지고 있었고, 아버지와 같은 사회계층에 속하게 되었다. 그리고 아버지에게는 아들을 더 큰 사회적 환경으로 보내야 하는 기본적인 책임이 있었다. 당시의 이런 관습에 비추어 보면 탕자가 먼 나라로 가겠다고 유산을 요구했을 때 아버지는 더 큰 사회적 환경에서 아들이 크게 되는 것을 기대했을지도 모른다.

　1세기에는 장자가 재산뿐만 아니라 장차 가정을 다스리는 온갖 권한을 행사할 수 있었다. 맏아들은 동생의 것과는 비교가 되지 않는 권한이 있음에도 불구하고 이를 망각하고 불평을 늘어놓고 있다. 문자 그대로 '소탐대실'(小貪大失)하고 있는 것이다. 자신의 것을 보지 않고 남의 것만을 보면, 감사하지 못하게 되고 불만만 쌓이게 되는 법이다. 자신이 선하고 의롭다고 자처하는 사람은 다른 사람을 악하고 불의한 자로 만들게 된다. 맏아들은 자신이 선과 의의 중심이라고 보았기에 아버지와 동생이 선하지도, 의롭지도 않다고 보았다.

　그리고 아버지는 "이 네 동생은 죽었다가 살아났으며 내가 잃었다가 얻었기로 우리가 즐거워하고 기뻐하는 것이 마땅하다"(눅 15 : 32)라고 하여 돌아온 둘째 아들을 반기며 잔치를 베풀 때와 같은 말로 기뻐하는 이유를 설명하였다. "마땅하다"란 말에는 '반드시 필요하다'(it is necessary) 혹은 '반드시 해야 한다'(one must)라는 뜻이 있다. 죽었다가 살아난 아들, 잃었다가 얻은 아들을 위해 아버지는 해야만 하는 일을 하고 있는 것이다. 만일 둘째 아들이 돌아왔음에도 즐거워하지 않고 기뻐하지 않았다면 오히려 아버지로서 해야 할 일을 하지 않은 것이다. 아버지는 그렇게 해야 하는 당위성을 가지고 있었다.

　둘째 아들이 돌아와 기뻐하는 것은 아버지가 반드시 해야 할 일일 뿐만 아니라 형인 맏아들이 반드시 해야 할 일이다. 아버지는 맏아들에게 "우리가 즐거워하고 기뻐하는 것이 마땅하다"라고 하였다. 둘째 아들의 귀환을 기뻐하는 것은 '우리'의 일인 것이다. 사람이 다른 사람의 일에 자기 일처럼 기뻐할 줄 아는 것은 도리이다. 바울은 "즐거워하는 자들과 함께 즐거워하고 우는 자들과 함께 울라"(롬 12 : 15)라고 권하였는데, 이는 상대방과 감정적 일체감을 가져야 가능한 일이다. 이런 감정은 자신을 잊어야 느낄 수 있다. 즉, 바울의 이 말은 내가 슬플 때도 즐거워하는 자가 있으면 즐거워하고, 내가 기뻐도 슬픔 가운데 있는 자가 있으면 슬퍼하라는 말이다.

즐거워하는 자들과 함께 즐거워하고, 우는 자들과 함께 우는 것은 예수님의 마음이다. 예수님은 병든 자들, 굶주린 자들, 고통당하는 자들을 불쌍히 여기셨다. 예수님의 동정심은 병든 자를 고치시고, 주린 자를 먹이시며, 고통당하는 자를 해방시키셨다. 동정은 '함께'(com), '고통당하는'(passion) 것을 의미한다. 아우구스티누스는 『고백록』에서 "사람들은 그런 것들을 직접 겪게 된 경우에는 그것을 '불행'이라고 부르고, 그런 일들을 겪고 있는 다른 사람들과 함께 슬퍼해 주는 경우에는 그것을 '연민'이라고 부릅니다."라고 하였다. 그리스도인에게 남의 불행은 나의 행복이 아니라 연민이 되어야 한다. 맏아들은 동생의 불행에 전혀 함께하지 못하였기에 연민의 마음이 없었다. 연민의 마음이 없으면 함께 슬퍼할 수 없고, 함께 슬퍼할 수 없으니 함께 즐거워할 수도 없다.

형제의 사랑은 중요한 미덕이다. 베드로는 "그러므로 너희가 더욱 힘써 너희 믿음에 덕을, 덕에 지식을, 지식에 절제를, 절제에 인내를, 인내에 경건을, 경건에 형제 우애를, 형제 우애에 사랑을 더하라"(벧후 1 : 5-7)라고 한다. 아무리 믿음, 덕, 지식, 절제, 인내, 경건이 있다고 하더라도 형제 우애가 없으면 그리스도인의 덕목을 갖추었다고 할 수 없다. 형제 우애가 얼마나 소중하고 아름다운 것인지 도시 이름에도 나타나 있다. '빌라델비아'는 '필로스'(사랑)와 '아델포스'(형제)가 합성된 단어이다. 이런 형제의 사랑을 잃었다는 것은 맏아들에게 큰 손실이며 불행이다.

『팀켈러의 탕부 하나님』(두란노, 2016)에는 다음과 같은 내용이 있다. "순종을 통해 하나님을 통제하려 든다면 당신의 모든 도덕은 하나님을 이용하려는 수단에 지나지 않는다. 피터 쉐퍼의 희곡 '아마데우스'에서 젊은 살리에리가 하나님께 벌리는 흥정이 전형적인 예다. 살리에리는 맹세를 지키며 산다. 자신의 길이 음악 쪽으로 잘 풀리자 그는 하나님께서 거래 조건을 잘 지키시는 것으로 믿는다. 그때 음악적인 재능이 살리에리보다 훨씬 뛰어난 모차르트가 등장한다. 그의 천재성은 하나님께서 부여하신 게 분명하다. 모차르트의 중간 이름 '아마데우스'는 하나님께 사랑받는다는 뜻이다. 그런데 모차르트는 속된 방종을 일삼는 동생이다. 결국 살리에리는 하나님께 '이제부터 당신과 나는 서로 적입니다.'라고 말하고는 그 뒤로 어떻게 하든 모차르트를 무너트리려 한다."

'탕자의 비유'에서 맏아들은 둘째 아들을 자기 동생으로 받아 주지 못하여 동생뿐만 아니라 결국 아버지와 대립하는 관계 단절을 선포한 격이 되어 버렸다. 성경의 기록에는 없지만 맏아들 또한 이렇게 생각했을지도 모른다. '이제부터 당신과 나는 서로 적입니다.'

아버지의 집을 떠났다가 마음으로 돌아온 둘째 아들에 비해 맏아들은 아버지의 집을 떠나지 않았지만 그의 마음은 떠나 있었다. 아버지의 집을 떠나지 않고 아버지를 섬기며 열심히 일하고, 아버지의 명을 어김없이 순종하였던 맏아들의 삶은 아버지를 위한 것이 아니었다. 단지 아버지의 재산을 노리고 그에 대한 탐심 때문이었다고 할 수 있다. 몸은 아버지 가까이에 있지만 마음은 아버지에게서 한없이 먼 것이 맏아들의 모습이었다. 예수님의 '두 아들의 비유'(마 21 : 28-31)를 보면 포도원에 가서 일하라고 한 아버지의 말씀에 첫째 아들은 "가겠습니다."라고 했지만 가지 않았고, 둘째 아들은 "싫습니다."라고 했지만 뉘우치고 일하러 갔다. 말로만 순종하고 몸만 아버지의 편에 있었던 맏아들은 결국은 불순종한 아들이었고, 아버지의 참 아들이 아니었다. 왜냐하면 마음으로 아버지께 돌아오지 못하였기 때문이다.

성경을 보면 육적으로는 맏아들이지만 영적 장자권을 상실한 사람의 이야기가 많이 있다. 이삭의 아들 에서는 야곱과 쌍둥이 형제였다. 그는 사냥에서 돌아오는 길에 배고픔을 이기지 못하여 야곱의 떡과 팥죽을 먹고 장자의 명분을 야곱에게 팔았다(창 25 : 33). 야곱의 맏아들 르우벤은 레아를 통해 태어난 야곱의 장자였지만, 그는 아버지의 첩 빌하와 동침하여(창 35 : 22) 장자의 명분을 잃었다(창 49 : 3-4). 요셉이 애굽에서 낳은 아들 므낫세는 장자였으나 야곱이 두 손자를 축복할 때 오른손을 에브라임에게 얹어 장자권을 잃었다(창 48 : 14). 여호수아가 속한 에브라임 지파는 가나안을 정복할 때 가장 큰 공헌을 했지만, 북왕국 이스라엘의 왕이 되어 우상숭배와 타락을 조장한 여로보암 또한 에브라임 지파였다. 에브라임 또한 장자권을 상실한 것이다.

## 11. 하나님의
   부성과 모성 ──── 。

　영국의 영국박물관, 프랑스의 루브르박물관과 더불어 세계 3대 박물관이라고 알려진 러시아 상트페테르부르크의 에르미타주박물관에는 렘브란트의 "탕자의 귀향"이라는 명화가 있다. 영성학자 헨리 나우웬이 그곳을 방문하여 깊은 명상 가운데 집필한 『탕자의 귀향』(포이에마, 2009)이란 제목의 책도 있다. 렘브란트는 이 그림에서 아버지를 시각장애인으로 그리고 있다. 아버지는 집을 떠난 아들이 고난의 흔적을 고스란히 안고 남루한 모습으로 돌아온 것을 차마 보지 못한다. 아버지는 육신의 눈으로 아들을 보지 않고 마음의 눈으로 보고 있다. 그리고 돌아온 아들을 품은 아버지의 두 손은 각각 남자와 여자의 손으로 그려져 있다. 이 그림에서 하나님을 묘사하고 있는 아버지는 부성애와 모성애를 모두 보여 주고 있다. 렘브란트가 느낀 하나님은 아버지인 동시에 어머니이다. 집으로 돌아온 아들을 반기는 마음은 아버지와 어머니가 다르지 않을 것이다. 단지 우리 문화에 비춰 볼 때 아버지와 어머니의 표현이 다를 뿐이다.

오랜 기독교의 전승에서 우리는 하나님을 아버지라고 부르는 것에 익숙하다. 기독교 외에 신앙의 대상을 아버지라고 부르는 종교는 드물다. 고대 브라만교에서 브라만을 아버지라고 호칭하였고, 고대 로마의 종교에서 주피터를 아버지라고 부른 흔적이 있다. 이방 종교에서 아버지는 대상의 위대성을 표현하는 호칭이었으나 기독교와는 다르다. 하나님의 부성론은 기독교의 독특한 신관이며 기독교가 가정적 종교라는 증빙이다.

성경은 여러 곳에서 하나님을 아버지라고 표현한다. 구약에서는 야훼 하나님을 직접적으로 아버지라 부른 적이 없지만 간접적으로 하나님의 부성을 표현하고 있다. 야훼 하나님은 이스라엘 민족의 하나님이시므로 하나님을 이스라엘의 아버지로 표현하여 "이스라엘은 내 아들 내 장자라"라고 한다(출 4 : 22). 구약이 말하는 선민은 이스라엘 백성이며, 하나님의 언약을 받은 아브라함의 자손이므로 하나님의 자녀는 아브라함의 자녀였다. 예수님이 회개한 삭개오에게 "오늘 구원이 이 집에 이르렀으니 이 사람도 아브라함의 자손임이로다"(눅 19 : 9)라고 하신 말씀도 그런 의미이다. 그 외에도 성경에는 '아브라함의 자손'이란 표현이 여러 번 기록되고 있다(대상 1 : 28, 대하 20 : 7, 사 41 : 8, 마 3 : 9, 요 8 : 33, 갈 3 : 7, 히 2 : 16 등). 이런 유대 전승의 호칭은 하나님의 부성을 의미하는 것이다. 유대인에게는 강한 하나님이 필요했다. 그래서 하나님께서는 힘이시고, 산성이시며, 반석이시고, 요새시며, 방패시다. 그리고 유대인에게 야훼 하나님은 능력이 있는 아버지가 되신다.

구약에 나타난 하나님의 부성을 배경으로, 멀리 하늘 높이 세신 아버지가 아니라 우리의 아버지이심을 가르쳐 주신 분은 예수님이시다. 우선 성경은 하나님께서 예수님의 아버지이시며, 예수님이 하나님의 아들이심을 분명히 한다. 히브리서는 "하나님께서 어느 때에 천사 중 누구에게 너는 내 아들이라 오늘 내가 너를 낳았다 하셨으며 또다시 나는 그에게 아버지가 되고 그는 내게 아들이 되리라 하셨느냐"(히 1:5)라고 하였다. 구약의 모세는 하나님의 이름 '야훼'를 선포하였고, 예수님은 하나님을 아버지라고 증거하셨다. 예수님은 하나님을 "내 아버지", "너희 아버지", "하늘 아버지" 등으로 부르셨고, 주님이 가르쳐 주신 기도에서는 "우리 아버지"라고 부르셨다. 예수님이 하나님의 부성을 가르쳐 주셨기에 우리가 하나님을 아버지라고 부를 수 있게 되었다. 나아가서 예수님은 잡히시기 전 겟세마네 동산의 기도에서 "아빠 아버지여 아버지께는 모든 것이 가능하오니 이 잔을 내게서 옮기시옵소서 그러나 나의 원대로 마시옵고 아버지의 원대로 하옵소서"(막 14:36)라고 하셨다. '아버지'보다 더 친근한 '아빠'라고 부르신 것이다. 예수님은 하나님의 부드러운 부성을 가르치신 것이다. 바울도 그의 서신에서 "너희는 다시 무서워하는 종의 영을 받지 아니하고 양자의 영을 받았으므로 우리가 아빠 아버지라고 부르짖느니라"(롬 8:15), "너희가 아들이므로 하나님이 그 아들의 영을 우리 마음 가운데 보내사 아빠 아버지라 부르게 하셨느니라"(갈 4:6)라고 하여 하나님의 엄한 부성이 아니라 자애한 부성을 가르치고 있다. 성경이 하나님의 부성을 다양하면서도 강하게 표현하는 것은 우리가 하나님의 자녀라고 인정하는 확신 가운데 가능한 것이다.

하나님께는 부성만 있는 것이 아니라 모성도 존재한다. 그렇다고 해서 하나님의 모성을 강조하여 '아버지 하나님'이란 호칭에 반하는 '어머니 하나님'이라 부르는 것은 오히려 적절하지 않으며, 이는 '아버지 하나님'의 호칭을 바르게 이해하지 못한 결과이다. 성경 시대에는 부모를 '아버지'라는 호칭으로 불렀고, 자녀를 '아들'이라는 호칭으로 불렀다. 예수님이 삭개오에게 "이 사람도 아브라함의 자손임이로다"(눅 19 : 9)라고 하신 말씀의 헬라어는 '아우토스 휘오스 아브라함'(아브라함의 아들)이다. 당시에 '아들'은 아들과 딸을 지칭하는 용어였으므로 개역개정 성경에는 '자손'이라고 하였다.

또한 사람을 계수할 때도 군대에 나갈 만한 장정만을 계수하는 것이 성경 시대의 관습이었다. 출애굽기는 "이스라엘 자손이 라암셋을 떠나서 숙곳에 이르니 유아 외에 보행하는 장정이 육십만 가량이요"(출 12 : 37)라고 출애굽한 이스라엘 백성의 수를 기록하고 있다. 또한 성막을 건축하여 인구수대로 성소에 예물을 드릴 때 "계수된 자가 이십 세 이상으로 육십만 삼천오백오십 명인즉 성소의 세겔로 각 사람에게 은 한 베가 곧 반 세겔씩이라"(출 38 : 26)라고 하였다.

신약에서도 그 관습은 계속되었다. 마태복음은 예수님이 보리떡 다섯 개와 물고기 두 마리로 오천 명을 먹이신 기적에서 "먹은 사람은 여자와 어린이 외에 오천 명이나 되었더라"(마 14 : 21)라고 기록하였다. 공동번역은 이를 "먹은 사람은 여자와 어린이들 외에 남자만도 오천 명 가량 되었다."라고 번역하고 있다. 이런 남성 중심의 기록을 인지한다면 당시의 어법(語法)을 쉽게 이해할 수 있다. 즉, '아버지 하나님'이라고 부르지만 부성뿐만 아니라 모성도 하나님 안에 공존하는 것을 알 수 있다.

구약은 하나님의 모성을 다양하게 묘사하고 있다. 하나님께서 이스라엘 백성들을 애굽에서 구하신 때 "내가 애굽 사람에게 어떻게 행하였음과 내가 어떻게 독수리 날개로 너희를 업어 내게로 인도하였음을 너희가 보았느니라"(출 19 : 4)라고 한다. 하나님께서는 부성으로 이스라엘을 출애굽하게 하신 것이 아니라 모성으로 안전하게 하셨다. 시편의 기자는 "나를 눈동자같이 지키시고 주의 날개 그늘 아래에 감추사"(시 17 : 8)라고 했다. 날개 아래 감추고 품는 것은 하나님의 모성으로 가능한 것이다.

메시야 예언장으로 그리스도의 나심을 예고한 시편에서 "너는 내 아들이라 오늘 내가 너를 낳았도다"(시 2 : 7하)라는 말씀도 하나님의 모성을 표현한다. 이 말씀은 "나는 그에게 아버지가 되고 그는 내게 아들이 되리니"(삼하 7 : 14상)라고 하신 말씀과 상응한다. 그리스도가 하나님의 아들로 태어나실 것을 예언하시며 하나님께서 그리스도의 아버지가 되심을 말한다. 예수님은 마리아의 몸에서 태어나셨지만 성령으로 잉태되어 마리아의 육신을 이용하신 것이며, 요셉은 마리아의 남편이었지만 예수님과는 혈육의 관계를 갖지 않았다.

바벨론의 포로가 된 이스라엘 백성은 70년의 포로 생활로 삶이 피폐해진 것은 물론이고 바벨론이 섬기는 신 '벨'과 '느보'로 말미암아 영적인 고통을 당하게 되었다. 바벨론이 바사에게 멸망당하자 우상은 파괴되고 버려졌다. 이때 하나님께서는 이스라엘에게 "배에서 태어남으로부터 내게 안겼고 태에서 남으로부터 내게 업힌 너희여 너희가 노년에 이르기까지 내가 그리하겠고 백발이 되기까지 내가 너희를 품을 것이라 내가 지었은즉 내가 업을 것이요 내가 품고 구하여 내리라"(사 46 : 3하-4)라고 하셨다. 태어나게 하고, 안고, 업고, 품고, 먹이는 것은 고대사회 어머니의 역할이며 하나님께서 그리하신다는 것은 하나님께 모성이 있음을 의미하는 것이다.

하나님께서는 모세가 미디안에서 장인 이드로의 양을 치는 모습을 40년 동안 주시하고 계셨다. 모세가 장인의 양을 자기 양처럼 살뜰하게 살피는 모습을 보신 하나님께서는 감탄하셨다. "자신의 양이 아닌 양을 자신의 양처럼 돌보는 모세에게 나의 양들인 이스라엘을 맡기겠다."라고 하셨다는 구전이 있다. 모세는 광야에서 어린아이같이 투정하는 백성들 때문에 속이 많이 상하였을 것이다. 더구나 아침에 눈 뜨자마자 백성들의 재판 문제를 해결해야 했으므로 탈진하기에 이르렀을 것이다. 백성 중에서 천부장, 백부장, 오십부장, 십부장을 세워 해결하려 했지만 여전히 과중한 업무에 시달렸다. 그래서 모세는 하나님께 "이 모든 백성을 내가 배었나이까 내가 그들을 낳았나이까 어찌 주께서 내게 양육하는 아버지가 젖 먹는 아이를 품듯 그들을 품에 품고 주께서 그들의 열조에게 맹세하신 땅으로 가라 하시나이까"(민 11 : 12)라고 투정한다. 모세가 이렇게 말하는 것은 하나님께서 이스라엘을 낳으시고, 양육하시며, 품으신 것을 알고 있기 때문이다. 하나님께서는 모성으로 이 백성을 인도하셨지만, 자신은 모성으로 백성들을 인도할 능력이 없다는 호소였다. 그때 하나님께서는 모세에게 노인 중에 백성의 장로와 지도자 70명을 모으면 모세 혼자 담당하지 못하는 일들을 함께하도록 지시하겠다고 하셨다. 그리고 하나님께서는 모세에게 백성들이 먹을 고기를 주겠다고 하셨다. 하나님께서는 모세에게 모성으로 백성들을 품게 하셨고 어머니가 자녀를 먹이듯 먹을 것을 주겠다고 하신 것이다.

일반적으로 율법은 공포를 느끼게 한다. 율법주의자들은 공포감에서 해방되지 못하여 다른 사람들에게도 공포감을 조성한다. 율법은 하나님께서 그 당시의 필요에 따라 주신 규례이다. 그러나 율법은 완전하지 못하며 그리스도를 통한 은혜만이 율법을 완전하게 하는 대안이다. 은혜는 율법주의를 고치는 약이다. 율법과 은혜는 하나님의 구원을 온전하게 하는 두 가지 성품이다. 율법이 하나님의 부성이라면 은혜는 하나님의 모성이라고 할 수 있을 것이다. 율법만으로 구원을 이룰 수 없고 은혜가 필요하듯이 하나님의 부성과 모성은 우리를 구원하시는 하나님의 성품이다.

하나님의 모성적 성품은 낳고, 기르고, 먹이고, 입히고, 안고, 품는 것 외에 못 먹는 자녀를 먹이고, 아픈 자녀를 보살피느라 뜬눈으로 밤새우며, 약한 자녀의 편이 되어 주는 것이다. '탕자의 비유'에서 아버지는 어머니의 역할을 손색없이 하고 있다. 집을 나가지 말아야 할 아들에게 돈을 주어 나가게 하고, 나간 아들이 돌아올 때까지 한시도 편할 날 없이 마음 졸이며 살다가 아들이 돌아온다는 소식에 버선발로 뛰어나가 아들을 얼싸안고 입을 맞추며, 돌아온 아들에게 최고의 옷과 가락지를 끼우고 잔치를 베푼다. 주위의 따가운 시선과 구겨진 체면에도 아랑곳하지 않는 강한 모성애가 있었기 때문이다.

| 닫는 말 |

    영국 문화원 창립 70주년을 기념하여 비영어권 102개국 국민 4만 명을 대상으로 세상에서 가장 아름다운 영어 단어에 대한 설문 조사를 실시하였다. 그 결과 1위는 어머니(mother), 2위는 열정(passion), 3위는 미소(smile), 4위는 사랑(love), 4위는 영원(eternity)이었다. 아버지(father)라는 단어는 50위 안에도 들지 못하였다. 히브리어에서 가장 가치 있는 말은 '라마하트'(어머니의 사랑)라고 한다. 하나님께서 모든 곳에 다 계실 수 없으므로 어머니를 만들었다고도 한다. 어머니가 없는 세상은 살 만한 세상이 아닐 것이다.
    나라를 잃은 지 1,878년 만인 1948년, 유대인들이 팔레스타인에 모여 이스라엘을 건국하였다. 유대인의 건국의 힘은 어머니의 힘이다. 세계 여러 나라에 흩어져 살면서 유대인의 뿌리가 흔들리고 정체성의 혼돈을 가

저오게 되자 종족 보존을 위해 혈통의 부계 계승의 전통을 모계 계승으로 바꾸었다. 모계 계승의 전통이 유대인을 유대인 되게 하였고, 마침내 국가 재건을 이루는 힘이 되었다.

　복음서는 예수님의 시작과 마지막에 어머니가 있음을 기록한다. 예수님을 낳기 위해 어머니는 먼저 세상에 계셨고, 예수님의 마지막을 지키기 위해 어머니는 십자가 아래를 떠나지 못했다. '탕자의 비유'에서도 아버지는 둘째 아들이 집을 나갔을 때도 그 집에 있었고, 다시 집으로 돌아올 때도 그 집을 지키고 있었다. 돌아올 아들이 쉽게 집을 찾을 수 있게 하기 위함이다. 이런 하나님의 모성은 탕자가 다시 아들의 지위를 회복하게 하였고, 돌아온 아들 때문에 스스로 기뻐한다. '탕자의 비유'에 나타난 하나님의 모성은 우리로 하여금 다시 하나님께로 돌아갈 담력을 얻게 한다. 그리고 지금도 수많은 사람을 잉태하여 낳고 기르시는 하나님의 모성으로 이 땅에 교회가 탄생하고 성장하는 것이다.

## 귀환

한국인의 눈으로 본 탕자의 비유

초판발행  2023년 12월 26일
지 은 이  이성희
펴 낸 이  박창원
발 행 처  한국장로교출판사
주    소  03129 / 서울시 종로구 대학로3길 29, 신관 4층(연지동, 총회창립100주년기념관)
편 집 국  (02) 741-4381 / 팩스 741-7886
영 업 국  (031) 944-4340 / 팩스 944-2623
홈페이지  www.pckbook.co.kr
인스타그램  pckbook_insta          카카오채널  한국장로교출판사
등    록  No. 1-84(1951. 8. 3.)

책임편집  정현선
편    집  이슬기 김은희 이가현 강수지    디 자 인  남충우 김소영 남소현
경영지원  박호애                          마 케 팅  박준기 이용성 성영훈

ISBN 978-89-398-4492-6
값 16,000원

※ 이 출판물은 저작권법에 의해 보호를 받는 저작물이므로 무단전재와 무단복제를 할 수 없습니다.